TWIN TRANSFORMATION

NUNATAK

TWIN TRANSFORMATION

Wie sich Digitalisierung, KI und Nachhaltigkeit gegenseitig unterstützen

MURMANN

9 **Vorwort des Gründers**
Robert Jacobi

13 **Die Twin Transformation erfolgreich gestalten**
Wie Digitalisierung und Nachhaltigkeit Hand in Hand gehen
Elisa Brandt und Dr. Holger Feist

23 **Der Wandel im Energiesektor**
Wie Digitalisierung zu ökonomischer und ökologischer Nachhaltigkeit führt
Dr. Barbara Heigl

45 **Mobilität als Schlüssel zur Nachhaltigkeit**
Im Spannungsfeld zwischen Emissionen und technologischen Innovationen
Dominik Loppnow

65 **Der Agrarsektor im Umbruch**
Smart Farming für geringeren Ressourceneinsatz, aber höheren Ertrag
Dr. Barbara Heigl und Denny Münchow

79 **Nachhaltige Abfallwirtschaft**
Ökologische Verantwortung trifft auf ökonomische Chancen
Anna Lena Sperfeld und Carlota Martinez-Avial

95 **Foodchain im Umbruch**
Nachhaltigkeit und Transparenz als Treiber technologischer Innovation
Svenja Hilpert und Dr. Barbara Heigl

INHALTSVERZEICHNIS

115 **Smart gegen Verschwendung im Lebensmitteleinzelhandel**
Technologie als Treiber für eine nachhaltige Zukunft
Johannes Eisenmenger

133 **Ökologisierung im E-Commerce**
Digitalisierung als Schlüssel zu mehr Nachhaltigkeit
Niko Moschidis

151 **Die Beauty-Industrie**
Nachhaltig schön
Denny Münchow und Darja Wild

173 **Fast Fashion**
Der schnelle Trend mit langfristigen Folgen
Elisa Brandt

193 **Das Gesundheitswesen im Wandel**
Nachhaltige Innovationen für eine bessere Versorgung
Carolin Kröger

209 **Green Insurance**
Wie Versicherungen digital und nachhaltig werden
Dr. Franziska Brühl

227 **Mit Nachhaltigkeit begeistern**
Gut fürs Medienhaus, gut für den Planeten
Dr. Holger Feist

247 Danksagung

249 Über die Autoren

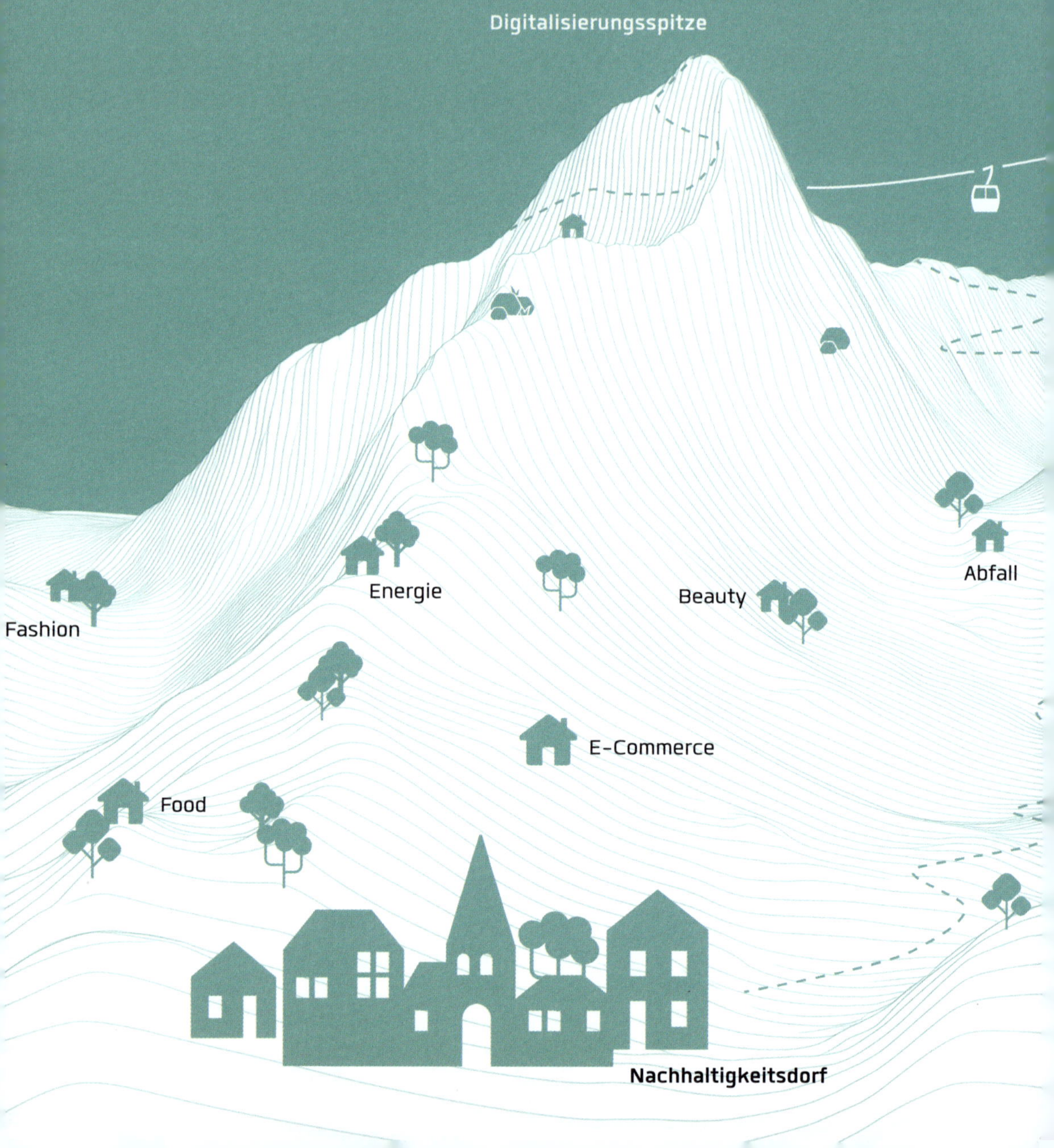

Digitalisierungsspitze
Abfall
Energie
Beauty
Fashion
E-Commerce
Food
Nachhaltigkeitsdorf

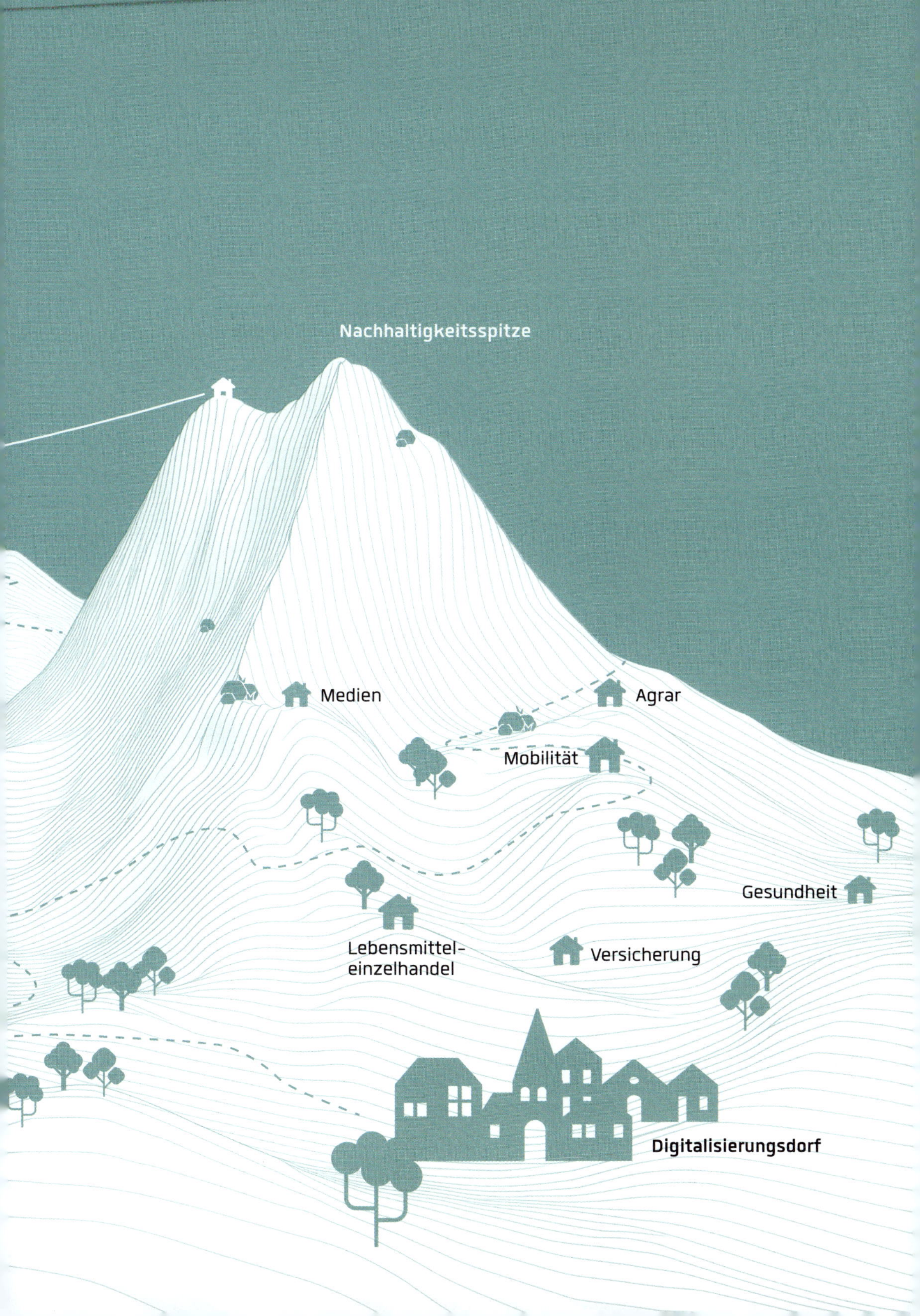

Nachhaltigkeitsspitze
Medien
Agrar
Mobilität
Gesundheit
Lebensmittel-
einzelhandel
Versicherung
Digitalisierungsdorf

Vorwort des Gründers

Robert Jacobi

Nunataks (auch Nunatakker) sind Berge in Alaska, Grönland oder der Antarktis. Sie werden jedes Jahr größer, weil sie durch den Permafrost zusammengeschoben werden. Auch in Europa gibt es Nunatakker, Überbleibsel aus der letzten Eiszeit. Der Monte Baldo am Gardasee ist ein Beispiel, auch wenn sich das Wachstum hier im Millimeterbereich abspielt.

Als wir Nunatak gründeten, dachten wir kurz vorher, das klappt nicht, weil uns kein guter Name einfiel. Unsere Digitalberatung sollte sich schon durch die Marke hervorheben. Dann erinnerte ich mich an meine langen Rucksackreisen durch entlegene Gebiete dieser Welt, bei denen mir dieser Begriff untergekommen war. Nunataks dienten dort früher auch als Wegweiser. Die Kollegen waren einverstanden.

In den Polargebieten und den angrenzenden Bereichen war zudem schon vor 20 Jahren sichtbar, was uns heute auch in Mitteleuropa beschäftigt: der durch uns Menschen verursachte Klimawandel und seine direkten Folgen. Das Eis zog sich zurück, der Boden fror nicht mehr durch, Eisbären kamen auf der Suche nach Nahrung viel zu nah an die Siedlungen. Längst hat sich diese Entwicklung beschleunigt.

Während wir uns bei Nunatak von Anfang an mit dem Megatrend der Digitalisierung beschäftigten, spielten Fragen der Nachhaltigkeit und Ökologie in unserem Geschäft eher am Rande eine Rolle. Mir persönlich war das Thema wichtig, und wir versuchten, die Firma nach innen möglichst umweltschonend zu betreiben. Als Themen wie Elektromobilität oder auch die Modernisierung der Energienetze aufkamen, änderte sich die Gewichtung.

Wir gewannen einen Sonderpreis »Nachhaltigkeit« der *Wirtschaftswoche* für ein Projekt, in dem wir mit digitalen Tools halfen, Dienstwagenflotten effizienter zu gestalten. Ein Technologiekonzern bat uns, zu analysieren, wie sich Nachhaltigkeitsziele mit technologischen Mitteln besser erreichen lassen. Wir halfen Energieversorgern dabei, ihr Angebot zu differenzieren und beispielsweise um Konzepte zum Stromsparen zu ergänzen.

Der Kern unseres Angebots liegt bis heute im Bereich der Digitalisierung und Technologie sowie der organisatorischen Veränderung, die damit einhergeht. Steht Nachhaltigkeit dazu nicht im Widerspruch? Vielleicht, denn digitale Datenströme verbrauchen zuerst einmal Energie. Das gilt insbesondere für Anwendungen im Bereich der künstlichen Intelligenz (KI), erst recht jene, die auf besonders energieintensiven Sprachmodellen beruhen und den Hype seit 2023 ausgelöst haben. Doch wer Digitalisierung nur unter diesem Gesichtspunkt betrachtet, übersieht ein enormes Potenzial – sogar um ebendiesen Energieverbrauch intelligenter zu steuern und dauerhaft erst zu ermöglichen.

Nur durch den konsequenten Einsatz digitaler Technologien und ihrer Möglichkeiten werden wir den Planeten dauerhaft retten können. Die Veränderungen sind schon zu weit fortgeschritten, als dass wir das Thermometer dauerhaft nach unten drücken könnten, indem wir unser Verhalten ändern (was ohnehin leichter gesagt als getan ist) oder die Wirtschaft regulieren. Die Industrialisierung als erste technische Revolution der Menschheit hat zu Raubbau an den Ressourcen der Erde geführt. Die Digitalisierung als zweite technische Revolution kann uns nun dabei helfen, unsere Energienetze effizienter zu machen, unsere Landwirtschaft umweltschonender zu betreiben, unseren Verkehr und Transport datenbasiert besser auszusteuern, unsere Städte klimaschonend zu gestalten oder beim Bauen weniger Ressourcen zu verbrauchen. Ganz nebenbei entsteht dabei der Wachstumsschub, den wir dringend herbeisehnen.

Genau darum geht es in der Twin Transformation, der Zwillingstransformation, die dieses Buch behandelt: Wir betrachten die Wirtschaftszweige, in denen wir als Nunatak unterwegs sind, und untersuchen ihr Potenzial, sich sowohl digitaler als auch nachhaltiger aufzustellen – womit sie zugleich ihre eigene Zukunft sichern, und zwar nicht durch das Zählen von Emissionen oder Verfassen von Nachhaltigkeitsberichten, sondern durch wirklich innovative, digitale Lösungen, mit denen wir die Welt um uns herum schonen. Unsere Mission bei Nunatak lautet, dafür ein Wegweiser zu sein. Wir stehen für Gespräche bereit.

Die Twin Transformation erfolgreich gestalten

Wie Digitalisierung und Nachhaltigkeit Hand in Hand gehen

Elisa Brandt und Dr. Holger Feist

Nachhaltigkeit und Digitalisierung sind zwei Grundrichtungen, die seit einigen Jahren in keiner Unternehmensstrategie mehr fehlen dürfen. Und in der Tat ist die doppelte Transformation die große Herausforderung unserer Zeit: für den einzelnen Menschen, für Unternehmen, für die Wirtschaft und für unsere Gesellschaft als Ganzes. Wir müssen uns fragen: Wie können wir eine intelligentere und nachhaltigere Welt schaffen, in der es sich zu leben lohnt? Und wie können Innovation und immer neue digitale Technologien dazu beitragen?

Die Klimaschutzziele der Bundesregierung sehen bis 2030 eine Minderung der Treibhausgasemissionen um mindestens 65 Prozent gegenüber dem Stand von 1990 vor, bis 2045 soll Netto-Treibhausgasneutralität erreicht werden. Doch die jährlich veröffentlichten Zahlen des Global Footprint Network erschrecken immer wieder aufs Neue: 2024 hat Deutschland bereits am 2. Mai seinen Teil aller natürlichen Ressourcen verbraucht, die die Erde im Laufe eines Jahres erzeugen kann. Das heißt, wir unternehmen leider zu wenig – und sind nicht bei allen dringend benötigten Transformationsprozessen schnell genug in der Umsetzung.

Für die meisten Organisationen sind Nachhaltigkeit und Digitalisierung bereits jeweils für sich genommen große Herausforderungen, die in Strategien, Programmen und Projekten, auch dedizierten Einheiten adressiert werden. Die Menschen dabei mitzunehmen ist eine Kunst für sich. Doch was bedeuten Digitalisierung und Nachhaltigkeit, die beiden Elemente der digitalen und nachhaltigen Twin Transformation, überhaupt?

»Digitalisierung« umfasst die Umwandlung und Vernetzung analoger Informationen, Prozesse und Geschäftsmodelle in digitale Formate.[1] Dies erfordert den Einsatz von Technologien wie Computern, dem Internet und Clouddiensten, die in der Lage sind, Daten zu erfassen, zu verarbeiten und zu speichern. Durch die Digitalisierung wird die reale Welt zunehmend virtualisiert, was Veränderungen in Arbeitsweisen, Dienstleistungen und Geschäftsmodellen nach sich zieht. Die Nutzung digitaler Technologien führt nicht nur zu einer Steigerung von Effizienz und Produktivität, sondern schafft auch neue Innovationspotenziale. Darüber hinaus erleichtert Digitalisierung den Austausch von Informationen und die Analyse großer Datenmengen, wodurch Muster identifiziert und Erkenntnisse gewonnen werden können.[2] Digitalisierung bedeutet somit nicht nur technologische Transformation und die Veränderung der realen Welt, sondern hat auch tiefgreifende Auswirkungen auf strategische Entscheidungen und Wertschöpfungsprozesse.

Unter »Nachhaltigkeit« versteht man den schonenden Umgang mit Ressourcen, sodass einerseits gegenwärtige Bedürfnisse befriedigt werden können, andererseits aber auch zukünftige Generationen keine Einschränkungen erleiden müssen, weil natürliche Ressourcen erschöpft werden.[3] Nachhaltigkeit basiert auf drei Säulen: Sie besitzt eine ökologische, ökonomische und soziale Dimension.[4] Diese sind eng miteinander verknüpft und müssen in Balance gehalten werden, um eine nachhaltige gesellschaftliche Entwicklung sicherzustellen.[5] Die ökologische Säule zielt auf den Schutz und Erhalt der Umwelt und ihrer natürlichen Ressourcen ab, während sich die ökonomische Dimension auf die Entwicklung einer tragfähigen und profitablen Wirtschaft fokussiert. Der soziale Aspekt des Nachhaltigkeitsmodells bezieht sich auf gerechte Lebens- und Arbeitsbedingungen und soziale Gerechtigkeit mit der Intention, den inneren Zusammenhalt der Gesellschaft zu stärken.[6]

Mit der zunehmenden Verantwortung der Gesellschaft, nachhaltiger zu agieren, bieten die 17 Sustainable Development Goals (SDGs) der Vereinten Nationen als Ziele für nachhaltige Entwicklung einen guten Rahmen und eine klare Leitlinie, um Nachhaltigkeitsstrategien sowohl in der Wirtschaft als auch in der Gesellschaft an globalen Prioritäten auszurichten.[7] Darüber hinaus wächst die Verpflichtung, Klimaziele zu verfolgen und den Anforderungen des ESG-Reportings (Environmental, Social, Governmental = Umwelt, Soziales und Unternehmensführung) gerecht zu werden. Diese Berichterstattungen dienen dazu, mehr Transparenz über die Aktivitäten von Unternehmen zu schaffen und Stakeholder im Bereich Nachhaltigkeit zu informieren. Klare Standards und Richtlinien für die Darlegung finanziell relevanter Nachhaltigkeitsinformationen werden von verschiedenen Institutionen formuliert.

Seit 1. Januar 2024 sind in der EU unter der Corporate Sustainability Reporting Directive (CSRD) große und an geregelten Märkten notierte Unternehmen berichtspflichtig. Während CSRD den Rahmen für das Reporting definiert, geben die dazu entwickelten European Sustainability Reporting Standards (ESRS) detaillierte Standards vor. Auf globaler Ebene gibt es seit 2022 die IFRS Sustainability Disclosure Standards des International Sustainability Standards Board (ISSB), die laufend weiterentwickelt werden und in die unter anderem auch die brachenspezifischen Vorgaben des Sustainability Accounting Standards Board (SASB) eingehen. Den ersten globalen Standard einer unabhängigen Drittpartei setzte die Global Reporting Initiative (GRI) bereits 1997. Sie hat keine zentrale Aufsichtsfunktion, Unternehmen können ihre Berichte aber über die GRI-Website veröffentlichen. Speziell für kleinere Unternehmen wurde der B Corp-Standard mit entsprechender privater Zertifizierung entwickelt, den allerdings auch Vorreiter wie Patagonia und Ben & Jerry's nutzen.

Sosehr sich die verschiedenen Standards weiterentwickeln und in Teilen auch konsolidieren, so erleichtern sie Unternehmen doch, ihre Leistungen im Bereich Nachhaltigkeit zu messen und entsprechend zu berichten. Durch die Kombination von Tools und Frameworks wie den SDGs, dem ESG-Reporting und dem passend gewählten Standard können Unternehmen ihre Strategien an Vorgaben ausrichten und so einen messbaren Beitrag zur Nachhaltigkeit leisten.

↘ WARUM MEHR DIGITALISIERUNG AUCH MEHR NACHHALTIGKEIT ERMÖGLICHT

Wie aber verhalten sich die beiden Transformationsrichtungen Digitalisierung und Nachhaltigkeit zueinander? Wenn man diese Frage stellt, hört man oft zuerst von Serverfarmen und ihrem enormen CO_2-Ausstoß – und richtig: Es ist wichtig, bei der Gestaltung der Digitalisierung selbst auf einen nachhaltigen Fußabdruck zu achten, Emissionen zu vermeiden, wo immer es geht, und notfalls zu kompensieren. Selbst eine einfache Google-Suche erzeugt CO_2 durch den Energieeinsatz in Datenzentren.[8] Der Hauptbedarf an Energie fällt in Rechenzentren an, die in einem Ländervergleich als sechstgrößter Stromkonsument des Planeten abschneiden. Schließlich kann man noch den CO_2-Ausstoß für die Herstellung und Entsorgung der digitalen Technologie hinzurechnen und diese umfassend in alle Rechen- und Speicherkomponenten, Kommunikationsnetzkomponenten und Endgeräte klassifizieren. Der Branchenverband der deutschen Informations- und Telekommunikationsbranche (Bitkom e.V.) schätzt demnach in seiner aktuellen Studie, je nach Digitalisierungsgeschwindigkeit, für 2030 einen Fußabdruck von rund sechs bis elf Millionen Tonnen CO_2.[9] Die nachhaltige Transformation gibt der Digitalisierung nun Orientierung, diesen Fußabdruck zu reduzieren.

Zugleich unterstützt und ermöglicht die Digitalisierung die nachhaltige Transformation,[10] mehr noch: Sie eröffnet ungeahnte Möglichkeiten, nachhaltig zu handeln. Digitale Technologien können dabei helfen, Ressourceneffizienz zu steigern, Emissionen zu reduzieren und Geschäftsmodelle umweltfreundlicher zu gestalten.[11] So ermöglicht die Digitalisierung beispielsweise die Entwicklung intelligenter Energiesysteme, die den Energieverbrauch optimieren, oder die Implementierung von Kreislaufwirtschaftsmodellen, die den Einsatz von Material minimieren und Abfall reduzieren.[12] Damit wird deutlich, dass Digitalisierung und Nachhaltigkeit zunehmend Hand in Hand gehen. Nachhaltigkeit bedeutet auch keineswegs zwangsläufig Verzicht. Durch die Nutzung innovativer Technologien kann unsere Welt smarter, effizienter und nachhaltiger gestaltet werden, ohne dass wir als Gesellschaft auf gewohnte Lebensstandards verzichten müssen. Im Gegenteil: Digitalisierung bietet die Chance, nachhaltige Lösungen zu entwickeln, die sowohl die Lebensqualität verbessern als auch die Umwelt schonen.

Damit ist ganz klar: Digitale Technologien können enorm dazu beitragen, dass Deutschland seine Klimaziele im Jahr 2030 erreicht. Der Bitkom geht davon aus, dass digitale Technologien – je nach Szenario – dabei helfen, netto zwischen 43 bis 80 Millionen Tonnen CO_2 einzusparen. Diese Klimaeffekte ergeben sich bereits nach Abzug des oben bezifferten CO_2-Fußabdrucks der digitalen Technologien. Bezogen auf das Minderungsziel der Bundesregierung, das bei 308 Millionen Tonnen CO_2-Reduktion liegt, kann durch Digitalisierung also ein Beitrag von 14 bis 26 Prozent geleistet werden.

Nun mag der in der Anfangsphase der künstlichen Intelligenz (KI) noch einmal erhöhte Ressourceneinsatz in den Projektionen noch nicht perfekt abgebildet sein. Doch KI ist nur ein Teil der Digitalisierung, und auch hier werden weiter fortgeschrittene Modelle immer effizienter und damit ressourcenschonender. Zudem bringt auch der Einsatz von KI selbst bereits positive Anwendungsfälle, etwa in der Landwirtschaft. Überschreiten die möglichen CO_2-Einsparungen digitaler Technologien deren CO_2-Fußabdruck in der Bitkom-Studie also um den Faktor sechs bis neun, bleibt die Kernaussage doch ziemlich eindeutig: Die positive Wirkung auf den Klimaschutz überwiegt, und eine beschleunigte Digitalisierung bringt auch netto einen größeren Beitrag zum Erreichen der Klimaziele 2030.

↘ WAS ES FÜR DAS GELINGEN DER TWIN TRANSFORMATION BRAUCHT

Die meisten Unternehmen und Organisationen haben Luft nach oben bei ihrer Twin Transformation – gerade wenn es darum geht, mehr digitale Technologie einzusetzen, um das Erreichen von Nachhaltigkeitszielen voranzutreiben. Und natürlich gibt es viele Gründe dafür. Es mag in wirtschaftlich schwierigen Zeiten kurzfristig andere Prioritäten geben. Einige leicht erreichbare Hebel für mehr Nachhaltigkeit lassen sich schließlich auch mit nicht digitalen Mitteln erreichen. Aus den Studienergebnissen leitet sich daher auch an die Politik die Forderung ab, bessere Rahmenbedingungen und Anreize für die nötigen Veränderungen zu schaffen.

Ein weiterer Grund ist allerdings, dass Digitalisierung und Nachhaltigkeit in vielen Organisationen in ganz unterschiedlichen Einheiten behandelt werden. Man trifft sich unter Digitalmanagern, spricht und vernetzt sich auf Digitalkonferenzen mit Digitalmanagerinnen aus anderen Organisationen. Oder man tauscht sich als Nachhaltigkeitsmanagerin mit anderen Nachhaltigkeitsmanagern aus. Die Schnittmengen sind gering. Bildlich gesprochen bewohnen Digital- und Nachhaltigkeitsmanager unterschiedliche Berge und streben dort nach dem jeweiligen Gipfel. Miteinander gesprochen, ins andere Tal gewandert, wird indes zu wenig. Dabei würde der verstärkte Einsatz digitaler Technologien helfen, Nachhaltigkeitsziele überhaupt oder früher zu erreichen. Die Twin Transformation ist also kein Sprint, sondern eher eine Wanderung in dieser doppelgipfligen Gebirgswelt.

In der Umsetzung wird es um klare Zielsetzungen gehen, soweit noch nicht vorhanden, also zunächst um die Beschreibung der jeweiligen Gipfel. Dann um erste Schritte in Experimenten und mit hoch qualifizierten, motivierten, interdisziplinären Teams, vielleicht in der einen oder anderen Labhütte auf mittlerer Höhe. Schließlich aber auch um ganzheitliches Denken, das Verankern der Twin Transformation in der gesamten Organisation, von unserer doppelgipfligen Gebirgswelt ausgehend also in viele weitere Winkel, Täler und Berge getragen werden. Denn die Twin Transformation betrifft alle Bereiche: Einkauf und Logistik beeinflussen Verfügbarkeit, Qualität und Nachhaltigkeit von Produkten. Digitale Technologien machen die Lieferkette transparent und reduzieren Emissionen. Im Kundenservice spart proaktive Wartung Zeit, Kosten und Emissionen. Digitale Tools prognostizieren maschinelle Ausfälle, wählen optimale Wartungsintervalle und bewerten Alternativen.

Die Twin Transformation funktioniert nicht isoliert, nicht indem man in seiner eigenen Hütte bleibt. Die Twin Transformation muss ganzheitlich gedacht sein – und alle im Unternehmen müssen dabei mitgenommen werden.

↘ WAS DIESES BUCH LEISTET

Dieses Buch führt uns auf eine Reise durch die doppelgipflige Gebirgswelt der Twin Transformation. Es richtet sich an digital interessierte Nachhaltigkeitsmanager und an nachhaltigkeitsinteressierte Digitalmanagerinnen ebenso wie an Manager anderer Disziplinen, die mehr über diese Welt erfahren möchten. Es richtet sich an CEOs und Boards, die das Zusammenspiel von Digitalisierung und Nachhaltigkeit in ihrer Organisation gut orchestrieren möchten. Es richtet sich an Politikerinnen, Verbandsrepräsentanten und Akademikerinnen, die bessere Rahmenbedingungen für das Gelingen der Twin Transformation gestalten wollen. Es richtet sich an Studierende und Berufseinsteiger mit Neugier auf die Twin Transformation, die wissen wollen, wie diese hinter dem Vorhang einzelner Unternehmen verschiedener Branchen konkret gestaltet wird.

Jede dieser Gruppen gewinnt auf der Reise durch die doppelgipflige Gebirgswelt eine Menge Einblicke: Was sind die konkreten Herausforderungen im Hinblick auf Digitalisierung und Nachhaltigkeit? Welche Fortschritte sind bereits gemacht, welcher Teil des Wegs ist noch unbeschritten? Was können Digitalisierung und Nachhaltigkeit voneinander lernen? Wie können sie voneinander profitieren? Wie können sie gemeinsam die Zukunft gestalten?

In zwölf Kapiteln widmen sich die Autorinnen und Autoren der digitalen *und* nachhaltigen Strategieberatung Nunatak zentralen gesellschaftlichen Herausforderungen und zeigen, wie die allernächste Zukunft konkret aussehen kann. Jedes Kapitel widmet sich dabei den konkreten Aufgabenstellungen einer bestimmten Branche, sammelt weitere Inspiration bei Vordenkerinnen, Praktikern und Fachexpertinnen und zeigt Lösungswege auf. Dabei besuchen wir Vertreter ganz unterschiedlicher Geschäftsbereiche in ihrer jeweiligen Berghütte: darunter natürlich Branchen, denen eine zentrale Bedeutung im Hinblick auf die Reduktion der CO_2-Emissionen zukommt, wie etwa dem Energie- und Mobilitätssektor, der Landwirtschaft und Abfallwirtschaft. Wir betrachten aber auch eher konsumentenorientierte Geschäftszweige wie die Lebensmittelbranche, den Einzelhandel und E-Commerce, Beauty und Fashion. Wir sehen uns das Gesundheits- und das Versicherungsgeschäft ebenso an wie Medienkonzerne, die mit ihren inhaltlichen Beiträgen auch die öffentliche Meinung prägen.

Alle diese Branchen bieten spannende Anwendungsbeispiele, die ein tieferes Verständnis für das Konzept der Twin Transformation und deren Potenzial ermöglichen. Sie verdeutlichen, wie sich technologische Innovationen und nachhaltige Lösungen verbinden lassen, um sowohl wirtschaftlichen Erfolg zu erzielen als auch ökologische und soziale Verantwortung voranzutreiben.

ANMERKUNGEN

1 O. Bendel: Digitalisierung. In: *Gabler Wirtschaftslexikon*, o. D. (https://wirtschaftslexikon.gabler.de/definition/digitalisierung-54195); S. Winkler, J. Günther & R. Pfennig: Nachhaltige Digitalisierung oder Nachhaltigkeit durch Digitalisierung? In: *HMD* 60, 815–836, 2023 (https://link.springer.com/article/10.1365/s40702-023-00987-9).

2 P. Tarkowski: Digitalisierung – Was ist das? Die Definition, einfach erklärt. In: *Digital Magazin*, 2022 (https://digital-magazin.de/digitalisierung-definition/).

3 Bundesministerium für wirtschaftliche Zusammenarbeit und Entwicklung, o. D. (https://www.bmz.de/de/service/lexikon/nachhaltigkeit-nachhaltige-entwicklung-14700); Deutscher Bundestag, 1998: Abschlußbericht der Enquete-Kommission »Schutz des Menschen und der Umwelt – Ziele und Rahmenbedingungen einer nachhaltig zukunftsverträglichen Entwicklung«. In: *Drucksache* 13/11200 vom 26. Juni 1998; T. Krantz, A. Jonker: *Was ist Nachhaltigkeit?* IBM, 2023 (https://www.ibm.com/de-de/topics/sustainability).

4 Deutscher Bundestag: Abschlußbericht, 1998.

5 Weltkommission für Umwelt und Entwicklung: *Our Common Future* (Brundtland-Bericht), 1987.

6 Bundestag: Was ist Nachhaltigkeit?, o. D. (https://www.bundestag.de/ausschuesse/weitere_gremien/pbne/vorstellung/was-ist-nachhaltigkeit-890694).

7 United Nations: *The 17 Goals*, o. D. (https://sdgs.un.org/goals).

8 A. Andrae: Hypotheses for primary energy use, electricity use and CO_2 emissions of global computing and its shares of the total between 2020 and 2030. In: *WSEAS Trans Power Syst* 15(4): 50–59, 2020 (https://doi.org/10.37394/232016.2020.15.6).

9 Bitkom: *Klimaeffekte der Digitalisierung 2.0, 2024* (https://www.bitkom.org/sites/main/files/2024-02/bitkom-studie-klimaeffekte-der-digitalisierung-2.pdf).

10 A.-S. Christmann, C. Crome, V. Graf-Drasch, A. M. Oberländer, L. Schmidt: The Twin Transformation Butterfly, *Business & Information Systems Engineering* 66(4):1-17.

11 World Economic Forum: *Digital solutions can reduce global emissions by up to 20%. Here's how*, 2022 (https://www.weforum.org/agenda/2022/05/how-digital-solutions-can-reduce-global-emissions/).

12 Bundesministerium für Umwelt, Naturschutz, nukleare Sicherheit und Verbraucherschutz: Künstliche Intelligenz für Umwelt und Klima, o. D. (https://www.bmuv.de/themen/digitalisierung/kuenstliche-intelligenz-fuer-umwelt-und-klima); BMBF: Digitalisierung und Nachhaltigkeit, o. D. (https://www.bmbf.de/bmbf/de/forschung/umwelt-und-klima/digitalisierung-und-nachhaltigkeit/digitalisierung-und-nachhaltigkeit_node.html); T. Krantz, A. Jonker, 2023: *Was ist Nachhaltigkeit?*.

Der Wandel im Energiesektor

Wie Digitalisierung zu ökonomischer und ökologischer Nachhaltigkeit führt

Dr. Barbara Heigl

↘ AUSGANGSLAGE UND HERAUSFORDERUNGEN

Der Energiesektor ist ähnlich wie der Landwirtschaftssektor elementar für das Leben der Menschen, stellt aber gleichzeitig auch die Grundvoraussetzung für Nachhaltigkeit bei vielen Unternehmen und Industrien dar. Denn nur nachhaltig erzeugte Energie kann Verbrauchssektoren wie Landwirtschaft, Industrie oder Handel zur Klimaneutralität verhelfen. Daher sind gerade Großenergieverbraucher häufig auch direkt vom Wandel des Energiesektors betroffen.

Um konkret zu werden: Der Energiesektor befindet sich im Umbruch aufgrund von drei entscheidenden Veränderungen, die aktuell an zahlreichen Fronten als Herausforderungen wahrgenommen werden:

Nummer 1 ist die Veränderung der Energieerzeugung. Die gute Nachricht zuerst: Das Jahr 2023 kann getrost als kleiner Meilenstein auf Deutschlands Weg zur Klimaneutralität gelten. Erstmalig stieg der Anteil an erneuerbaren Energien am erzeugten Strom auf 56 Prozent, sprich auf mehr als die Hälfte an. Gewonnener Strom aus Windkraftanlagen (on- und offshore) dominierte hier mit einem Anteil von 31 Prozent, gefolgt von zwölf Prozent aus Photovoltaik.[1] Der Abbau von fossilen Energien und das Substituieren durch erneuerbare Energien hat aber eine entscheidende Auswirkung. Erneuerbare Energieträger (explizit Sonne und Wind) sind volatil und nicht identisch verlässlich wie bisherige Kohle- und Atomkraftwerke. Die grundlegende Umstellung liegt also in dem Umstand, dass wir plötzlich nicht mehr nach Belieben Energie gemäß Nachfrage erzeugen können/werden, sondern dass sich die Verbraucherseite nun nach dem Angebot an verfügbarer Energie richten muss. Man kann sagen, eine 180-Grad-Kehrtwende.

Nummer 2 ist die zunehmende Elektrifizierung in zahlreichen Sektoren und Anwendungsfeldern. Neben dem bereits angesprochenen Strom betrifft das beispielsweise die Wärmeerzeugung durch den Einsatz von Wärmepumpen anstelle konventioneller Öl- oder Gasheizungen. Allseits bekannt sind auch die Ambitionen zur Dekarbonisierung des Verkehrssektors durch die Elektrifizierung von Fahrzeugen als Alternative zu herkömmlichen Benzin- oder Dieselverbrennern. Obwohl der Bruttostromverbrauch in Deutschland seit 2010 mit damals 608 Terawattstunden kontinuierlich sinkt, jüngst auf 516 Terawattstunden im Jahr 2023,[2] steht der Energiesektor durch die steigende Elektrifizierung vor neuen Herausforderungen. Denn mehr Verbraucher, die insbesondere zur selben Zeit Strom nachfragen, erzeugen Lastspitzen im Netz. In Kombination mit schwankenden Energiequellen hat dies negative Auswirkung auf die Netzstabilität und damit einhergehend auf die Versorgungssicherheit, die durch unzureichende Planung und Steuerung zu Versorgungsengpässen oder sogar zu Blackouts führen kann.

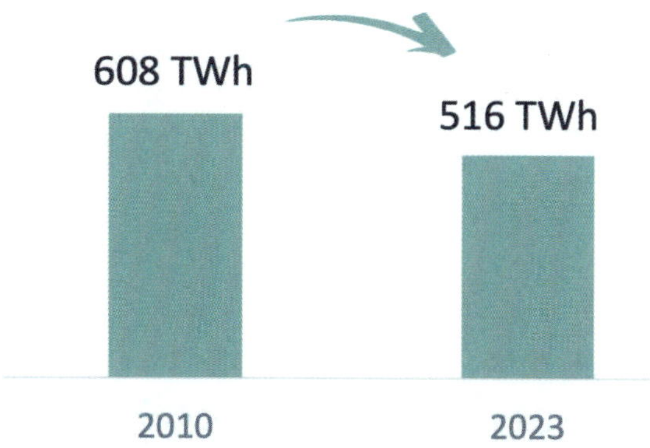

Nummer 3 ist der regulatorische Druck, der auf den Unternehmen lastet. Der europäische Grüne Deal (European Green Deal) und die ISO-50001-Zertifizierung sind in diesem Zuge die derzeit am häufigsten genannten Verabschiedungen. Die ehrgeizigen Ziele der EU wie die Klimaneutralität bis 2050, eine Senkung der Treibhausgasemissionen im Vergleich zu 1990 um mindestens 55 Prozent und der Investitionsdruck in den Ausbau erneuerbarer Energien und grüner Technologien fordert die Unternehmen erheblich, da sie unter anderem ihre Produktionsprozesse, Lieferketten und Energieversorgung umstellen müssen.[3] Parallel dazu werden alle Unternehmen mit einem jährlichen durchschnittlichen Gesamtendenergieverbauch von mehr als 7,5 Gigawattstunden pro Jahr verpflichtet, ihr Energiemanagementsystem gemäß der Norm DIN EN ISO 50001 einzurichten und zu betreiben.[4] Kerngegenstand dieser Zertifizierung ist zum einen die Erfassung des

Energieverbrauchs des Unternehmens, welchen es systematisch zu optimieren gilt. Zum anderen sind Maßnahmen zu ergreifen, die die Energieeffizienz kontinuierlich verbessern. Grundsätzlich sind diese Gesetze richtig und wichtig, weil sie Unternehmen dazu bewegen, schneller im Punkt der Nachhaltigkeit aktiv zu werden. Gleichzeitig lässt sich aber nicht von der Hand weisen, dass Unternehmen mit diesen Veränderungen vor neuen Herausforderungen stehen und hier und da auch Schwierigkeiten mit der Umsetzung haben.

ZWISCHENFAZIT

All diese Veränderungen sind zu komplex und zu sehr miteinander verwoben, als dass wir sie noch manuell meistern könnten. Wir sind sowohl auf herkömmliche als auch auf innovative Technologien angewiesen, die den Energiesektor und ihre Akteure dabei unterstützen, erneuerbare Energien mit einer flexiblen Netzsteuerung zu integrieren. Denn flexibilisierte Netze ermöglichen ein effektives Lastmanagement, welches Lastspitzen vermeidet und somit zu Netzstabilität führt. All dies ist aber nur mit ausreichend Daten möglich. Datenerfassung, Datenverwertung, Datenverfügbarkeit: Das können – neben dem kontinuierlichen Ausbau von erneuerbaren Energien – entscheidende Treiber einer erfolgreichen Energiewende sein.

Künstliche Intelligenz hat in den letzten Jahren schon einiges in Bewegung gebracht, das für die genannten Herausforderungen erste innovative Lösungen bieten kann. Ein Lichtblick, der viel Hoffnung versprüht, denn diese Reise beginnt gerade erst, und Expertinnen sehen hier noch viele Chancen und Potenziale. Tauchen wir ein in die spannende Welt der Smart Grids.

↘ EINBLICKE UND INSPIRATION

Für mein Interview spreche ich mit Dr. Henry Keppler, Gründer von Ecoplanet. Henry hat an der TU München TUM-BWL studiert, war anschließend einige Jahre bei McKinsey als Berater tätig, bevor er nochmals an die Uni zurückging, um eine kumulative Dissertation zum Thema »Eigentum über den Lebenszyklus von Unternehmen« zu verfassen. Das in München sitzende Start-up Ecoplanet hat er erst nach der Promotion gemeinsam mit seinem Partner Maximilian Dekorsy gegründet. Mit großer Begeisterung habe ich bei Ecoplanet um ein Interview gebeten, denn für das Thema Twin Transformation ist Ecoplanet das perfekte Match. Ihre Mission ist es, mithilfe intelligenter Software Unternehmen zu Vorreitern der Energiewende zu machen.

Ecoplanet hat erkannt, dass die anstehende Energiewende mit ihren beschriebenen Herausforderungen Unternehmen enorm unter Druck setzt. Ein wichtiger Grund hierfür ist, dass für die meisten Unternehmen Energie nicht zum Kerngeschäft zählt. Das bedeutet, dass keine oder nicht ausreichend Ressourcen aufgebaut werden können, um der sich anbahnenden Komplexität gerecht zu werden. Hier springt Ecoplanet als innovatives Energie-Start-up ein. Der magische Ausgangspunkt für ihren ganzheitlichen Service, sagt Henry, ist die Frage: »Wann verbrauche ich als Kunde wie viel Energie?« Die Erfassung und anschließende Analyse dieser Daten ist die Absprungbasis für die folgenden drei Services, die Ecoplanet anbietet:

> **»Wann verbrauche ich als Kunde wie viel Energie?«**
>
> Dr. Henry Keppler

1) integrierte Beschaffungsstrategie von Strom,
2) effiziente Verbrauchssteuerung und
3) Erfüllung regulatorischer Berichtspflichten.

Schauen wir uns also näher an, wie diese Kernfrage mit den drei Leistungsbereichen zusammenhängt.

STROM MUSS NICHT IMMER 28 CENT PRO KILOWATTSTUNDE KOSTEN!

Ich führe am 2. August 2024 um 13.30 Uhr mein Interview mit Henry. Ich frage ihn gerade nach den Grenzkosten von erneuerbaren Energien, die meines Wissens im Gegensatz zu fossiler Energie bei null Euro liegen, da sagt er: »Ich schaue soeben in unser System, und gerade während unseres Gesprächs, kostet die Kilowattstunde Strom am Spotmarkt 6 Cent. Heute Abend wird sie bei 14,6 Cent liegen.« Von diesen volatilen Preisen macht Ecoplanet – zum Vorteil seiner Kundschaft – Gebrauch, indem es eine sogenannte *personalisierte und verbrauchsoptimierte Beschaffungsstrategie* anwendet. Was steckt genau dahinter?

Fixierte Strompreise waren bis 2020/2021 der Standard. Diese hatten den Vorteil, dass Endverbraucherinnen von Preisschwankungen unberührt blieben. Mit Corona und dem Angriffskrieg auf die Ukraine haben sich hier allerdings einige Veränderungen ergeben. Intelligente und flexible Tarife treten immer mehr in den Vordergrund. Diese zu nutzen kann große Vorteile haben, insbesondere für jene Verbraucher, die bei ihrem Energiebezug gewisse Flexibilität einräumen können/wollen. Im Fall von Ecoplanet kann das ganz konkret so aussehen: Sofern kundenseitig Energieverbrauchsdaten bereits erfasst werden, werden mithilfe der Ecoplanet-Software jene Lastenströme analysiert. Die Kundin erhält so den genauen Lastgang, zu welcher Zeit wie viel Strom benötigt wird. Zudem kann durch den Abgleich mit Marktdaten abgebildet werden, wie teuer und CO_2-intensiv dieser Strom in den jeweiligen Zeitfenstern ist. Damit erfolgt die Visualisierung der Ausgangslage, welche für die Kundin in einem Dashboard zur Verfügung gestellt wird. Die Digitalisierung hilft Kunden also dabei, zu sehen und zu verstehen, zu welcher Zeit wie viel und durch welche Verbraucher/Maschinen in ihrem Unternehmen Energie bezogen wird.

Den Lastgang zu kennen und zu verstehen ist die Grundvoraussetzung für eine erfolgreiche Energiewende. Digitale Technologien helfen dabei!

Dieser Schritt ist vielleicht noch nicht *rocket science*, es folgt aber nun etwas Spannendes. Mithilfe der KI-Lösung Ember AI werden diese Lastgänge mit den Preisdaten des Spot- und Terminmarkts verglichen, und es können ökonomische und ökologische Potenziale aufgezeigt werden. Szenario 1 könnte beispielsweise so aussehen, dass die Analyse ergibt: »Hey, dein Lastgang für Maschine X bewegt sich primär in Zeitfenstern, wo dein Unternehmen davon profitieren könnte, mehrmalige oder ständige Beschaffungen von Strom zu vollziehen, statt auf eine starre einmalige Strombeschaffung zu setzen. Wieso ist das so? Nun, weil dein starrer Stromtarif deutlich über dem Preis liegt, den du gemäß deinem aktuellen Strombezugszeitpunkt mit einem intelligenten Tarif zahlen müsstest.« Szenario 2 könnte hingegen lauten: »Dein aktueller Lastgang deutet auf ein sehr teures und CO_2-intensives Stromprofil hin, da du Strom zu Hochlastzeiten beziehst. Durch die Verschiebung gewisser Lastspitzen in Zeitfenster A, B oder C, in denen hohe Stromverfügbarkeit zum Beispiel durch Solar- oder Windenergie, aber geringe Stromnachfrage herrscht, könntest du durch mehrmalige oder ständige Beschaffungen X Euro und X Gramm CO_2 pro Kilowattstunde einsparen.« Und damit sind wir tatsächlich bei dem zweiten Serviceangebot von Ecoplanet, der *effizienten Verbrauchssteuerung*.

»Die Anbindung der verschiedenen Maschinen erfolgt meist in einem zweiten Schritt. Dies ist sinnvoll, denn es bedeutet für den Kunden und uns mehr Aufwand. Man nennt es auch Industrie 4.0«, berichtet Henry. Verschiedenste Arten von Verbraucherinnen anzubinden ist essenziell für eine erfolgreiche Energiewende, denn nur dadurch kann man sie auch optimiert auf die Energiemärkt steuern. Tatsächlich liegt in der Steuerung aber die große Herausforderung, für die auch Ecoplanet auf Hardwarepartnerschaften zurückgreift. Wie funktionieren also eine Anbindung und Steuerung in der Theorie?

Eine effiziente Verbrauchssteuerung erfordert eine Kombination aus Hardware- und Softwaretechnologien, die die Datenerfassung, -kommunikation, -analyse und -steuerung ermöglichen.

Zunächst müssen relevante Verbraucher, die ein ökologisches und ökonomisches Einsparpotenzial aufweisen, identifiziert werden. Eine Tischlampe beispielsweise braucht keine intelligente Anbindung, da genügt es, auf energieeffiziente LED-Leuchten zu setzen. Verbrauchsintensive Maschinen hingegen, die Bestandteil großer Produktionslinien sind, weisen ein ganz anderes Potenzial auf. Genau diese Anlagen müssen im ersten Schritt mit intelligenten Zählern, sogenannten Smart-Metern, und mit Sensortechnik ausgestattet werden. Damit kann einerseits der Stromverbrauch der Maschine in Echtzeit erfasst und gemessen werden, andererseits gibt die Sensorik Auskunft über den Betriebszustand einer Anlage. Unter der Einrichtung einer Kommunikationsinfrastruktur versteht man dann die tatsächliche Anbindung. Dies geschieht beispielsweise durch WLAN oder das Internet der Dinge (Internet of Things, IoT). Dieser Schritt ermöglicht die verlässliche und kontinuierliche Datenübermittlung. Sprich: an dieser Stelle kommen Hardware und Software in Kombination zum Tragen. Henry geht hier noch mal auf die Hardwarepartnerschaften von Ecoplanet ein und erzählt: »Die Hardware muss funktionieren. Der Betriebselektriker schließt die Hardware für uns an die Anlage an, und dann wird sichergestellt, dass die Datenanbindung funktioniert, dass das bei uns im richtigen Format in der Cloud landet, über das richtige Protokoll und, und, und. Das ist alles nicht so trivial.«

Im Grunde beschreibt er die Hardwareintegration an ihr softwarebasiertes Energiemanagementsystem. Der Kernbestandteil der Software umfasst dann die Analyse und Optimierung des Stromverbrauchs der Maschinen und Anlagen. Hier kommen intelligente Algorithmen ins Spiel, aber natürlich auch künstliche Intelligenz. Dazu im nächsten Absatz gleich mehr. Die automatisierte Steuerung der Verbraucher, basierend auf den KI-gestützten Analysen und festgelegten Steuerparametern, kann dann Lasten optimal regeln, zum Beispiel durch die Drosselung oder Verzögerung des Energieverbrauchs oder durch das Zu- oder Abschalten der Maschine zu bestimmten Zeitpunkten. Dies klingt in der Theorie alles sehr simpel, ist in der Realität aber noch die wirkliche Herausforderung. Denn, wie Henry beschreibt: »Neben Energie gibt es gefühlt 30 weitere Randparameter, wie zum Beispiel Personalverfügbarkeit oder eben auch zeitliche Abhängigkeiten zu anderen Prozessen etc. Diese gilt es bei der Steuerung ebenfalls zu berücksichtigen.«

Energie ist also ein entscheidender Faktor, aber Produktionen können nicht ohne Weiteres vom Tag in die Nacht verlegt werden, wenn es menschliche Überwachung oder Unterstützung braucht – nur um ein konkretes Beispiel zu nennen. Nichtsdestotrotz sind Henry und ich uns einig, in diesem Bereich liegt langfristig gesehen wirklich großes Potenzial. Vor allem KI hat bereits und kann hier noch Großes bewirken.

Die Basis von KI-Systemen, die Large Language Models im Hinblick auf Interpretationskraft für den Energiebereich bereitstellen, ist wirklich beeindruckend.

Ecoplanet bedient sich natürlich künstlicher Intelligenz, um ihre Software stetig zu verbessern und um ihre Kundschaft im Energiemanagement bestmöglich von manueller Arbeit zu entlasten. Ihre KI-Assistenz heißt Ember AI, und Henry beschreibt mir zwei zum Einsatz kommende Anwendungsfälle genauer. Der erste Fall ist die direkte Interaktion, in die der Energiemanager mit Ember AI treten kann. Das bedeutet, dass Ember AI zum Beispiel dabei helfen kann, Energieverbesserungsmaßnahmen zu planen. Sprich, eine einfache Frage könnte lauten: »Basierend auf meinem derzeitigen Verbrauchsverhalten von Maschine X, welche Maßnahmen muss ich ergreifen, um Kosten und CO_2 einzusparen?« Ember AI würde dann einen Textoutput generieren und entsprechende Maßnahmen durch Drosselung oder Verschiebung von gewissen Lastenspitzen in Zeitfenster empfehlen, in denen ein hohes Angebot an erneuerbaren Energien im Netz vorhanden ist. Es bleibt aber nicht beim reinen Textoutput, sondern in der Software integriert taucht dann auch ein Maßnahmenplanungsfeld auf, welches die Kundin gemeinsam mit Ember AI befüllen kann, um die Empfehlungen direkt umzusetzen. Hier agiert die KI also als Maßnahmengeberin und Assistenz.

Ein ebenso spannender zweiter Anwendungsfall ist die automatisierte Analyse der täglichen Verbräuche und der Betriebszustände von Maschinen und Anlagen. Die KI ist bestens darin trainiert, Abweichungen von planmäßigen Verbräuchen zu erkennen und zu interpretieren. Das heißt, wenn an einem Tag Verbräuche vom Sollzustand abweichen, dann analysiert die KI, welche Ursachen dafür verantwortlich sein können. Wenn es zum Beispiel einen Lastenabfall zu einem bestimmten Zeitpunkt gab, dann kann die KI automatisiert ausgeben, dass es a) an einer Überhitzung oder b) an Spannungsschwankungen im Netz oder c) an ungeplanten, menschlich verursachten Produktionsstopps gelegen haben kann. Dies bedeutet im Umkehrschluss, dass nicht mehr die Energiemanagerin (täglich) Lastgänge analysieren und eine Fehler-/Ursachensuche durchführen muss, sondern dass das KI künftig übernimmt. In diesem Fall übernimmt die KI die kontinuierliche Überwachung des Energiesystems und kann Ergebnisse über Berichte und das Dashboard liefern.

Diese Fähigkeit zahlt wiederum auf den dritten Service von Ecoplanet ein, die *Erfüllung der regulatorischen Berichtspflicht*. Denn klar ist, nur wenn Unternehmen ihren Energieverbrauch erfassen, können sie ihn analysieren, systematisch optimieren und vorgenommene Maßnahmen berichten, wie es die DIN-EN-ISO-50001-Norm verlangt. Damit erklärt sich mir abschließend, was Henry eingangs damit meinte, dass ihre drei Services gar keine drei Themen sind, sondern sich als ganzheitliche Betrachtungsweise aus der Frage: »Wann verbrauche ich als Kunde wie viel Energie?« ergeben.

DER LICHTBLICK AN DER GIPFELSPITZE DURCH START-UPS, ABER AUCH TRADITIONELLE UNTERNEHMEN

Doch nicht nur Start-ups verbinden Digitalisierung und Nachhaltigkeit im Energiesektor. Auch unter den klassischen Unternehmen gibt es durchaus Vorreiter, die einerseits sich und ihr Geschäftsmodell entsprechend anpassen, andererseits aber auch die Idee der Verbindung beider Welten nach außen in die Gesellschaft tragen.

Ein Beispiel dafür ist der Familienkonzern Hager Group mit Sitz in Blieskastel (Saarland), der im Bereich elektronischer Installationen jährlich mehr als drei Milliarden Euro Umsatz erzielt – und seine Nachhaltigkeitsstrategie als entscheidenden Treiber dafür sieht. »Digitale und nachhaltige Technologien machen einen zentralen Teil unseres Geschäftsmodells aus«, sagt Sabine Busse, CEO der Hager Group. »Wir treiben damit bewusst den Fortschritt der Energiewende voran.« Das Unternehmen setzt dabei auf ganzheitliche Lösungen und arbeitet eng mit Installateuren, Netzbetreibern und Partnern aus der Automobilindustrie zusammen, um eine interoperable Digitalisierung des Energiesektors voranzutreiben.

Die Hager Group ist ein Beispiel dafür, dass mehr Nachhaltigkeit nicht ein Kostenfaktor sein muss, sondern, im Gegenteil, das Geschäft voranbringen kann. Hager hat stark investiert in Produkte und Lösungen wie Verteilerschränke, Ladestationen für Elektroautos, Steuergeräte und deren Software, die effizientes und intelligentes Energiemanagement sowohl für Privat- als auch für Gewerbekunden ermöglicht.

Ein Beispiel ist die direkt ans Netz gekoppelte Versorgung mit Solarstrom unter der Marke E3/DC, die die Hager Group bereits seit 2010 anbietet. Haushalte können mit einem smarten Hauskraftwerk und einer entsprechend ausgerichteten Photovoltaikanlage nahezu vollständige Autarkie durch ein integriertes Energiemanagement für flexible Lasten wie Heimspeicher, Elektrofahrzeuge und Wärmepumpen erreichen und ihre Energiekosten senken.

Auch achtet Hager, neben dem klassischen Emissionsreporting, zunehmend darauf, dass die Komponenten und die fertigen Produkte mit entsprechenden IDs nachzuverfolgen sind, und orientiert sich damit an den Prinzipien einer ressourcenschonenden Kreislaufwirtschaft. Auch dafür wird digitale Technologie eingesetzt. »Die Digitalisierung ist von entscheidender Bedeutung für uns. Wir treiben sie so aktiv wie möglich voran, denn sie ermöglicht es uns, nachhaltiger zu werden, und zwar vom Einkauf über die Produktentwicklung und -herstellung bis zum Vertrieb. Und nicht nur wir werden nachhaltiger, unsere Kunden und Zulieferer werden es auch«, ergänzt CEO Busse. Unternehmen wie Hager tragen dazu bei, die Energiewende zu demokratisieren und in die Hand des Endkunden zu legen.

Die Einblicke aus der Start-up-Welt sowie aus einem Traditionsunternehmen wie der Hager Group versprühen bereits eine Menge Hoffnung. Für eine erfolgreiche Transformation des Energiesektors sind allerdings auch Energieversorger ein entscheidender Akteur. Ich habe daher ein weiteres Kurzinterview mit Dr. Verena Svensson geführt, die die Position als Leiterin der Abteilung Strategie & Nachhaltigkeit bei den Stadtwerken Düsseldorf innehat. Ihre Sichtweise gibt einen Rundumblick, der einerseits beleuchtet, was bereits alles geschieht, und andererseits perspektivisch betrachtet, was noch benötigt wird.

EXKURS ZUR TWIN TRANSFORMATION AUS DER WELT DER STADTWERKE DÜSSELDORF

1. Digitalisierung und Nachhaltigkeit: Wo geht das bei Ihnen im Unternehmen heute schon Hand in Hand?

Zum einen setzen wir bereits verstärkt auf Sensorik in unseren Stromnetzen, um besser zu verstehen, wo kritische Netzpunkte sich befinden, um zielgerichtet zu warten und zu verstärken, auch in Abgleich mit projiziertem Strombezug. Letzteres ist gerade wichtig, damit der Zubau von Pkw-Ladeinfrastruktur und Wärmepumpen für Endkunden von Netzseite aus möglich ist. Bei der Wartung unserer Anlagen setzen wir mitunter auf Fernüberwachung dank Sensorik und Predictive Maintenance. Das spart Anfahrtswege und Arbeitszeit. Zum anderen wären unsere umfangreiche öffentliche Pkw-Ladeinfrastruktur und unser E-Moped Sharing Service eddy ohne digitale Bedienbarkeit nicht denkbar.

2. Wie stellen Sie bei sich im Unternehmen sicher, dass Digitalisierungsvorhaben und Nachhaltigkeitsstrategien integriert betrachtet und umgesetzt werden?

Digitalisierung kann nie Mittel zum Zweck sein, sondern muss wesentlich zur Verbesserung von Prozessen, ergo nachhaltigem Ressourceneinsatz beitragen. Im Zuge der Arbeit an unserer Konzernstrategie überprüfen wir regelmäßig, wo Digitalisierung uns helfen kann, die Energiewende zu beschleunigen. Da wir die Themen Nachhaltigkeit und Strategie in einer Abteilung gebündelt haben, findet hier automatisch ein gemeinsamer Angang statt.

3. Welche Vorreiter sehen Sie bei der Twin Transformation, vielleicht auch im internationalen Kontext oder in anderen Branchen – welche Beispiele inspirieren Sie?

Der eine inspirierende Anwendungsfall ist: Tiefbohrungen nach Erdwärme. Das ist für mich wie Raumfahrt – nur in die Tiefe, wenn über mehrere Tausend Meter blind per Richtbohrverfahren und ausgeklügelter Sensorik ein kleines Bohrziel abgelenkt getroffen wird. Leider fristet die Tiefengeothermie als Wärmequelle noch ein Nischen- und Schattendasein bei uns in Deutschland, dabei ist sie in anderen Ländern (zum Beispiel Island, Türkei) bereits bestens erprobt und eine brennstofffreie grundlastfähige Art der erneuerbaren Energiegewinnung. Und der andere Anwendungsfall, der für mich entscheidend ist: Smart Meter. Diese sind in anderen Ländern schon standardmäßig verbaut (zum Beispiel in Schweden) und ermöglichen eine flexible und effiziente Netzsteuerung. Leider hinken wir hier stark hinterher, wodurch wir datenbasierte, energieeffizienzsteigernde Anwendungen gar nicht nutzen können.

4. Die Energiewirtschaft ist eine Schlüsselbranche für die nachhaltige Transformation. Was braucht es aus Ihrer Sicht, damit sie im Energiesektor gelingt – und was können digitale Technologien dazu beitragen?

Es benötigt vielerlei Handlungen, – und diese parallel. Dazu gehört Mut, um Investitionen in den Unternehmen unter schwierigen und unsicheren Marktbedingungen zu treffen. Bessere Kommunikation mit Bürger:innen, um die komplexen Infrastrukturfragen verständlich zu vermitteln und Akzeptanz für steigende Kosten zu erzeugen. Hier können digitale Dialogformate, personalisierte Kommunikationstools (Chatbots und Co.) und soziale Plattformen und Kanäle unterstützen. Darüber hinaus bedarf es an effizienterem Ressourceneinsatz, um mit der sich verkleinernden Anzahl an Erwerbstätigen (gerade im gewerblich-technischen Bereich) den großen Aufgabenberg, vor allem im Infrastrukturbereich, zu stemmen. Sensorik und Digitale Zwillinge unterstützen zum Beispiel unsere Netze vorausschauend und ressourceneffizient zu warten, instand zu halten und bedarfsgerecht auszubauen. Und abschließend sind schnellere und planbarere Genehmigungsverfahren unabdingbar. Umfangreiche Genehmigungs- und Beteiligungsverfahren von einer kleinen Baustelle zum Großanlagenbau können mithilfe von digitalen Plattformen deutlich in ihrer Ablaufzeit verkürzt werden.

5. Welchen Geheimtipp haben Sie für alle, die gerade darüber nachdenken, wie sie digitale Lösungen für mehr Nachhaltigkeit einsetzen können?

Es gibt mittlerweile viele Applikationen, wie zum Beispiel smarte Thermostate, die den eigenen Energieverbrauch dokumentieren, transparent darstellen und zum energieeffizienten Leben anregen. Achten Sie zusätzlich darauf, was Energiefresser sind (große Bildschirme, Vollbäder, ständige Smartphone-Nutzung), und überlegen Sie, ob es Alternativen gibt, die Ihnen vielleicht sogar mehr Lebensqualität ermöglichen. Energie, die gar nicht erst verbraucht wird, muss nicht unter Ressourceneinsatz erzeugt und transportiert werden.

↘ LÖSUNGSWEGE UND AUSBLICK

Alle drei Expertinnen und Experten zeigen, dass schon deutlich mehr getan wird, als einigen womöglich bewusst ist. Und obwohl wir uns derzeit noch im Blindflug in unseren Stromnetzen befinden, sind Lösungen am Horizont zu erkennen. Die digitale Aufrüstung unserer Netze, die Interpretationskraft von KI und das entscheidende Mindset können zu mehr Klarheit über unsere Verbräuche führen und diese auch effizienter und ökologischer gestalten. Dafür bedarf es der Transformation auf allen drei Ebenen:

1) Veränderung des Systems,
2) Mut und Transformationswille der Unternehmen,
3) Wandel und Anpassung von individuellen und kollektiven Mindsets.

Der systemische Wandel des Energiesektors wird noch eine richtige Mammutaufgabe, denn man muss sich einfach eingestehen, dass wir vom Zielbild einer digitalen Energiewende noch einige Meilen entfernt sind. Das aktuell wohl größte Realitätshindernis ist, dass unsere Energienetze noch nicht ausreichend digitalisiert sind. Es mag gewiss Unterschiede im Fortschritt geben, wenn man Deutschlands Höchstspannungs-, Hochspannungs-, Mittelspannungs- und Niederspannungsnetz betrachtet. Dennoch, mit dem Gesetz zum Neustart der Digitalisierung der Energiewende soll ab 2025 dann der Einbau von Smart-Metern verpflichtend für Haushalte mit einem Jahresstromverbrauch von über 6000 Kilowattstunden oder einer PV-Anlage mit mehr als sieben Kilowatt installierter Leistung sein.[5] Dies ist aber immer noch Zukunftsmusik, denn bisher, berichtet mir Henry, haben wir in Deutschland noch kaum Smart Meter im Einsatz. In anderen Ländern, wie zum Beispiel in Schweden, ist dies bereits gang und gäbe. Zudem kann keiner absehen, wie der gesetzlich verabschiedete Roll-out wirklich funktionieren wird. Dennoch ist dieser Schritt elementar wichtig, und wir brauchen ihn unbedingt. Denn ohne intelligente Messsysteme gibt es keine Echtzeitdatenerfassung und ohne diese auch keine KI-basierte Verbrauchsoptimierung.

Ein hoffnungsvoller Lichtblick am Energiewendehorizont auf systemischer Ebene ist das im Juli 2024 erschienene Eckpunktepapier[6], welches die Fortentwicklung der Industrienetzentgelte im Elektrizitätsbereich zum Gegenstand hat. Kern des Vorschlags ist, dass Netzentgelte künftig dynamisch und systemdienlich werden sollen. Simpel gesprochen heißt dies, dass Netzentgelte niedriger werden, wenn viel Energie im Netz ist und diese rausmuss, um Netzstabilität zu gewährleisten. Im Gegenzug sollen Netzentgelte steigen, wenn wenig Energie im Netz verfügbar ist, etwa aufgrund tageszeitabhängiger Sonnen- oder Windflauten. In der Konsequenz bedeutet diese Veränderung, dass eben nicht mehr konstante Abnahmeverhalten durch stromintensive Letztverbraucher incentiviert werden, sondern ein netzdienliches und ökologisches Energieverbrauchsverhalten belohnt wird. »Preissignale sind der einzig sinnvolle Hebel, um eine wirkliche Veränderung im Energieverhalten zu erzielen«, sagt Henry. Nur wenn die Unternehmen kostentechnisch spüren, dass ihr Verhalten hin zu oder gegen eine erfolgreiche Energiewende beiträgt, wird Veränderung in der Breite stattfinden.

Für den systemischen Wandel im Energiesektor sind wir auf mutiges und proaktives Handeln der Politik angewiesen, aber ebenso auf digitale und innovative Ansätze der Netzbetreiber und Energieversorger.

Auf der Unternehmensebene braucht es ganzheitlich gedachte Nachhaltigkeitsstrategien. Wir bei Nunatak unterstützen und begleiten Unternehmen beim Prozess des strategischen Umdenkens, aber auch beim operativen Umsetzen. Denn klar ist: Mit einer Strategie allein werden Unternehmen nicht automatisch klimaneutral. Aber ohne eine Strategie werden sie es erst recht nicht. Es braucht daher einerseits langfristige, mittelfristige und kurzfristige Klimaziele, die ganzheitlich in die Unternehmensstrategie integriert werden.

Andererseits müssen diese Ziele heruntergebrochen werden auf die gesamte Organisation, und es gilt zu identifizieren, welche Bereiche mit welchen Maßnahmen welchen ökologischen Beitrag beziehungsweise welche ökologische Einsparung zu den definierten Zielen liefern können. Durchaus ein komplexes Unterfangen – keiner hat behauptet, dass es leicht wird – aber es gibt viele Unternehmen, die diese Transformationsreise bereits erfolgreich bestritten haben.

Laut der Science Based Targets initiative (SBTi) haben zum September 2024 weltweit 6158 Unternehmen Strategien erarbeitet, die den *science-based targets* entsprechen (SBTi, 2024).[7] Was bedeutet das? Dass ihre Ziele und erarbeiteten Umsetzungsmaßnahmen im Einklang mit den wissenschaftlichen Erkenntnissen stehen und folglich geeignet sind, zur Einhaltung des 1,5-Grad-Ziels des Pariser Klimaabkommens beizutragen. Dies ist großartig, und es braucht mehr mutige Unternehmen, die in der Ausrichtung zu mehr Nachhaltigkeit langfristiges Potenzial sehen.

Parallel zur strategischen Ausrichtung verhelfen innovative Green-Tech-Start-ups wie beispielsweise Ecoplanet Unternehmen bei der Implementierung von konkreten Use Cases. Denn klar ist, für viele Unternehmen zählt das Thema Energiemanagement nicht zum Kerngeschäft, und trotzdem ist es ein gigantischer Wirkhebel, um den ökologischen Fußabdruck zu reduzieren und aktive Mitstreiterin in der Energiewende zu werden. Wie beschrieben, hilft die Softwarelösung mit entsprechender Hardware Unternehmen dabei, ihre Energieverbräuche klar zu erfassen, zu verstehen und diese mithilfe von KI-basierter Assistenz zu optimieren. Mit solchen konkreten Anwendungen kommt man auf Unternehmensebene ins operative Doing und stellt sicher, dass eine ausgearbeitete Strategie auch ihre Wirkung entfaltet. Neben vielen anderen Sektoren ist es auch für den Energiesektor unerlässlich, auf Kooperationen und Partnerschaften zu bauen, denn die Komplexität der unterschiedlichen Herausforderungen lässt sich im Alleingang nur noch selten bewältigen.

Auf unternehmerischer Ebene bedarf es eines strategischen Umdenkens und eines Einlassens auf innovative Partnerschaften, die konkreten operativen Impact versprechen.

Das richtige Mindset ist zu guter Letzt eine weitere nicht zu unterschätzende Stellschraube und ein mächtiges Werkzeug, um diese Transformationsreise erfolgreich zu bewältigen. Führungskräfte sehen wir hier definitiv in der Pflicht, Vorreiter und Motivatorinnen zu sein. Was in Bezug auf die Twin Transformation im Energiesektor, aber auch für andere Bereich zu einem richtigen Mindset zählt?

1) Langfristiges Denken fördern und vorleben. Unternehmen, die nur ihr traditionelles Geschäftsmodell über Jahre und Jahrzehnte hinweg betreiben wollen, haben die Rechnung ohne die Zukunft gemacht. Nachhaltigkeitsmaßnahmen mögen morgen noch nicht rentabel sein, aber langfristig werden sie die Existenzen von Unternehmen sichern. Ein gutes Beispiel hierfür ist IKEA, das sich dazu verpflichtet hat, ab 2025 die Speditionslieferungen auf der letzten Meile für seine Kunden weltweit zu 100 Prozent mit elektrischen oder anderen emissionsfreien Fahrzeugen durchzuführen. An die Logistikunternehmen, mit denen IKEA kollaboriert, wird dieses eifrige Ziel eins zu eins weitergegeben. Das Speditionsunternehmen hat nun zwei Optionen. Option A: Es bleibt bei seinem aktuellen Fuhrpark, aber verliert dann voraussichtlich seinen größten Kunden und gefährdet seine wirtschaftliche Existenz. Option B: Es investiert in einen emissionsfreien Fuhrpark und stellt damit zum einen sicher, dass es den Ansprüchen seines größten Kunden gerecht wird, und hebt sich zum anderen auch noch von der herkömmlichen Konkurrenz ab. Wie würdest du entscheiden?
2) Offenheit für digitale technologische Innovation. Der Mut und die Risikobereitschaft, in disruptive Technologien zu investieren, wurde in der

Vergangenheit bereits häufig belohnt. Der Wandel zu mehr Nachhaltigkeit bringt Ungewissheit mit sich, ja, aber die technologischen Möglichkeiten, die wir heute schon haben und die auch künftig zum Einsatz kommen, sind eindrücklich. Ob künstliche Intelligenz, Blockchain, Internet of Things – all das sind digitale technologische Trends, mit denen Green-Tech-Start-ups schon große Fortschritte aufgezeigt haben. Daten werden nicht grundlos als das neue Öl bezeichnet. Die Metapher dazu lautet: Ohne Öl hätte es keine industrielle Revolution gegeben, da es alle Maschinen am Laufen hielt. Heute sind die Daten die entscheidende Ressource, die so viele Anwendungsbeispiele ermöglicht und hoffentlich eine Twin-Transformation-Revolution lostritt. Für diese Pionierarbeit braucht es aber den Mut und die Risikobereitschaft der Führungskräfte.

3) Engagement und interne Kollaboration fördern. Den Startschuss setzen und das Commitment zeigen für innovative Twin-Transformation-Initiativen, das ist die Aufgabe der Führungsebene. Dazu gehört, das Bewusstsein für die Dringlichkeit dieser Themen zu schärfen, aber gleichzeitig die damit einhergehenden Potenziale aufzuzeigen und Mut zu machen. Es gilt, Mitarbeiterinnen und Mitarbeiter aktiv einzubinden und zu ermutigen, dass ihre Beteiligung essenziell ist und ihre Ideen erwünscht sind. Darüber hinaus muss verstanden und etabliert werden, dass Nachhaltigkeitsziele ein interdisziplinäres Thema sind, welches den Austausch verschiedener Abteilungen benötigt. Digitalisierung und Nachhaltigkeit können als sinnvolles Tandem fungieren, wenn man die Teams der Chief Sustainability Officers und der Chief Digital Officers an einen Tisch holt und gemeinsam definiert, wie Nachhaltigkeit durch digitale Technologien unterstützt und wie Digitalisierung gleichzeitig auch unter dem Nachhaltigkeitsaspekt verfolgt werden kann. Das Ganze gilt es als Chance zu begreifen!

WAS BEDEUTET DIES (PERSPEKTIVISCH) FÜR DEN NACHHALTIGKEITSWANDEL?

Die digitalen und anderweitigen technischen Innovationen, die sich am Horizont stetig abzeichnen, geben wirklich viel Anlass zur Hoffnung. Henry hat am Ende unseres Interviews noch einen sehr spannenden Satz gesagt: »Das Tolle ist ja, dass der Energieverbrauch nicht mehr per se schlecht ist. Im Juli 2024 hatten wir an 15 von 31 Tagen negative – oder Kosten von null Cent pro Kilowattstunde. Das heißt, an der Hälfte der Tage kann man einfach Energie verbrauchen, ohne dass es etwas kostet, und es trägt sogar zur Stabilisierung des Stromnetzes bei.« Und das Beste ist, dabei handelt es sich sogar um grüne, also erneuerbare und emissionsfreie Energie. Ich bin davon immer noch beeindruckt.

»Das Tolle ist ja, dass der Energieverbrauch nicht mehr per se schlecht ist. Im Juli 2024 hatten wir an 15 von 31 Tagen negative – oder Kosten von null Cent pro Kilowattstunde.«

Dr. Henry Keppler

Natürlich spielt die vorhandene oder eben nicht vorhandene Flexibilität bei den Verbrauchern in diesem Prozess eine entscheidende Rolle. Aber die Tatsache, dass man mit dynamischen und intelligenten Stromtarifen einen ökologischen Beitrag leisten kann und dabei auch noch ökonomische Kosteneinsparungen erzielt, das hat unschlagbares Potenzial. Und zum Thema Flexibilisierung: Natürlich sind Batterie- und andere Speichertechnologien in diesem Vorhaben nicht wegzudenken. Auch hier ist in den letzten zehn Jahren unglaublich viel passiert. Aber dies ist ein weiteres spannendes Thema im Energiekosmos, welches wir direkt im anschließenden Mobilitätskapitel genauer beleuchten werden.

ANMERKUNGEN

1 Bundesnetzagentur: Der Strommarkt im Jahr 2023, o. D. (https://www.smard.de/page/home/topic-article/444/211756).

2 bdew: Die Energieversorgung 2023 – Jahresbericht – Aktualisierte Fassung, 2024 (https://www.bdew.de/media/documents/Jahresbericht_2023_UPDATE_Mai_2024_final_V2.pdf).

3 Europäische Kommission: Der europäische Grüne Deal, 2019 (https://eur-lex.europa.eu/resource.html?uri=cellar:b828d165-1c22-11ea-8c1f-01aa75ed71a1.0021.02/DOC_1&format=PDF).

4 Bundesamt für Wirtschaft und Ausfuhrkontrolle: Merkblatt für das Energieeffizienzgesetz (EnEfG), 2024 (https://www.bafa.de/SharedDocs/Downloads/DE/Energie/ea_merkblatt_energieeffizienzgesetz.pdf?__blob=publicationFile&v=6).

5 Bundesgesetzblatt: Gesetz zum Neustart der Digitalisierung der Energiewende, 2023 (https://www.recht.bund.de/bgbl/1/2023/133/VO.html).

6 Bundesnetzagentur: Eckpunkte zur Fortentwicklung der Industrienetzentgelte im Elektrizitätsbereich, 2024 (https://www.bundesnetzagentur.de/DE/Beschlusskammern/1_GZ/BK4-GZ/2024/BK4-24-0027/BK4-24-0027_Eckpunktepapier_24072024.pdf?__blob=publicationFile&v=4).

7 SBTi: Companies taking action, 2024 (https://sciencebasedtargets.org/companies-taking-action).

Mobilität als Schlüssel zur Nachhaltigkeit

Im Spannungsfeld zwischen Emissionen und technologischen Innovationen

Dominik Loppnow

↘ AUSGANGSLAGE UND HERAUSFORDERUNGEN

Die Mobilitätsbranche in Deutschland steht an einem Scheideweg: Auf der einen Seite stauen sich die Autos auf den Straßen, und der Verkehr ist nach wie vor für etwa 20 Prozent der deutschen CO_2-Emissionen verantwortlich.[1] Allein im Jahr 2022 wurden laut Umweltbundesamt über 150 Millionen Tonnen CO_2 durch den Verkehr in Deutschland freigesetzt – Tendenz steigend.[2] Auf der anderen Seite sieht die Bundesregierung eine klare Vision: 15 Millionen Elektrofahrzeuge sollen bis 2030 auf Deutschlands Straßen fahren und damit einen erheblichen Beitrag zur Dekarbonisierung leisten.[3]

Der Verkehr ist für etwa 20 % der deutschen CO_2-Emissionen verantwortlich.

Auch Europa, das über Jahrhunderte hinweg als Heimat zahlreicher Mobilitätsinnovationen galt, steht vor großen Herausforderungen. Der Verkehrssektor ist für fast 30 Prozent der CO_2-Emissionen in der EU verantwortlich.[4] Diese Emissionen zu reduzieren ist eine der größten Herausforderungen der EU. Der European Green Deal, der Europa bis 2050 klimaneutral machen soll, legt hier den Rahmen fest. Mit der Sustainable and Smart Mobility Strategy verfolgt die EU unter anderem das Ziel, den Schienenverkehr zu stärken, den öffentlichen Verkehr auszubauen und die Infrastruktur zu modernisieren. Der Plan des Trans-European Transport Network (TEN-T) und das Next-Generation-EU-Programm sind entscheidend, um die notwendigen Investitionen in die Mobilitätsinfrastruktur zu lenken.[5]

Aber zurück zu Deutschland. Hier wird das Thema Nachhaltigkeit in der Mobilität oft auf Elektrofahrzeuge reduziert, doch die Realität ist komplexer. Der deutsche Verkehr stockt in vielerlei Hinsicht: Während der Anteil der Elektroautos am gesamten Fahrzeugbestand in Deutschland 2023 nur bei 1,3 Prozent lag, verzeichnete der SUV-Markt im selben Jahr ein Rekordhoch mit über 30 Prozent aller Neuzulassungen.[6] Ein Blick auf die Infrastruktur zeigt weitere Herausforderungen: Deutschland benötigt laut Schätzungen bis 2030 etwa eine Million öffentliche Ladepunkte, derzeit gibt es aber nur etwa 120 000 – viel zu wenig, um das ambitionierte Ziel von 15 Millionen Elektrofahrzeugen zu unterstützen.[7] Auch die Beschaffung und Entsorgung von Batterien stellt ein Problem dar. Der weltweite Bedarf an Lithium und Kobalt, die für die Batterien von Elektrofahrzeugen unerlässlich sind, könnte bis 2030 um das Vierfache steigen, was zu erheblichen Umweltbelastungen in den Abbaugebieten führt.[8] Und da haben wir noch nicht über alternative Antriebsarten wie Wasserstoff gesprochen und ob diese im Logistik- und Tourismusbereich für Schwerlasttransport und Langstrecken genutzt werden können.

Trotz politischer Maßnahmen wie die Förderung von Elektrofahrzeugen und ambitionierten Klimazielen bleibt die Umsetzung schleppend. Die Ladeinfrastruktur ist unzureichend, vor allem im ländlichen Raum, und alternative Antriebe wie Wasserstoff sind noch nicht breit genug im Einsatz. Auch der öffentliche Nahverkehr bietet nicht für alle Regionen eine verlässliche Alternative zum Auto, was die Verkehrswende verlangsamt.

Während die Welt über den Übergang zur Elektromobilität und die Reduzierung von CO_2 durch eine geringere Verkehrsbelastung spricht, stehen wir tatsächlich am Beginn einer noch viel größeren Transformation. Innerhalb des nächsten Jahrzehnts wird sich das gesamte Mobilitätsökosystem erheblich verändern. Und das ausgehend von Verbraucherinnen und Verbrauchern, die immer stärker grüne, effiziente und bequeme Mobilitätsoptionen fordern. Diese Transformation bietet nicht nur Lösungen für ökologische

Herausforderungen, sondern eröffnet auch ein riesiges Potenzial für Innovationen und neue Geschäftsmodelle, die den deutschen Wirtschaftsstandort weiter stärken können. Gerade im Bereich der Mobilität, wo Deutschland über eine starke Industrie verfügt, können diese Entwicklungen zu Marktwachstum führen und die Wettbewerbsfähigkeit des Landes nachhaltig stärken.

Jetzt ist der Zeitpunkt, positiv nach vorne zu blicken und die vorhandenen Potenziale zu nutzen. Deutschland hat die Chance, durch gezielte Investitionen in Infrastruktur, Digitalisierung und Innovation eine Vorreiterrolle in der nachhaltigen Mobilität einzunehmen. Wir sollten diese Gelegenheit nutzen, um nicht nur den CO_2-Ausstoß zu senken, sondern auch neue Arbeitsplätze zu schaffen und die Lebensqualität in städtischen und ländlichen Gebieten gleichermaßen zu verbessern.

Bei Nunatak unterteilen wir die nachhaltige Mobilität der Zukunft in sechs zentrale Dimensionen und decken dabei technologische, infrastrukturelle, soziale und politische Aspekte mit ab.

Überblick Nunatak Mobilitätslandschaft:

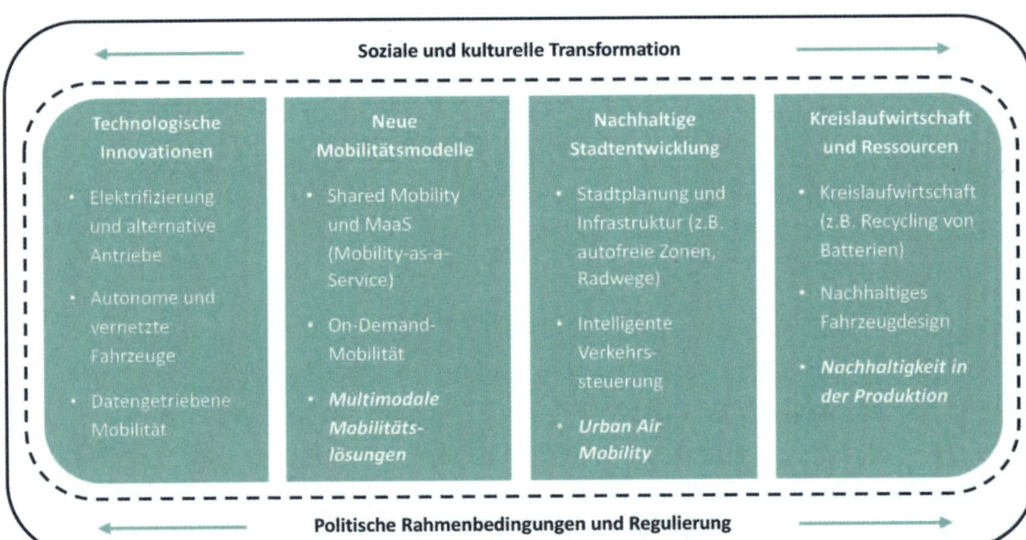

Gehen wir nun auf einige der Dimensionen (in der Grafik kursiv) genauer ein.

↘ EINBLICKE UND INSPIRATION

Batterien sind der Gamechanger hin zur grünen Mobilität. Doch nur wer die Rohstoffknappheit, den effizienten Produktionshochlauf und Recyclingprobleme meistert – und nebenbei noch Wettbewerbsfähigkeit gegenüber China beweist –, wird am Ende wirklich profitieren.

Batterien haben unterschiedlichste Einsatzmöglichkeiten. Neben dem Elektro-Pkw oder -Bus als bestes Beispiel finden sich Batterien heute auch in Zweirädern (E-Bikes, E-Rollern, E-Scootern etc.) oder in der Energieinfrastruktur (Speicher). So wurden in Deutschland im Jahr 2022 etwa 2,2 Millionen E-Bikes verkauft, was einem Anteil von 48 Prozent an den gesamten Fahrradverkäufen entspricht. Auch immer mehr Logistikunternehmen setzen auf elektrische Lieferfahrzeuge.[9] DHL zum Beispiel hat bereits 35 000 elektrische Fahrzeuge im Einsatz.[10] Amazon setzt in Deutschland auf den Hersteller Rivian und hat aktuell 15 000 Fahrzeuge im Einsatz.[11]

Bis 2030 wird der weltweite Markt für Lithium-Ionen-Batterien auf rund 180 Milliarden US-Dollar anwachsen.[12] Um die Abhängigkeit von asiatischen Herstellern zu verringern – und um sich ein Stück des Kuchens zu sichern –, investieren unter anderem Deutschland und der Rest von Europa in den Ausbau der Batterieproduktion. Beispiele dafür sind die Tesla-Gigafactory in Brandenburg und die geplanten Gigafabriken von Volkswagen in Salzgitter und Valencia.

Ich spreche mit Bastian Ruther, Managing Director von Limatica. Limatica entwickelt eine innovative Messlösung zur Verbesserung der Effizienz und langfristig der Qualität in der Batterieproduktion. Das Produkt kombiniert Messhardware und Datenanalytik, um den Qualitätssicherungsprozess (auch

»Cell Aging« genannt) von Batteriezellen um bis zu 95 Prozent zu beschleunigen. Die neuwertigen Daten über das intrinsische Verhalten der Batteriezelle liefert Aussagen über Fehler in der Produktion und kann diese somit frühzeitig identifizieren. Das langfristige Ziel: Ausschussraten im Produktionsprozess zu reduzieren.

Die Batteriezellenproduktion ist ein komplexes Unterfangen, bei dem es gerade beim Hochlauf einer Fabrik zu vielen Fehlern kommt. In den ersten zwei Schritten der Batteriezellenproduktion werden Elektroden hergestellt und in ein prismatisches, zylindrisches oder Pouch-Gehäuse eingesetzt und mit Elektrolyten befüllt. Nach der elektrischen Inbetriebnahme der Zelle (»Formation«) braucht es den Cell-Aging-Prozess, um jene Zellen zu identifizieren, die fehlerhaft sind, damit sie aussortiert werden können. Aktuell dauert dieser Cell-Aging-Prozess fünf bis zehn Tage, um die Qualität der Zellen zu überprüfen. Ein solcher langwieriger Prozess hat offensichtlich einige Nachteile: 1) Für die Lagerung während des Agings wird enorm viel Platz (»Storage Units«) benötigt. 2) Es besteht ein hoher Energiebedarf zur Kühlung des Formations- und Aging-Gebäudes. 3) Und es entsteht ein hoher Grad an gebundenem Kapital (je nach Größe der Batteriefabrik sprechen wir hier von mehreren Millionen Zellen auf Lager). In neu gebauten Fabriken kann die Ausschussrate defekter Batteriezellen über 50 Prozent liegen, insbesondere während der Hochlaufphase der Produktion (in etablierten asiatischen Fabriken liegt der Wert bei fünf bis zehn Prozent). Limatica hat eine innovative Lösung entwickelt, die diesen Prozess erheblich verkürzen kann. Durch den Einsatz eines speziellen Messverfahrens kann der Cell-Aging-Prozess statt in mehreren Tagen in nur einigen Minuten erledigt werden. Die Hauptinnovation liegt in der Datenanalyse und dem Algorithmus zur Interpretation der Messergebnisse: Limatica misst und analysiert das Spannungsrauschen in den Batteriezellen, ein Phänomen, das auf der Ruhespannung jeder Zelle auftritt. Diese kleinen Spannungsabweichungen ergeben Datenmuster, welche mit Fehlerbildern der defekten Zellen abgeglichen werden. Dies dient dazu, Schädigungsprozesse in der Zelle frühzeitig zu erkennen.

Und der Bedarf, sagt Bastian, ist allgegenwärtig. Insbesondere wenn man davon ausgeht, dass Deutschland ernsthaftes Interesse hat, die Batterieproduktion als festen Wirtschaftszweig aufzubauen. Mit Limaticas Technologie können Unternehmen in der Batterieproduktion die Effizienz im Cell-Finishing stark erhöhen und hoffentlich in Zukunft so Ausschussraten deutlich senken. Dies könnte dann den Bedarf an Rohstoffen reduzieren und die Ausschussraten verringern. Außerdem können Energieeinsparungen erzielt werden, da der lange und energieintensive Lagerprozess, inklusive der klimatisierten Lagerflächen, entfällt.

Limatica kann mit ihrer Lösung im Teilbereich der Batterieproduktion einen positiven Beitrag auf die insgesamt sehr energieintensive Herstellung von Batterien – immerhin ist die Produktion der Batterie mit 83 Prozent der Hauptverursacher für die hohen CO_2-Emissionen bei der Produktion eines Elektrofahrzeuges – leisten. Denn: Das Elektroauto beginnt mit einem produktionsbedingten CO_2-Rucksack (höher als beim Verbrenner), den es erst während der Nutzungsphase abbaut. Fahrprofil und Energieträger haben je nach Antriebskonzept einen großen Einfluss auf die betrieblichen Emissionen. Nach 90 000 Kilometern ist das Elektroauto im Schnitt klimafreundlicher als ein Verbrenner.[13]

Erweitert man den Blick, gibt es noch viele weitere Potenziale neben der Batterieproduktion. Auch am Ende des Produktlebenszyklus einer Batterie schlummert Potenzial. Bis 2030 werden in Europa voraussichtlich bis zu 420 Kilotonnen Altbatterien aus Elektrofahrzeugen anfallen (dies entspricht in etwa einer Million Elektroautos).[14] Das stellt eine erhebliche Herausforderung für die Recyclinginfrastruktur dar, wenn man bedenkt, dass derzeit nur etwa fünf Prozent der Lithium-Ionen-Batterien weltweit recycelt werden.[15] Der Aufbau einer umfassenden Recyclinginfrastruktur ist daher strategisch relevant. Das haben auch die großen Automobilhersteller erkannt.

So hat Volkswagen 2021 in Salzgitter seine erste Batterierecyclinganlage eröffnet mit dem Ziel, bis zu 97 Prozent der Rohstoffe in den Batterien zurückzugewinnen, um diese dann in neuen Batterien einsetzen zu können.[16] Gleichzeitig ist die Wiederverwertung von Rohstoffen wie Lithium und Kobalt aus technischer und wirtschaftlicher Sicht anspruchsvoll. Es liegt auf der Hand, dass wir in ein Nachhaltigkeitsdilemma laufen, sollte es hier keine Fortschritte geben. So könnte eine nachhaltige Lösung zu einem nachhaltigen Abfallproblem werden.

Insgesamt spielt der technologische Fortschritt im Bereich der Batterieforschung eine enorm wichtige Rolle. So können zum Beispiel Feststoffbatterien im Vergleich zu Lithium-Ionen-Batterien eine deutlich höhere Energiedichte haben, was die Lebensdauer in Form von Ladezyklen erhöht und im Vergleich deutlich kürzere Ladezeiten verspricht.[17] Experten gehen davon aus, dass bis 2030 75 Prozent der Batterien von Elektrofahrzeugen anderweitig verwendet werden und 54 Prozent der Batterien recycelt werden können.[18]

Aber wird die Batterie dadurch zum Gamechanger? Zieht man ein weiteres Thema in Betracht, das bisher noch nicht angesprochen wurde, aber erheblichen Impact haben kann, würde diese Frage klar mit Ja beantwortet werden. Gemeint ist das Vehicle-to-Grid-Prinzip – oder das bidirektionale Laden, bei dem Elektrofahrzeuge als mobile, privat genutzte Energiespeicher fungieren und zum Beispiel überschüssigen Strom bei Lastspitzen ins Netz einspeisen. Das ist besonders nützlich, wenn die Nachfrage hoch ist, aber gleichzeitig erneuerbare Energiequellen wie Wind- oder Sonnenenergie nur eingeschränkt verfügbar sind. In Phasen niedriger Stromnachfrage könnten die Elektrofahrzeuge dann wieder aufgeladen werden. Prognosen gehen davon aus, dass bis 2030 in Deutschland rund zehn Millionen Elektrofahrzeuge als mobile Energiespeicher im Stromnetz eingebunden werden könnten.[19] Im Bereich des Vehicle-to-Grid(V2G)-Prinzips spielt KI eine zentrale Rolle, indem sie das Laden und Entladen von Fahrzeugbatterien intelligent steuert. Und so kann das Elektroauto zum echten Gamechanger werden. Das Elektroauto hat heute noch einen schweren Stand und wird von der Wirtschaft und im privaten Haushalt noch nicht ausreichend akzeptiert in Deutschland. Mit V2G kann sich das ändern. Voraussetzung: Die technischen und regulatorischen Rahmenbedingungen dafür müssen gegeben sein. Unterm Strich hat gerade die Regulatorik aktuell hier noch Nachholbedarf.

Im Schnitt sitzen 1,2 Personen in einem Pkw, wenn sie zur Arbeit pendeln. So wird Deutschland seine Klimaziele im Verkehrssektor nicht erreichen, sondern weiter im Stau aus ineffizientem Individualverkehr und veralteter Infrastruktur stecken bleiben.

Nach aktuellen Zahlen wird der motorisierte Personenverkehr in Deutschland noch immer zu 85 Prozent mit dem Auto abgewickelt, während 86 Prozent der Berufspendlerinnen regelmäßig den Pkw nutzen, um zur Arbeit zu gelangen.[20] Allein diese Zahlen verdeutlichen, dass wir Lösungen brauchen, die den Verkehr auf der Straße verringern oder auf nachhaltigere Lösungen verlagern. Eine weitere Zahl macht dabei das Kernproblem deutlich: Bei Berufspendlern befinden sich im Durchschnitt nur 1,2 Personen pro Auto auf dem Weg zur Arbeit und zurück,

»Bei Berufspendlern befinden sich im Durchschnitt nur 1,2 Personen pro Auto auf dem Weg zur Arbeit und zurück.«

Nino Handler

wie ich im Interview mit Nino Handler vom Start-up uRyde erfahre. Da zeigt sich eine erhebliche Diskrepanz zwischen den Ressourcen, die genutzt werden, und den Möglichkeiten, diese effizienter zu gestalten. Eine naheliegende

Lösung kann das Ridesharing sein, bei dem Fahrgemeinschaften gebildet werden, die nicht nur den Verkehr entlasten, sondern auch die Umwelt schonen. Eine Studie des Umweltbundesamtes schätzt, dass eine Reduzierung des Autobestands um zehn Prozent durch Ridesharing zu einer jährlichen Treibhausgaseinsparung von 3,9 bis 6,7 Millionen Tonnen CO_2-Äquivalenten führen könnte.[21]

Bereits umgesetzte Lösungen einer multimodalen Mobilitätsplattform findet man mit Jelbi in Berlin, die verschiedene Verkehrsmittel wie ÖPNV, Fahrräder, Elektroscooter und Ridesharing in einer einzigen App bündelt. Die Kombination von unterschiedlichen öffentlichen Verkehrsmitteln und Sharingdiensten führt zu einer optimierten Auslastung der Verkehrsmittel und verringert den Bedarf an Neuinvestitionen in Infrastruktur. Dadurch werden auch Flächen effizienter genutzt – beispielsweise wird weniger Parkraum benötigt, und neu entstehende Flächen können anderen Zwecken dienen.

Dass solche Plattformen erfolgreich sind, hängt in allererster Linie von den Nutzerinnen und Nutzern ab. Und da gibt es in Deutschland vielversprechende Zahlen, die zeigen, dass es eine generelle Akzeptanz gegenüber diesen Lösungen gibt. Aktuell existieren allein im Bereich Mobility um die 70 aktiv genutzte Mobilitätsplattformen, bei denen alles von Bike- oder E-Scooter-Sharing bis hin zu Share Now oder Sixt abgedeckt ist.[22] Auch auf der Nutzerseite gibt es positive Zahlen. Bereits 5,5 Millionen Deutsche nutzen aktuell Car- und Ridesharing-Dienste.[23] Wenn man bedenkt, dass jedes geteilte Fahrzeug bis zu 16 private Fahrzeuge ersetzen kann, ist der Hebel zur Verringerung der Verkehrsbelastung und zum Senken der CO_2-Emissionen enorm.[24] Natürlich müssen die entsprechenden Rahmenbedingungen gegeben sein. In Städten wie Berlin und München ist der Einsatz solcher Dienste besonders effektiv, da hier eine hohe Dichte an Nutzern besteht. Im ländlichen Raum sind vergleichbare Konzepte schwerer umzusetzen.

Über eine innovative App vermittelt uRyde freie Plätze in Pkws, Shuttle- und Werksbussen sowie ÖPNV-Verbindungen, um den Pendelverkehr effizienter und umweltfreundlicher zu gestalten. Zudem ist es Unternehmen mit uRyde möglich, bestimmte Mobilitätsformen über Jobtickets oder Mobilitätsbudgets zu fördern. Nutzerinnen haben die Möglichkeit, Fahrten in Echtzeit anzubieten und zu buchen, mit dem Ziel, die Auslastung von Fahrzeugen auf den Straßen zu verbessern. URyde bietet mit der Plattform auch ein integriertes Managementsystem für Parkplätze und Ladestationen an, das besonders für Berufspendlerinnen und Unternehmen mit großen Mitarbeiterzahlen relevant ist. Es geht darum, den Verkehr zu verringern und die Pendlerströme umweltfreundlicher zu gestalten.

Die Zielgruppe von uRyde umfasst Unternehmen, Kommunen und Universitäten, die ihren Mitarbeitenden eine flexible und umweltfreundliche Mobilitätslösung bieten möchten. Der Schwerpunkt liegt dabei auf Unternehmen, die einen umfassenden Überblick über die Mobilität ihrer Mitarbeitenden gewinnen wollen. URyde bietet diesen Unternehmen Transparenz über die potenzielle CO_2-Einsparung und stellt damit ein wertvolles Werkzeug für die Erstellung von CSR-Berichten, insbesondere in Bezug auf Scope-3-Emissionen, bereit. Bei der Nutzung profitieren dann insbesondere Berufspendler und Personen, die regelmäßig die gleichen Wege zurücklegen – etwa zur Arbeit oder Universität. Falls gewünscht, kann uRyde auch ein Mobilitätsbudget über die App verwalten, das Unternehmen als Anreiz für die Nutzung der App dient.

Als prominentes Beispiel nennt Nino Handler die Metropolregion Nürnberg, wo die App schon im Einsatz ist. Dort ist die Plattform in Form einer App in Kooperation mit über 20 großen Arbeitgebern und den Universitäten der Metropolregion an den Start gegangen, darunter auch Siemens und adidas. Die App bietet Nutzerinnen die einfache Möglichkeit, eine Mitfahrgelegenheit in Echtzeit anzubieten und zu buchen. Dadurch können Nutzer nicht nur ihre Fahrtkosten reduzieren, sondern auch aktiv zur Verringerung des

Verkehrs und der Emissionen beitragen. Die App integriert neben dem Ridesharing auch den ÖPNV. So lassen sich passende ÖPNV-Verbindungen direkt über die App buchen. Als Beispiel für einen Shuttlebus-Kunden nennt Nino Handler Siemens Healthineers, die so über das Buchungs- und Bezahlsystem eine bessere Einsicht in die Auslastung ihrer Shuttlebusses bekommen können. Und natürlich können die Angebote auch kombiniert genutzt werden. Der Vorteil aus Sicht der Unternehmen: eine bessere CO_2-Bilanz und weniger benötigte Parkplätze. Das Ergebnis: URyde hat seit Mai 2022 mehr als vier Millionen Kilometer Fahrtstrecke ermöglicht und kann durch die erhöhte Fahrzeugauslastung ein Einsparpotenzial von über 100 000 Tonnen CO_2 erzielen. URyde setzt dabei KI als Technologie ein, um personalisiert und in Echtzeit Mobilitätsangebote zu empfehlen. KI-basierte Algorithmen analysieren das Nutzerverhalten, berechnen optimale Routen und schlagen Verkehrsmittel vor, um Fahrten effizienter zu gestalten und die Nutzung nachhaltiger Verkehrsmittel zu fördern.

Und wo geht die Reise in einer Ausbaustufe hin? In Helsinki ist das Mobility-as-a-Service-Modell ein Pionierprojekt, das zeigt, wie multimodale Mobilität in Zukunft funktionieren kann. Die App Whim ermöglicht es den Nutzern, verschiedene Verkehrsmittel wie ÖPNV, Taxis, Fahrräder, Carsharing und E-Scooter in einer App zu buchen und zu bezahlen. Durch ein monatliches Abonnement haben Nutzerinnen Zugang zu einer flexiblen und nahtlosen Mobilitätslösung, die den Besitz eines eigenen Autos überflüssig macht. Laut Studien kann die Nutzung des ÖPNV und der geteilten Mobilität durch Whim erheblich gesteigert werden.[25]

Während der Westen noch über die Zukunft von Elektroautos diskutiert, hat China längst die nächste Stufe eingeleitet: Lufttaxis werden in naher Zukunft die Straßenverkehrsdebatte obsolet machen.

2017 hatte China die Vereinigten Staaten als die am besten finanzierte Region (Funding, Investitionen in Start-ups und M&A-Aktivitäten) im Bereich Travel und Mobility Tech überholt, was eine bedeutende Verschiebung von West nach Ost darstellte – mit Auswirkungen, die heute spürbar sind. China ist heute ein Kernwettbewerber von Deutschland im Bereich der Elektrofahrzeuge. Dies ist eine Entwicklung, die heute die globale Mobilitätslandschaft entscheidend prägt. Auch wenn sich der chinesische Risikokapitalmarkt seit 2018 etwas abgekühlt hat und die USA auch wieder stark investieren, war China Anfang 2018 Heimat von über der Hälfte aller Travel- und Mobility-Tech-Unicorns.[26]

Aber der Elektrofahrzeugmarkt ist längst nicht der einzige Markt, in den China und die USA aggressiv investieren. Ein weiterer Bereich, der in den letzten Jahren erheblich an Bedeutung gewonnen hat, ist die Air-Mobility-Branche. Auch in Deutschland erhält dieser Zweig viel Aufmerksamkeit. Start-ups haben erfolgreich Prototypen entwickelt und Testflüge durchgeführt. Deutsche Firmen wie Volocopter und Lilium sind weltweit führend bei der Entwicklung von eVTOLs. Allein im Jahr 2020 flossen weit über eine Milliarde US-Dollar in die Branche – mehr als in den vorangegangenen zehn Jahren zusammen. Der Großteil dieser Mittel ging jedoch an einige wenige Unternehmen wie das US-amerikanische Start-up Joby Aviation. Joby hat nicht nur erhebliche Mengen an Risikokapital eingeworben, sondern auch ein starkes Patentportfolio aufgebaut, das sich insbesondere auf Lärmminderungstechnologien konzentriert – ein entscheidender Faktor für die Akzeptanz von Lufttaxis im öffentlichen Raum.[27]

Ein interessanter Unterschied in der Technologieentwicklung zeigt sich auf Länderebene: In den USA liegt der Schwerpunkt stark auf Hardwarekomponenten, während in China der Fokus auf Software- und digitalen Technologien liegt. Dies verdeutlicht die unterschiedlichen Ansätze, die von beiden globalen Schwergewichten verfolgt werden. Aber auch in der deutschen Verkehrsinfrastruktur könnten Lufttaxis in den nächsten Jahren zu einer festen Größe werden. Der Markt in Europa wird bis 2030 voraussichtlich stark wachsen, mit geschätzten Investitionen in Milliardenhöhe. Mit der richtigen Mischung aus Technologie, Regulierung und öffentlicher Akzeptanz könnte Deutschland eine führende Rolle in der weltweiten Air-Mobility-Industrie übernehmen.[28]

Aber hat Deutschland – mit Blick auf die aktuellen Probleme in der Infrastruktur allein auf der Straße und der Schiene – tatsächlich Chancen, in dem Bereich Fuß zu fassen? Die Frage ist berechtigt. Allerdings sollten bestehende Probleme nicht der Grund sein, strategisch relevante Geschäftsfelder nicht zu besetzen. Als Land der Ingenieure und Patente ist es für Deutschland mit Sicherheit ein interessanter Markt, der zudem noch nachhaltig ist. Es gibt einen interessanten Bericht des Lufthansa Innovation Hub. Dieser bietet eine umfassende Analyse von Städten auf der ganzen Welt, die sich am besten für den Start und das Landen von Flugtaxis eignen. Analysiert wurden 42 Städte in den USA und Europa, während asiatische und nahöstliche Städte aufgrund fehlender Daten ausgeschlossen wurden. Untersucht wurden die Städte entlang der zwei Parameter »feasability« (mit Blick auf nutzbare Flächen, Luftraumverfügbarkeit und Regulatorik) und »viability« (mit Blick auf Wetter, Einfluss auf die Umgebung und Zeitersparnis). Das Ergebnis: München, Berlin und Hamburg sind unter den wenigen Städten, die sich durch fortschrittliche Luftfahrtinfrastrukturen auszeichnen, also sehr gute Voraussetzungen für den Betrieb von Lufttaxis aufweisen.[29]

↘ LÖSUNGSWEGE UND AUSBLICK

Deutschland hat sich ehrgeizige Ziele gesetzt. 15 Millionen Elektrofahrzeuge bis 2030, eine Million Ladepunkte bis 2030, Modernisierung des öffentlichen Nahverkehrs und die Entwicklung alternativer Antriebe. Mit Blick auf Europa werden diese Ziele nicht weniger: Klimaneutralität in der EU bis 2050 im Rahmen des New Deal, Reduktion der CO_2-Emissionen um 90 Prozent im Verkehrssektor, zu 100 Prozent emissionsfreie Fahrzeuge bis 2050 und der Ausbau multimodaler Verkehrssysteme.

Die Frage stellt sich: Wie kann das gelingen? Sie kann mit Sicherheit nicht einfach beantwortet werden. Aber an dieser Stelle möchte ich mich zumindest annähern und entlang der drei Kernprinzipien der Nachhaltigkeit ein Bild zeichnen.

Die Mobilität bis 2050 wird durch eine enge Vernetzung von Technologie, Daten, Wirtschaft und Gesellschaft gekennzeichnet sein. Unternehmen und Staaten müssen soziale Inklusion gewährleisten, ökonomische Effizienz anstreben und gleichzeitig die ökologischen Ziele fest im Blick behalten.

Soziale Nachhaltigkeit: Damit »Mobilität für alle« keine Utopie bleibt, müssen ländliche Regionen in die Verkehrswende miteinbezogen werden.

Eine erfolgreiche, nachhaltige Mobilität muss sicherstellen, dass alle Bevölkerungsgruppen gleichermaßen von neuen Technologien profitieren, das gilt für städtische als auch ländliche Regionen. Aktuell haben ländliche Regionen oft keinen gleichwertigen Zugang zu öffentlichen Verkehrsmitteln, es fehlt die Infrastruktur. On-Demand-Verkehrslösungen, autonome Shuttles oder Carsharing-Dienste könnten helfen, diese Lücke in Zukunft zu schließen.

Mobilität muss für alle Bevölkerungsschichten erschwinglich sein. Subventionen in bestimmte Bereiche, zum Beispiel für emissionsfreie Verkehrsmittel,

Carsharing-Angebote oder ÖPNV-Tickets können Teil der Lösung sein. Das Neun-Euro-Ticket in Deutschland war ein erfolgreiches Beispiel dafür, wie man kurzfristig Anreize für nachhaltige Mobilität sozial gerecht gestalten kann.

Wie in jedem Bereich sind Bildung und Aufklärung von zentraler Bedeutung. Öffentliche Kampagnen können die Vorteile emissionsfreier Mobilität hervorheben, während Unternehmen durch gezielte Programme Mitarbeitende für nachhaltiges Verhalten sensibilisieren und dazu motivieren können. Digitale Plattformen und Apps bieten zusätzliche Möglichkeiten, um Menschen über CO_2-Emissionen und umweltfreundliche Alternativen aufzuklären.

Ökonomische Nachhaltigkeit: Effizienz allein reicht nicht. Ohne Innovation und Technologien wird die deutsche Mobilitätsindustrie von globalen Playern überrollt.

Die Transformation im Mobilitätssektor bietet Chancen für Wachstum und Innovation. Durch den Push in neue und nachhaltige Geschäftsmodelle kann Deutschland nicht nur CO_2-Emissionen reduzieren, sondern auch Arbeitsplätze schaffen und eine neue Wertschöpfung aufbauen. Mit Blick auf die neuen Technologien wie KI und aktuelle Trends im Mobilitätssektor wird schnell klar: Daten werden eine enorm wichtige Rolle spielen. Die allermeisten Use Cases, die in Verbindung mit nachhaltiger Mobilität und Technologie stehen, haben Daten als Grundlage des Geschäftsmodells. Tesla macht uns vor, wie wichtig das Thema ist. Hier ist nicht das elektrische Fahrzeug die große Innovation, sondern das Sammeln und Auswerten der Daten zur Verbesserung des Fahrerlebnisses und für den Einstieg in neue Geschäftszweige. Mit der Verbreitung von elektrischen und autonomen Fahrzeugen wird unglaublich viel Datenverkehr generiert, der nicht nur für besseres Targeting genutzt werden kann, sondern der auch zur Optimierung von Infrastruktur und Verbraucherbedürfnissen dient.

Nach der Entwicklung neuer Mobilitätsmodelle oder Technologien besteht die nächste Herausforderung darin, diese schnell zu skalieren. Skalenvorteile, wie bei Plattformmodellen oder KI-gestützten Datenlösungen, sind entscheidend. Unabdingbar ist es dabei, geeignete Finanzierungsstrategien zu entwickeln, sei es durch Marktmittel oder Partnerschaften.

Der Kunde muss im Mittelpunkt aller Innovationen stehen. Wenn Verbraucherinnen nicht bereit sind, von privaten Autos auf umweltfreundlichere Alternativen umzusteigen, bleiben innovative Lösungen weitgehend ungenutzt. Bei neuen Lösungen sollten Usability und komfortable Nutzung ein wichtiger Teil der Entwicklung sein. Unternehmen müssen auf das Verhalten und die sich verändernden Präferenzen der Nutzer reagieren, um ihre Produkte entsprechend anzupassen.

Ökologische Nachhaltigkeit: Klimaziele bleiben ein Rohrkrepierer und ein Lippenbekenntnis der Politik, wenn nicht tatsächliche Maßnahmen zur Emissionsreduktion ergriffen werden.

Einige Länder, wie Norwegen, planen das deutliche Eingrenzen von neu zugelassenen Verbrennungsmotoren bereits ab 2025.[30] Ähnliche Maßnahmen in ganz Europa könnten den Wandel zur Elektromobilität drastisch beschleunigen, doch politischer Wille ist dazu notwendig. Gleichzeitig müssen auch die Unternehmen mitziehen und sich entsprechend ausrichten. Steuererleichterungen, Subventionen und ein massiver Ausbau von Ladeinfrastruktur sind nötig, um emissionsfreie Alternativen attraktiver zu machen als den privaten Pkw.

Um die Klimaziele zu erreichen, muss nicht nur der CO_2-Ausstoß gesenkt, sondern auch die Fahrzeugproduktion nachhaltig gestaltet werden. Batterierecycling, der Einsatz von nachhaltigen Materialien und eine umfassende Kreislaufwirtschaft sind hier entscheidende Hebel. Aber selbst, wenn Fahrzeuge emissionsfrei werden, bleibt der Verkehr durch Energieverbrauch und

Flächenbedarf eine Herausforderung. In Städten wie Paris wird das Konzept der 15-Minuten-Stadt getestet.[31] Ziel ist es, Wohn-, Arbeits- und Freizeiteinrichtungen so nah wie möglich aneinander zu bauen, um den Bedarf an langen Pendelstrecken zu minimieren.

↘ FAZIT

Die Mobilitätsbranche in Deutschland steht vor einem Wendepunkt, an dem entscheidende Weichen für eine nachhaltige Zukunft gestellt werden müssen. Während die öffentliche Wahrnehmung oft stark auf Elektrofahrzeuge fokussiert ist, bleibt die Realität komplexer: Die Elektrifizierung allein reicht nicht aus. Es braucht eine ganzheitliche Strategie, um den Hebel der Mobilität als wichtigen Faktor zur Erreichung der Klimaziele nutzen zu können. Dabei wird die Fähigkeit, schnell auf Disruptionen zu reagieren und sich anzupassen, der Schlüssel zur nachhaltigen Mobilität der Zukunft sein. Deutschland muss jetzt die Potenziale nutzen, um durch gezielte Investitionen in grüne Technologien, soziale Inklusion und politische Rahmenbedingungen eine nachhaltige Mobilitätszukunft zu schaffen.

ANMERKUNGEN

1 Umweltbundesamt: Emissionen des Verkehrs, 2022 (https://www.umweltbundesamt.de/daten/verkehr/emissionen-des-verkehrs).
2 Agora: Verkehrssektor verfehlt 2022 erneut Klimaziel, 2024 (https://www.agora-verkehrswende.de/presse/newsuebersicht/verkehrssektor-verfehlt-2022-erneut-klimaziel/#:~:text=Die%20Emissionen%20im%20Verkehr%20sind,im%20Jahr%202022%20nicht%20eingehalten).
3 Deutscher Bundestag: 15 Millionen E-Autos in Deutschland bis 2030 als Ziel, 2024 (https://www.bundestag.de/presse/hib/kurzmeldungen-997098).

4 Europäisches Parlament: Klimawandel in Europa: Zahlen und Fakten, 2024 (https://www.europarl.europa.eu/topics/de/article/20180703STO07123/klimawandel-in-europa-zahlen-und-fakten).

5 European Comission: 2024 (https://transport.ec.europa.eu/transport-themes/mobility-strategy_en, https://commission.europa.eu/strategy-and-policy/eu-budget/eu-borrower-investor-relations/nextgenerationeu_en, https://transport.ec.europa.eu/transport-themes/infrastructure-and-investment/trans-european-transport-network-ten-t_en).

6 Kraftfahrtbundesamt: Fahrzeugzulassungen im Dezember 2023 – Jahresbilanz, 2024 (https://www.kba.de/DE/Presse/Pressemitteilungen/Fahrzeugzulassungen/2024/pm01_2024_n_12_23_pm_komplett.html).

7 *Elektroauto News:* Zahl der öffentlichen Ladepunkte in Deutschland steigt deutlich, 2024 (https://www.elektroauto-news.net/news/bundesnetzagentur-statistik-ladepunkte-2024).

8 International Energy Agency: Mineral requirements for clean energy transitions, 2021 (https://www.iea.org/reports/the-role-of-critical-minerals-in-clean-energy-transitions/mineral-requirements-for-clean-energy-transitions).

9 B. Impey: Absatz von E-Bikes in Deutschland von 2013 bis 2023 (in 1.000). Statista, 2024 (https://de.statista.com/statistik/daten/studie/152721/umfrage/absatz-von-e-bikes-in-deutschland/).

10 Ecomento: DHL, 2024 (https://ecomento.de/2024/05/07/dhl-setzt-inzwischen-35-000-elektro-transporter-ein/).

11 *Elektroauto News:* Amazon betreibt 15.000 elektrische Lieferwagen, 2024 (https://www.elektroauto-news.net/news/amazon-betreibt-15-000-elektrische-lieferwagen). Globaler Markt für Lithium-Ionen-Batterien – Branchentrends und Prognose bis 2030, 2024 (https://www.databridgemarketresearch.com/de/reports/global-lithium-ion-battery-market).

12 Data Bridge: Globaler Markt für Lithium-Ionen-Batterien – Branchentrends und Prognose bis 2030, 2024 (https://www.databridgemarketresearch.com/de/reports/global-lithium-ion-battery-market).

13 VDI (Verein Deutscher Ingenieure): VDI-Analyse der CO_2äq-Emissionen von Pkw mit verschiedenen Antriebssystemen, 2023, 2–3.

14 T. Schmaltz: Recycling von Lithium-Ionen-Batterien wird in Europa stark zunehmen. Fraunhofer-Institut für System- und Innovationsforschung ISI, 2023 (https://www.isi.fraunhofer.de/de/blog/themen/batterie-update/recycling-lithium-ionen-batterien-europa-starke-zunahme-2030-2040.html).

15 M. Jacoby: It's time to get serious about recycling lithium-ion batteries. Chemical and Engineering News, 2023 (https://cen.acs.org/materials/energy-storage/time-serious-recycling-lithium/97/i28).

16 S. Jayanthan: Volkswagen aims to recycle about 97% of all raw materials in battery packs. *Auto Tech Insights*, 2019 (https://autotechinsight.ihsmarkit.com/news/5249823/volkswagen-aims-to-recycle-about-97-of-all-raw-materials-in-battery-packs).

17 ADAC: Feststoffbatterie: Ist das die Zukunft im Elektroauto?, 2024 (https://www.adac.de/rund-ums-fahrzeug/elektromobilitaet/laden/feststoffbatterie/).

18 A. Weinberger, C. Coulter, S. Binder: hy decarbonization alone won't make automotive companies sustainable. EY, 2023 (https://www.ey.com/en_gl/insights/automotive/how-to-make-automotive-companies-sustainable).

19 *VWI Redaktion:* Elektrofahrzeuge als mobile Energiespeicher. VWI, 2020 (https://vwi.org/2020/06/elektrofahrzeuge-als-mobile-energiespeicher/).

20 Destatis: Straßenverkehr: Dominanz des Autos ungebrochen, 2024 (https://www.destatis.de/Europa/DE/Thema/Verkehr/Auto.html).

21 Umweltbundesamt: Carsharing könnte CO_2-Emissionen um sechs Millionen Tonnen senken, 2015 (https://www.umweltbundesamt.de/presse/pressemitteilungen/carsharing-koennte-co2-emissionen-um-sechs).

22 C. Doll, K. Krauss: Nachhaltige Mobilität und innovative Geschäftsmodelle, 2022 (https://www.e-fi.de/fileadmin/Assets/Studien/2022/StuDIS_10_2022.pdf).

23 B. Impey: Anzahl registrierter Carsharing-Nutzer in Deutschland von 2014 bis 2024. Statista, 2024 (https://de.statista.com/statistik/daten/studie/324692/umfrage/carsharing-nutzer-in-deutschland/).

24 Bundesverband Carsharing: Verkehrsentlastung durch Carsharing, 2024 (https://carsharing.de/verkehrsentlastung-durch-carsharing-0).

25 Ramboll: Insights from the world's first Mobility-as-a-Service (MaaS) system, MaaS Global, 2018. (https://www.boell.de/de/2018/12/18/die-flatrate-fuer-alle-verkehrsmittel).

26 K. Schunck: Navigating the 2024 Advanced Air Mobility (AAM) landscape. TNMT, 2024 (https://tnmt.com/the-2024-aam-landscape/).

27 Joby Aviation: Electric Aerial Ridesharing, 2024 (https://www.jobyaviation.com/).

28 K. Schunck: Are Air Taxis Ready For Prime Time? A data-driven report on the state of air taxis in. Lufthansa Innovation Hub, 2021.

29 K. Schunck: Identifying Top Launch Regions for Advanced Air Mobility. Lufthansa Innovation Hub, 2024.

30 *Tagesschau:* Norwegen gibt das Tempo vor, 2019 (https://www.tagesschau.de/wirtschaft/verbrennungsmotor-international-101.html).

31 S. Eisenreich: Paris auf dem Weg zur Stadt der 15 Minuten? Goethe Institut, 2024 (https://www.goethe.de/ins/fr/de/kul/soc/nhk/22079262.html).

Der Agrarsektor im Umbruch

Smart Farming für geringeren Ressourceneinsatz, aber höheren Ertrag

Dr. Barbara Heigl und Denny Münchow

↘ AUSGANGSLAGE UND HERAUSFORDERUNGEN

Die Landwirtschaft ist das Rückgrat unserer Zivilisation, die Milliarden von Menschen ernährt und damit eine der entscheidendsten Lebensgrundlagen bildet. Doch im 21. Jahrhundert sieht sich der Landwirtschaftssektor massiven Herausforderungen gegenüber, die weit über das bisher Gekannte hinausgehen: steigende Bevölkerungszahlen, drastische Klimaauswirkungen und Marktunsicherheit, gepaart mit Wettbewerbsdruck, sind wohl die wichtigsten Schlagworte. Wir reden hier von einem großen Umbruch, in dem ökologische, soziale und wirtschaftliche Nachhaltigkeit auf komplexe Weise miteinander verwoben sind.

Umweltschutz ist auch in der Landwirtschaft ein großes Thema. Es geht darum, einen Ausgleich zu finden: Einerseits müssen wir genug Essen produzieren, andererseits dürfen wir unseren Planeten nicht zu sehr belasten. Stell dir vor, die Weltbevölkerung soll bis 2050 auf über zehn Milliarden Menschen anwachsen! Das bedeutet, wir müssen unsere Nahrungsmittelproduktion um ganze 70 Prozent bis zum Jahr 2050 steigern, um eine rasant wachsende Weltbevölkerung zu ernähren.[1] Doch wie machen wir das? Müssen wir immer mehr Land bebauen, oder können wir klüger mit dem umgehen, was wir bereits zur Verfügung haben?

Das Wetter spielt verrückt, und das Klima ändert sich – das betrifft auch und in besonderem Maße die Landwirtschaft. Wir müssen uns anpassen, um mit extremen Wetterbedingungen fertigzuwerden und Ernteausfällen vorzubeugen. Die Schäden, die durch den Klimawandel verursacht werden, kosten uns richtig Geld. In den letzten 30 Jahren haben Dürren allein über 65 Prozent der Verluste in der Landwirtschaft verursacht. Das sind satte 3,8 Billionen US-Dollar an verlorenen Ernten und Viehbeständen![2]

Der Einsatz von Düngemitteln und Pestiziden sowie die Abholzung machen der Natur schwer zu schaffen. Sie bedrohen die Vielfalt der Pflanzen- und Tierwelt, laugen den Boden aus und plündern unsere Wasserreserven.

In der EU allein wird ein Viertel des Wassers für die Landwirtschaft abgezapft.[3] Und weltweit? Nahezu zwei Drittel des Süßwassers werden allein für die Bewässerung von Feldern genutzt![4] Das ist eine riesige Menge Wasser. Diese Missstände bringen nicht nur das feine Gleichgewicht der Natur durcheinander, sondern könnten auch langfristig die Landwirtschaft selbst in Gefahr bringen.

Betrachten wir nun die soziale Seite des Agrarsektors, stellen wir fest: Auch hier befinden wir uns an einem kritischen Punkt. Kleinbauern als Rückgrat ländlicher Gemeinschaften kämpfen mit begrenztem Landbesitz und entsprechenden Anbauflächen. Auch der Marktzugang und das Durchsetzen fairer Preise für ihre Produkte sind dabei eine zentrale Herausforderung. Die Globalisierung als großer Treiber verschärft die ohnehin angespannte Situation durch intensivierten, länderübergreifenden Wettbewerb. Zusätzlich sehen sich auch die Arbeitskräfte im Agrarsektor mit dem Trend der Überalterung ländlicher Bevölkerungen konfrontiert, was bedeutende Gefahren für die soziale Nachhaltigkeit des Sektors darstellt.

Wirtschaftlich sind die Herausforderungen nicht weniger einschüchternd. Schwankende Rohstoffpreise, Marktunsicherheiten, globale Krisen, Lieferengpässe und die unverhältnismäßige Macht großer Agrarunternehmen haben ein ungleiches Spielfeld für die Bäuerinnen und Bauern geschaffen. Damit die Landwirtschaft weitermachen kann, müssen wir dringend etwas ändern. Es muss sichergestellt sein, dass die Menschen, die das Land bestellen, auch davon leben können. Wir brauchen Veränderungen im System, damit die Zukunft der Landwirtschaft fair und stark ist.

ZWISCHENFAZIT

Wir müssen handeln, und zwar jetzt! Die beschriebenen Herausforderungen sind alle eng miteinander verwoben. Wenn wir nur eine davon angehen und die anderen ignorieren, wird sich an der Gesamtproblematik nichts ändern. Nachhaltige Landwirtschaft muss nicht nur Praktiken umfassen, die die

Umwelt schützen, sondern auch das Wohlergehen der Bäuerinnen priorisieren und wirtschaftliche Systeme fördern, die gerecht und ausgewogen sind.

Angesichts dieser komplexen Problematik wird der Agrarsektor vor die Aufgabe gestellt, nachhaltige Lösungen zu finden, um die steigende Nachfrage nach Nahrungsmitteln zu bewältigen und gleichzeitig Umweltauswirkungen zu minimieren. In diesem Kontext eröffnen innovative Technologien, insbesondere künstliche Intelligenz (KI), vielversprechende Perspektiven für die Landwirtschaft. Dieses Kapitel wird dir zeigen, wie KI in der Landwirtschaft eingesetzt werden kann, um die großen Probleme anzugehen und den Weg für eine umweltfreundliche und effiziente Landwirtschaft zu ebnen.

↘ EINBLICKE UND INSPIRATION

Die künstliche Intelligenz – sie ist in aller Munde! Und sie gewinnt auch in der Landwirtschaft zunehmend an Popularität und Einsatz. Unser Experte zu diesem Thema ist kein Geringerer als Josef Bühler. Er hat Agrarmanagement in Weihenstephan an der TU München studiert, und die Frage nach der Digitalisierung in der Landwirtschaft stand bei ihm schon immer im Fokus. Heute leitet und verantwortet er den Smart-Farming-Bereich der BayWa AG. Gemeinsam mit Josef haben wir einen Deep Dive in die Twin Transformation im Bereich Smart Farming gewagt und sind auf beeindruckende Erkenntnisse und auf viel Potenzial gestoßen.

PRECISION FARMING, SMART FARMING UND DIGITAL FARMING – DIE ZUKUNFT DER LANDWIRTSCHAFT

Zunächst einmal sollten wir ein wenig Klarheit in die zentralen Begrifflichkeiten bringen. Der Begriff »Smart Farming« lässt sich bereits in drei Stufen unterteilen. Die erste Stufe wird »Precision Farming« genannt und heißt übersetzt Präzisionslandwirtschaft. Hierbei geht es darum, Betriebsmittel wie Saatgut, Wasser, Pflanzenschutz oder Dünger exakt auf die Felder auszubringen, also genau an die Stelle, wo sie die Landwirte haben möchten. Stufe zwei nennt sich »Smart Farming«, und darunter wird das Zusammenführen von Daten aus verschiedenen Systemen verstanden. Dies dient der Konsolidierung fundierter Daten. Die dritte Stufe hat das »Digital Farming« zum Gegenstand: Die Daten werden zu einem digitalen Ökosystem zusammengeführt und ermöglichen so die fundierte Entscheidungsfindung für einen landwirtschaftlichen Betrieb. Das Ziel dieser Datensysteme ist die Optimierung des Produktionsprozesses. Speziell im landwirtschaftlichen Prozess bedeutet das, Ressourcen effektiver, also zum Teil auch schonender, einzusetzen und gleichzeitig den Ertrag, das heißt die Nahrungsmittelgewinnung, zu steigern. So weit die Theorie. Zur Veranschaulichung folgen einige Beispiele.

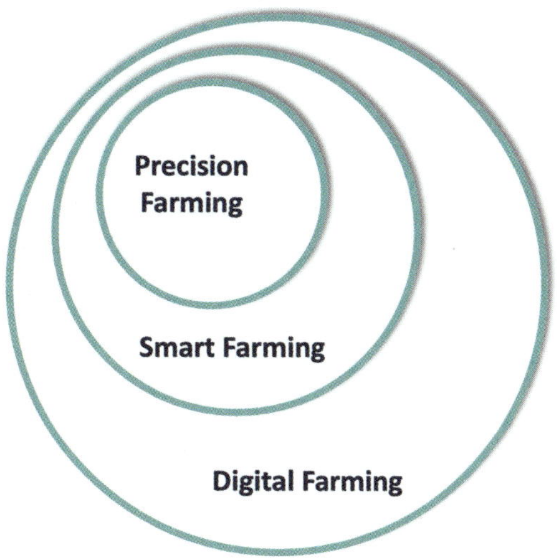

Der Startschuss zum Smart Farming wird mit dem Zugang und dem Einlesen verschiedener Datenquellen gesetzt. Um eine aussagekräftige Auskunft über den Zustand von Feldern geben zu können, wird auf eine Kombination von Satellitenbildern, Drohnendaten, Bodensensoren und historischen Daten zurückgegriffen. Die Daten, die dazu gesammelt werden, beinhalten zum Beispiel Informationen zu Bodenbeschaffenheit und -feuchtigkeit, Witterung, Topografie, Luft- und Wasserqualität oder zum Schädlingsbefall der Pflanzen.

Diese Daten allein sind noch wenig brauchbar. Es bedarf im Anschluss einer sinnvollen und zielführenden Auswertung, und hier kommt unter anderem die künstliche Intelligenz zum Einsatz. »Mithilfe von KI-Algorithmen – sprich einem definierten Rechenweg, der zu einem erwartbaren Ergebnis führt – erfolgen auf Grundlage der erfassten Daten eine Musteranalyse, Mustererkennung und Mustervorhersage. Diese Schritte sind entscheidend, um den genauen Zustand des Feldes zu bestimmen. Die Analysen sind ein Segen«, sagt Josef. »Denn noch bevor man das Feld selbst begehen muss, gibt es bereits Informationen über den Nährstoffgehalt des Bodens, dessen Feuchtigkeit oder über den Gesundheitszustand der Pflanzen und das Ausmaß an Schädlingen. Landwirtinnen wird damit eine fundierte Entscheidungsgrundlage geboten, um eventuelle Anomalien rechtzeitig zu erkennen.« Und was folgt dann? Automatisiert abgeleitete Maßnahmen, wie sie ihre Felder im aktuellen Zustand am besten bewässern und düngen sollten und was sie hinsichtlich Schädlingsbekämpfung tun können.

Hier kommt wieder das eingangs beschriebene Precision Farming ins Spiel. Ein Grund für den Einsatz von Precision Farming kann darin liegen, dass kaum ein Feld geradlinig und rechteckig ist, sondern am Ende immer irgendwelche Keile hat. Diese herausragende Fläche gilt es ebenfalls zu bestellen. Josef beschreibt, dass die Austragungsmaschinen eine Arbeitsbreite von neun oder 18 Metern haben. Und dass man früher zwangsläufig entweder einen Teil des Feldes ausgelassen hat oder die erste Hälfte des Keils doppelt gespritzt und die andere Hälfte ausgelassen hat. Heutzutage sind wir hier weiter. Denn diese Maschinen können jetzt von außen nach innen abschalten und den Keil somit sauber ausgedüngt ausspritzen oder auch sauber aussäen. Für diesen Anwendungsfall braucht es nicht mal spezifische Daten, sondern die Maschine muss lediglich aufzeichnen, wo sie bereits gefahren ist. Das ist am Ende GPS-Technik, also Satellitennavigation, berichtet uns Josef.

Eine andere Motivation zur Nutzung des Precision Farming basiert hingegen tatsächlich auf vorab ausgewerteten Satellitendaten und dem anschließenden »Spot Spraying«. »Sprich, hier werden Spritzmittel und Pflanzenschutz nur dort ausgegeben, wo die Auswertung der Satellitendaten ergeben hat, dass an Stelle X eine Unkrautpflanze steht. Die neueste Spritztechnologie ermöglicht dann tatsächlich eine zentimetergenaue Behandlung, das heißt, Düsen werden einzeln geschaltet, je nachdem, wie sie gebraucht werden. Dies führt dazu, dass man im Einzelfall bis zu 90 Prozent Pflanzenschutz einsparen kann.«

Wir hören Josef gespannt zu und können das Ausmaß an Potenzial kaum fassen. Er resümiert, dass durch dieses Spot Spraying manche Kulturen schon jetzt auf fünf bis zehn Prozent mehr Ertrag kommen, eben weil man die Kulturpflanze deutlich weniger belastet als in der Vergangenheit. Wir strotzen vor Optimismus. Gleichzeitig berichtet uns Josef jedoch, dass das Spot Spraying noch vor der tatsächlichen Marktreife steht. Die ersten Vorläufersysteme wurden wohl wieder vom Markt genommen, aber Josef schätzt, dass es bis zur wirklichen Marktreife noch weitere drei Jahre brauchen wird. Es soll schon Förderprogramme geben, die genau in diese Richtung zielen, da der politische Druck hier entsprechend hoch sei. Nun, wir bleiben optimistisch und sind immer noch baff von der Aussicht, die uns digitale und andere Technologien in Kombination bieten können.

KÜNSTLICHE INTELLIGENZ ZUR AUSWERTUNG UND INTERPRETATION VON LANDWIRTSCHAFTLICHEN ROHDATEN

Als das Stichwort KI fiel, mussten wir natürlich noch einmal genauer nachfragen: Wie ist die Aussicht am Berggipfel? Wird KI im Landwirtschaftsbereich auch so eine enorme Rolle spielen wie zum Beispiel im eingangs erläuterten Energiekapitel? Und ob!

Die Mustererkennung im entsprechenden Bildmaterial, sprich die Auswertung der Satellitendaten, wurde ja bereits erwähnt. Josef berichtet hierzu, dass die Bilder über die Zeit immer hochauflösender werden. Während bis vor kurzem Aufnahmen auf zehn mal zehn Meter die Regel waren, kommt man heute bereits auf vier mal vier Meter oder sogar drei mal drei Meter. Als konkretes Beispiel nennt er die Drohnentechnologie, also ein unbemanntes

Luftfahrzeug, das so tief fliegen kann und so hochauflösende Bildaufnahmen macht, dass eine Bilderkennung bis auf den Quadratzentimeter des Feldes ermöglicht wird. Solches Bildmaterial ist das pure Gold für KI-Systeme. Denn die verfeinerte Granularität der Daten hat direkte Auswirkungen auf die dahinterliegenden Pflanzenwachstumsmodelle. Diese Modelle sind zum Teil schon 20 bis 30 Jahre alt, aber sie werden immer detaillierter und dadurch natürlich immer besser und zuverlässiger, erklärt Josef. An dieser Schnittstelle steckt also unglaubliches Optimierungspotenzial, welches durch KI realisiert werden kann.

Die Ergebnisse, die solche Modelle dann liefern, beinhalten sehr präzise Bewertungen der landwirtschaftlichen Fläche. So kann zum Beispiel besser Auskunft darüber gegeben werden, von welchen Krankheiten Pflanzen befallen sind, welche Schädlinge vorkommen und wie der Pflanzenbestand insgesamt, aber auch in verschiedenen Teilen aussieht. Zusammengefasst lässt sich festhalten, dass hier zahlreiche Parameter erfasst und ausgewertet werden, auf deren Basis entsprechende Handlungsempfehlungen abgeleitet werden können. Wenn diese Daten und Auswertungen dann in einem Daten-Management-System zusammenfließen, sozusagen einem SAP für landwirtschaftliche Betriebe, kann die KI noch mal ein anderes Trainingslevel erreichen.

Jenes GPT könnte dann etwa die folgende Handlungsempfehlung an den Landwirt ausgeben:

So sinniert Josef schon über ein – noch theoretisches – ChatGPT für die Landwirtschaft, das als User-Interface fungiert, aber auf Basis der zentralen Datenplattform Wahrscheinlichkeiten berechnet. Jenes GPT könnte dann etwa die folgende Handlungsempfehlung an den Landwirt ausgeben: »Der Pilzdruck in deinem Weizenbestand ist sehr hoch, morgen zwischen fünf und neun Uhr ist gemäß Wettervorhersage optimales Spritzwetter. Spritze morgen um sechs Uhr Wirkstoff X in der Menge X auf die hier ausgewiesenen Bereiche deines Feldes.« Der Landwirt kann diese Empfehlung dann als Orientierungshilfe nutzen, die er natürlich mit eigenen Erfahrungen abgleichen wird, um anschließend eine entsprechende Entscheidung zu treffen. Hier kann die KI der Landwirtschaft also wirklich einen großen Schub geben.

↘ LÖSUNGSWEGE UND AUSBLICK

Es ist nicht von der Hand zu weisen, dass dieser technologische Ansatz eine starke Transformation nach sich zieht. Insbesondere Landwirtinnen mit traditionell geprägten Geschäftsmodellen innerhalb des Agrarsektors stehen hier vor einer großen Reise. Aber auch vor einer riesigen Chance. Lass uns gemeinsam die drei wesentlichen Dimensionen des Geschäftsmodells des Landwirtes betrachten und einen Rucksack für den transformationellen Handlungsbedarf packen, während wir gleichzeitig schon in den positiven Auswirkungen dieser Reise schwelgen:

NICHTS GEHT OHNE EIN ÜBERZEUGENDES WERTVERSPRECHEN

Der bisherige Fokus von Landwirtinnen lag primär auf der Erzeugung von Nutz- und Kulturpflanzen sowie auf der Herstellung von Obst und Gemüse, sofern es um die pflanzenbasierte und nicht um tierische Nahrungsmittelerzeugung geht. Die Konsumenten werden aber anspruchsvoller, und so ist es mit der Erzeugung allein nicht mehr getan. Durch den Einsatz von Präzisionstechnik und KI-getriebenen Pflanzenmodellen kann nun aber nicht nur eine ressourcenoptimierte Wertschöpfung entstehen, sondern eben auch ein verbessertes Werteversprechen für die Kundinnen. Inwiefern?

1) Durch ein optimiertes Ressourcenmanagement können Landwirte ihre Ernteerträge steigern und somit größere Marktnachfragen bedienen.

2) Durch den geringeren – feldabschnittgenauen – Einsatz von Pestiziden und Düngemitteln können den Kunden qualitativ hochwertigere Erzeugnisse angeboten werden.

3) Durch die erhobenen und ausgewerteten Daten können Landwirtinnen ihren Händlern und Endkundinnen mehr Transparenz und Nachvollziehbarkeit bieten, was den ökologischen Fußabdruck ihrer Produktion betrifft, und somit auch Auskunft über die Nachhaltigkeit des Produkts entlang ihrer Wertschöpfungskette geben. Win-win für die Landwirte, Einzelhändlerinnen sowie alle Konsumenten!

DIE WERTSCHÖPFUNG BEDARF MEIST DER GRÖSSTEN TRANSFORMATION IM RAHMEN EINER GESCHÄFTSMODELLINNOVATION

Landwirte kamen traditionell eher selten mit Digitalisierung, Datennutzung und Datenverwertung in Berührung. Hier verweist Josef auf Befragungen von Landwirtinnen zum Einsatz digitaler Technologien in Bayern durch die Bayerische Landesanstalt für Landwirtschaft (LfL). Die Nutzung automatischer Lenksysteme ist mit 17 Prozent noch der am weitesten verbreitete Anwendungsfall. Der Anteil der Landwirte, die wirklich innovative digitale Lösungen einsetzen, sprich Precision Farming in Form von teilflächenspezifischer Aussaat, liegt hier bei weit unter zehn Prozent.[5]

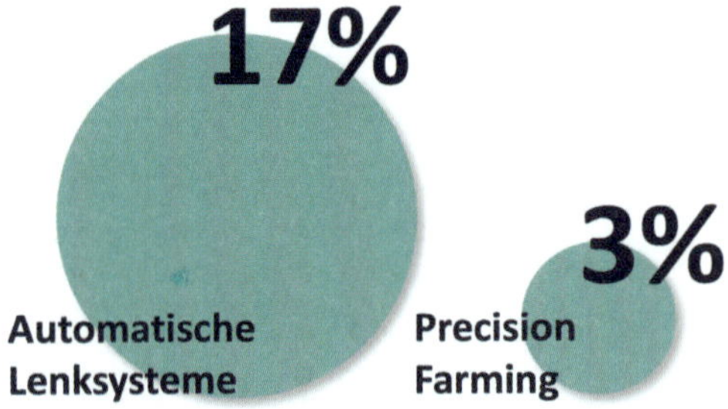

Das liegt gewiss darin begründet, dass der Kern landwirtschaftlicher Arbeit traditionsgemäß auf einer effizienten Produktion lag, häufig begleitet durch manuelle Arbeit und vereinfacht durch standardisierte Abläufe und Praktiken. Der Einsatz von digitalen und anderen innovativen Technologien erfordert jedoch Investition, Kollaboration und das Einlassen auf neue

Arbeitspraktiken. Egal ob inhouse entwickelt oder extern zugekauft, das Wissen und die Technik für die innovativen Anwendungsfälle des Smart Farming bedürfen hoher Investitionen. Kollaborative Innovationspartnerschaften sind in diesem Zusammenhang ein Mittel, um Kosten und Risiken zu teilen und den technischen Fortschritt stetig zu verbessern.

Gleichzeitig rückt das Arbeiten mit Daten in den Vordergrund. Weniger analog, mehr digital. Jenes Motto gilt es auch für Landwirte zu verinnerlichen. Und hier spricht Josef ein Herzensthema an: »Es braucht digitale Grundbildung in der landwirtschaftlichen Ausbildung.« Diese ist so elementar, um besser zu verstehen, welche Vorteile diese Technologien bieten können und weshalb datengetriebene Entscheidungen meist fundierter sind als das Bauchgefühl oder die reine Erfahrung. Denn je besser die Datenqualität, die man anfänglich, aber insbesondere auch im späteren Verlauf der Transformation erzeugt, auswertet und für sich nutzt, umso wertvoller die datengestützten Erkenntnisse, welche sich daraus ableiten lassen. Dies hat wiederum direkte Auswirkungen auf die Bodenwirtschaft, die Ernteüberwachung sowie auf die Logistik in der Wertschöpfungskette.

DIE WERTERFASSUNG ALS KONSEQUENZ EINER INNOVATIVEN WERTSCHÖPFUNG

Hier entscheidet sich, was die Landwirtinnen letztlich von dieser Transformation und Aussicht haben. Bisher wurde sich auf die Erlösquelle der landwirtschaftlichen Erzeugnisse konzentriert, und der Gewinn schien aufgrund volatiler Betriebskosten und unkalkulierbarer wetterbedingter Ernteausfälle weder prognostizierbar noch gleichmäßig. KI-gesteuerte Ansätze können hier in vielerlei Hinsicht einen Beitrag leisten:

1) Grüner Konsum ist zunehmend auf der Überholspur. Gerade wenn es um Lebensmittel geht, sind immer mehr Konsumenten bereit, höhere Preise in Kauf zu nehmen, wenn sie denn wissen, dass gekaufte Lebensmit-

tel nachhaltigen und ethischen Prinzipien folgend produziert wurden und sie mit hochwertigerer Qualität rechnen können. Das Abrufen von Premiumpreisen gewinnt daher an Legitimation und Zuspruch.

2) Ein weiterer wesentlicher Hebel sind die Ressourcen- und die daraus unmittelbar resultierende Kosteneffizienz. Die KI-getriebene Präzisionstechnik zielt explizit darauf ab, den Ressourceneinsatz von Pestiziden, Wasser, Düngemitteln und weiteren Betriebsstoffen zu optimieren und zu reduzieren.

3) Es ergibt sich jedoch auch Potenzial, neue Erlösquellen zu erschließen, welche im digitalen Bereich liegen. Es ist allseits bekannt, dass Modelle rund um künstliche Intelligenz auf Trainingsdaten angewiesen sind, um eine stetige Verbesserung zu ermöglichen. In diesem Zusammenhang könnten Landwirte also ihre saisonalen Ernterohdaten an verschiedene Technologieunternehmen verkaufen. Sofern sie sich mit der Datenanalyse selbst befassen und diese nicht an Externe auslagern, könnten Einnahmen auch in Form von Services durch Datenanalyse für andere Landwirtschaftsbetriebe entstehen. Die Möglichkeiten sind hier vielzählig und entwickeln sich mit stetigem Technologiefortschritt weiter.

4) Abschließend sollte das wirtschaftliche Potenzial der oben angekündigten Innovationspartnerschaften genannt werden. Dort können innovative Lösungen entstehen, die beispielsweise im Nachgang patentiert und lizenziert weitervertrieben werden können. Dies aber als langfristige Zukunftsmusik.

DIE GROSSE HOFFNUNG AUF DATEN UND DEREN POTENZIAL FÜR DIE DREI SÄULEN DER NACHHALTIGKEIT

Die Anwendung von künstlicher Intelligenz in der Landwirtschaft ist nicht nur eine technologische Innovation, sondern auch ein Schritt in Richtung nachhaltiger Entwicklung. KI ermöglicht es, die landwirtschaftliche Produktion auf eine Weise zu optimieren, die sowohl den ökologischen Fußabdruck reduziert, die wirtschaftliche Rentabilität steigert und aus sozialer Sicht zur Weiterqualifizierung und besserem Zugang zu Wissen beiträgt.

Durch präzise und datengetriebene Entscheidungen können Landwirtinnen den Einsatz von Ressourcen wie Wasser, Düngemitteln und Pestiziden minimieren, was zu einer signifikanten Verringerung der Umweltbelastung führt. Die präzise Anwendung dieser Mittel schützt nicht nur die Biodiversität, sondern sorgt auch dafür, dass weniger Schadstoffe in den Boden und das Grundwasser gelangen. Langfristig trägt dies zur Erhaltung fruchtbarer Böden und zur Sicherung der Wasserressourcen bei. Dies leistet in Summe einen enormen Beitrag zur ökologischen Nachhaltigkeit.

Auch wirtschaftlich bietet der Einsatz von KI in der Landwirtschaft enormes Potenzial. Durch die Optimierung des Ressourceneinsatzes und die Verbesserung der Erträge können Landwirtinnen ihre Produktionskosten senken und ihre Gewinnmargen erhöhen. Zudem eröffnet der Zugang zu detaillierten datengestützten Einblicken in die landwirtschaftlichen Prozesse neue Geschäftsmodelle, etwa durch den Verkauf von Daten oder durch Beratungsdienstleistungen auf Basis dieser Daten. Darüber hinaus können Landwirte von der steigenden Nachfrage nach nachhaltig produzierten Lebensmitteln profitieren, die oft zu höheren Preisen verkauft werden können.

Soziale Nachhaltigkeit profitiert ebenfalls durch den Einsatz solcher Technologien. Denn sie fördern nicht nur Wissensaustausch, sondern schaffen eben auch einen Zugang zu neuartigen landwirtschaftlichen Techniken. Gerade für Kleinbauern, die oft am stärksten von den Herausforderungen der traditionellen Landwirtschaft betroffen sind, wäre jene Weiterqualifizierung ein entscheidender Vorteil, um ihre Wettbewerbsfähigkeit durch die Stärkung lokaler Agrarökosysteme zu verbessern.

Schließlich bringt die Integration von KI in die Landwirtschaft die Branche in Einklang mit den globalen Nachhaltigkeitszielen. Sie unterstützt nicht nur die Ernährungssicherheit einer wachsenden Weltbevölkerung, sondern fördert auch den Klimaschutz und die Ressourcenschonung. Diese Synergie zwischen Technologie und Nachhaltigkeit ist ein Schlüssel, um den Herausforderungen des 21. Jahrhunderts erfolgreich zu begegnen.

Zusammengefasst zeigt sich, dass die Nutzung von künstlicher Intelligenz in der Landwirtschaft weitreichende positive Auswirkungen auf die ökologische, soziale und wirtschaftliche Nachhaltigkeit haben kann. Sie ist ein mächtiges Werkzeug, das den Weg zu einer ressourcenschonenden, effizienten und zukunftsfähigen Landwirtschaft ebnet. Die Herausforderungen sind groß, doch die Chancen, die sich durch den intelligenten Einsatz von Technologie eröffnen, sind noch größer. Es liegt an uns, diese Möglichkeiten zu nutzen und die Landwirtschaft von morgen nachhaltig und gerecht zu gestalten.

ANMERKUNGEN

1 Global agriculture towards 2050, FAO Expert Paper, 2009 (https://www.fao.org/fileadmin/templates/wsfs/docs/Issues_papers/HLEF2050_Global_Agriculture.pdf).

2 L. Quinones: FAO report: Agrifood sector faces growing threat from climate change-induced loss and damage. Food and Agriculture Organisation of the UN, 2023 (https://www.fao.org/newsroom/detail/fao-report-agrifood-sector-faces-growing-threat-from-climate-change-induced-loss-and-damage/en).

3 European Commission, Agriresearch: Water Management in Agriculture, o. D. (https://agriculture.ec.europa.eu/system/files/2023-05/factsheet-agriresearch-water-manament_en_0.pdf).

4 Water Scarcity – One of the greatest challenges of our time, 2019, (https://www.fao.org/newsroom/story/Water-Scarcity-One-of-the-greatest-challenges-of-our-time/en).

5 Bayerische Landesanstalt für Landwirtschaft: Landwirte-Befragung 2020 Digitale Landwirtschaft Bayern, 2020 (https://www.lfl.bayern.de/mam/cms07/ilt/dateien/ilt6_praesentation_by_2390_27082020.pdf).

Nachhaltige Abfallwirtschaft

Ökologische Verantwortung trifft auf ökonomische Chancen

Anna Lena Sperfeld und Carlota Martinez-Avial

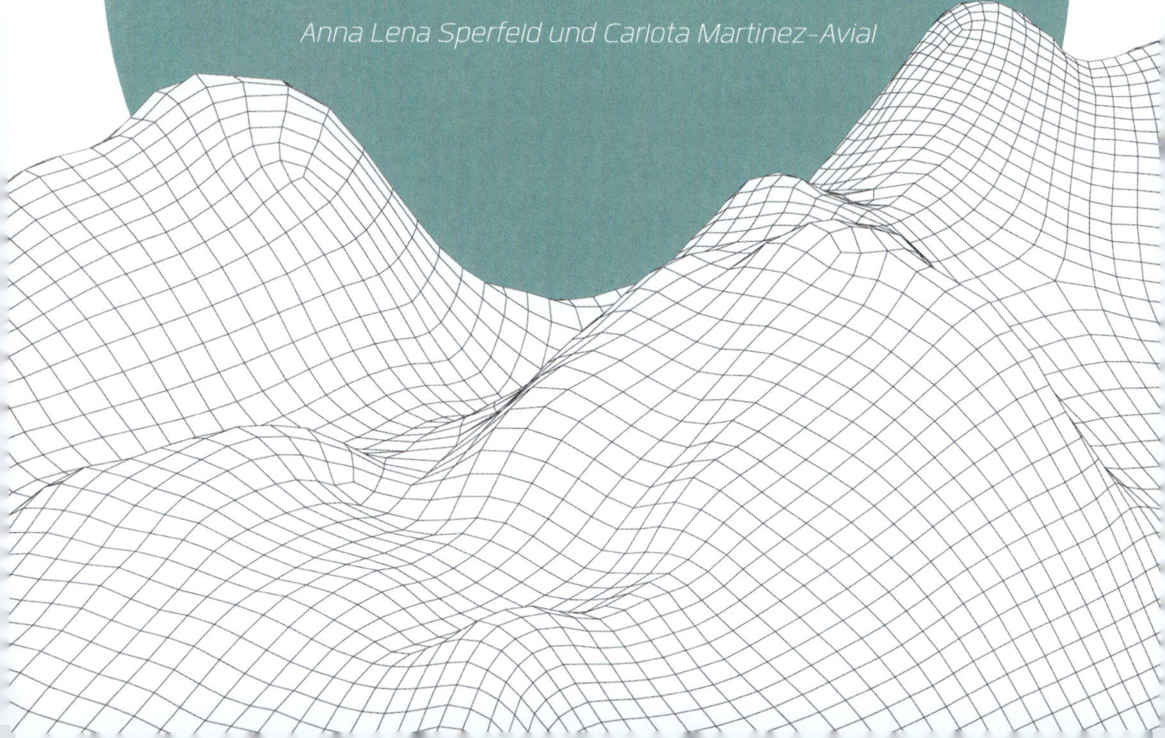

↘ AUSGANGSLAGE UND HERAUSFORDERUNGEN

In einer Welt, die von stetigem Bevölkerungswachstum und einem zunehmenden Konsum geprägt ist, gewinnt das Thema Abfallwirtschaft eine immer größere Bedeutung. Laut Schätzungen der Vereinten Nationen (UN) wird die Weltbevölkerung bis 2050 auf rund 9,7 Milliarden Menschen anwachsen[1] – das sind fast doppelt so viele wie noch in den 1960er-Jahren. Parallel dazu warnt die Weltbank, dass die global produzierte Müllmenge bis 2050 um 70 Prozent zunehmen wird.[2] Mehr Menschen bedeuten zwangsläufig mehr Abfall – die Abfallwirtschaft steht daher weltweit vor einer der größten Herausforderungen ihrer Geschichte.

Doch nicht nur die wachsende Bevölkerungszahl trägt zu diesem Problem bei. Auch unsere Konsumgewohnheiten verschärfen die Lage. Leider ist es heutzutage gängig geworden, Dinge um des Konsums willen zu konsumieren, was zur Folge hat, dass mehr Ressourcen genutzt werden, als die Erde generieren kann.[3] Tatsächlich haben wir bereits ein Drittel der natürlichen Ressourcen aufgebraucht und verbrauchen diese auch in steigendem Tempo weiter. Heute benötigen wir über 1,7 Planeten, um unseren Ressourcenbedarf zu decken und die erzeugten Abfälle zu absorbieren. Sollte dieser Trend anhalten, werden wir bis 2030 die Ressourcen von zwei Planeten benötigen.[4]

1,72

Planeten brauchen wir heute, um unseren Ressourcenbedarf zu decken.

Dieses Ungleichgewicht wird zusätzlich durch unser vorherrschendes Wirtschaftsmodell verschärft, das noch immer stark von der linearen Wirtschaft geprägt ist – einem »Take-make-use-dispose«-Ansatz. Beispiele dafür finden sich überall: Cappuccinos in Einwegbechern, in Plastik eingeschweißtes Biogemüse oder Take-away-Gerichte in Kunststoffbehältern. Doch diese Wegwerfmentalität beschränkt sich längst nicht nur auf unseren Lebensmittelkonsum. Wir werden ständig dazu verleitet, Neues zu kaufen, selbst wenn der tatsächliche Nutzen nur geringfügig besser ist. Nehmen wir uns einen Moment Zeit und denken darüber nach: Wie oft kaufen wir ein neues Smartphone, obwohl das alte Gerät noch vollkommen funktionsfähig ist?

Diese Nachfrage nach immer neuen Produkten wird von Unternehmen geschickt ausgenutzt. Sie überschwemmen den Markt mit einem riesigen Angebot. Diese scheinbare Erschwinglichkeit hat jedoch ihren Preis: Oft leiden die Qualität und die Langlebigkeit der Produkte. Rasche Innovationen und minderwertige Herstellung tragen zur übermäßigen Verschwendung bei, was letztlich zu einer enormen Abfallproduktion führt. Die nachhaltige Nutzung von Ressourcen bleibt dabei oft auf der Strecke.

In den bisherigen Kapiteln sind Begriffe wie Verpackungen, Abfälle, Reste und Plastik bereits mehrfach aufgetaucht. Alle diese Aspekte laufen im zentralen Thema der Abfallwirtschaft zusammen. Untersuchen wir daher nun genauer, welche Grundsätze eine moderne Abfallwirtschaft verfolgt und welche Strategien zur Lösung dieser globalen Problematik beitragen können.

DIE GRUNDSÄTZE EINER MODERNEN ABFALLWIRTSCHAFT

Eine moderne Abfallwirtschaft strebt danach, Ressourcen und Energie möglichst effizient zu nutzen. In der EU-Abfallrahmenrichtlinie wird der Schwerpunkt auf die Stufen der Abfallvermeidung und Wieder- beziehungsweise Weiterverwendung gelegt, die in der fünfstufigen Abfallhierarchie die höchste Priorität einnehmen.[5] Diese besteht aus folgenden Stufen:

1) Abfallvermeidung bedeutet, die Abfallmenge durch längere Nutzung und Wiederverwendung von Produkten zu verringern. Außerdem soll vermieden werden, dass Abfälle und schädliche Produkte die Umwelt und

die Gesundheit belasten. Also sollten wir uns nächstes Mal fragen: Brauchen wir das neue Smartphone wirklich?

2) Bei der Vorbereitung zur Wiederverwendung geht es um das Sammeln und Aufbereiten von Gegenständen, die noch gut erhalten sind (zum Beispiel Kleiderspenden, Mülltrennung).

3) Recycling spielt eine wichtige Rolle, um Ressourcen zu schonen und Abfall zu reduzieren. Durch Recycling werden bereits vorhandene Materialien wiederverwendet, anstatt neue Rohstoffe zu gewinnen. Dies spart Energie und verringert die Umweltbelastung. Chemische Verfahren ermöglichen es, recycelte Materialien so zu verändern, dass neue Produkte mit völlig anderen Funktionen entstehen können.

4) Die sonstige Verwertung, insbesondere die thermische Verwertung, kommt ins Spiel, wenn weder Wiederverwendung noch Recycling möglich sind. Die thermische Verwertung, wie sie in Müllverbrennungsanlagen stattfindet, erzeugt Energie in Form von Fernwärme, Strom oder Dampf, die anschließend genutzt werden können. Zudem werden Metalle aus den Aschen zurückgewonnen und in den Kreislauf zurückgeführt. Obwohl es immer erstrebenswert ist, die vorherigen Stufen der Abfallhierarchie zu priorisieren, wird die thermische Verwertung als Teil der Kreislaufwirtschaft betrachtet.

5) Als letzte – und schlechteste – Option gilt die Beseitigung von Abfall. Hier ist keine Verwertung oder Wiederverwendung mehr möglich, und die Abfälle belasten die Umwelt langfristig. Abfälle landen in Deponien oder werden verbrannt, ohne dass dabei Vorteile für die Umwelt entstehen. Daher ist es entscheidend, dass diese Option so weit wie möglich vermieden wird, indem die

vorherigen Stufen der Abfallhierarchie immer priorisiert und konsequent umgesetzt werden.

Insgesamt unterstreicht diese EU-Abfallrahmenrichtlinie die Wichtigkeit des Fokus auf Abfallvermeidung und Wiederverwertung, um die Umwelt zu schützen und Ressourcen zu sparen. Und wie wir im Folgenden sehen werden, haben diese Prinzipien nicht nur ökologische Vorteile.

AUSWIRKUNGEN EINER MODERNEN ABFALLWIRTSCHAFT AUF GANZHEITLICHE NACHHALTIGKEIT

Ein effektives Abfallmanagement spielt eine zentrale Rolle für Nachhaltigkeit in allen Bereichen: ökologisch, ökonomisch und sozial. Durch die Verringerung von Abfallmengen, Recycling und Wiederverwendung werden natürliche Ressourcen geschont und Umweltbelastungen minimiert, was den ökologischen Aspekt stärkt. Ein nachhaltiges Abfallmanagement ist somit unerlässlich, um den negativen Auswirkungen der Wegwerfgesellschaft entgegenzuwirken und die Umwelt für zukünftige Generationen zu schützen.

Ökonomisch gesehen führt ein effizienter Umgang mit Abfällen zu Kosteneinsparungen für Unternehmen und Gemeinden und fördert Innovationen in der Kreislaufwirtschaft. Anstatt Ressourcen zu verschwenden, können Materialien im Wirtschaftskreislauf gehalten und mehrfach genutzt werden. Dies schafft nicht nur neue Geschäftsmodelle und Arbeitsplätze, sondern reduziert auch die Abhängigkeit von Rohstoffimporten.

Sozial trägt ein nachhaltiges Abfallmanagement zur Gesundheit und Lebensqualität bei, indem es saubere Lebensräume schafft und das Bewusstsein der Gesellschaft für verantwortungsbewusstes Handeln erhöht. Bildung und Aufklärung sind hierbei entscheidend, um die Menschen zu einem Umdenken zu bewegen und die Kultur der Wegwerfgesellschaft zu überwinden.

ZWISCHENFAZIT

Insgesamt zeigt sich, dass ein Wandel von der linearen zur zirkulären Wirtschaft notwendig ist, um den Herausforderungen einer wachsenden Weltbevölkerung und dem steigenden Abfallaufkommen zu begegnen. Ein modernes Abfallmanagement ist dabei ein Schlüssel, der ökologische, ökonomische und soziale Aspekte vereint und somit einen wichtigen Beitrag zur nachhaltigen Entwicklung der Gesellschaft leistet.

Um diesen Wandel zu unterstützen, sind innovative Ansätze gefragt. Hierbei spielt die Digitalisierung eine zentrale Rolle, denn moderne Technologien wie künstliche Intelligenz, das Internet der Dinge und Blockchain bieten enorme Potenziale, die Abfallwirtschaft effizienter und nachhaltiger zu gestalten. Sie ermöglichen es, Prozesse zu optimieren, Ressourcen zu schonen und neue Geschäftsmodelle zu entwickeln, die den steigenden Abfallmengen und begrenzten Ressourcen gerecht werden.

Im folgenden Teil widmen wir uns daher der Frage, wie digitale Technologien die Abfallwirtschaft revolutionieren können. Wir werden uns bestehende Unternehmen und Lösungen anschauen, die bereits heute in diesem Bereich aktiv sind, und die vielversprechenden Möglichkeiten für zukünftige Entwicklungen aufzeigen.

↘ EINBLICKE UND INSPIRATION

Für unser Interview sprechen wir mit dem Experten Florian Fehr, der uns in die Details von zwei Lösungen zur Effizienzsteigerung in der nachhaltigen Abfallwirtschaft einführen wird. Florian Fehr hat vor rund drei Jahren gemeinsam mit seinem Mitgründer Philipp Böhm die Venture-Building-Firma NEEW Ventures gegründet.

NEEW Ventures verfolgt das Ziel, durch digitale Geschäftsmodelle eine Kreislaufwirtschaft zu fördern und dabei Innovationen in der Abfallwirtschaft voranzutreiben. Anstatt in bestehende Start-ups zu investieren, baut NEEW Ventures eigene auf. Dafür haben sie ein engagiertes Team von acht Personen, das an verschiedenen Ideen arbeitet. Die beiden Geschäftsführer arbeiten eng mit ihren »Venture Builders« oder »Venture Architects« zusammen und sind kontinuierlich in die Entwicklungsprozesse eingebunden. Hinter NEEW Ventures steht ein Corporate-Partner: die EEW Energy from Waste GmbH, der größte Müllverbrenner und thermische Verwerter Deutschlands.

Wasteer, die erste Gründung von NEEW Ventures, arbeitet daran, die Stoffströme in Europa, insbesondere in der Müllverbrennung, zu optimieren. Die zweite Gründung, Minimise, konzentriert sich auf das Recycling von Elektroschrott.

VON ANALOGEN PROZESSEN ZU KI-GESTÜTZTER EFFIZIENZ

Traditionellerweise ist die Abfallwirtschaft stark von manuellen und analogen Prozessen geprägt. In unserem Gespräch betonte Florian, dass bei vielen Müllverbrennungsanlagen »das Digitalisierungspotenzial in Standardprozessen noch sehr groß ist«. Dies hat Konsequenzen auf die Effizienz und Transparenz der Abläufe. »Ein regulatorisch vorgeschriebener Abfallkontrollbericht, der heute eine Stunde dauert, kann durch Digitalisierung in fünf Minuten erledigt werden«, erklärt Florian in unserem Interview. Hier setzt Wasteer an, um diese Prozesse mit modernsten Technologien zu revolutionieren. Dies spart nicht nur Zeit, sondern sorgt auch dafür, dass alle relevanten Informationen zur Qualität des Mülls und den durchgeführten Prozessen jederzeit verfügbar sind.

Eine weitere Herausforderung in der Abfallwirtschaft ist die fehlende Transparenz über die genaue Zusammensetzung des angelieferten Mülls. Oft lässt sich die Qualität des Abfalls erst im Verbrennungsprozess beurteilen. Mithilfe von Kameratechnologien und KI-Algorithmen, die auf Large Language Models (LLMs) basieren, kann der angelieferte Müll jedoch bereits in Echtzeit klassifiziert werden. Wasteer zielt darauf ab, den Heizwert des Mülls zu optimieren, um den Energieaufwand zu senken und die CO_2-Emissionen zu reduzieren. »Es ist wie bei einem Lagerfeuer«, veranschaulicht Florian. »Nasses Laub brennt schlecht, und genauso verhält es sich bei der Müllverbrennung.« Ein einheitlicher Heizwert ist entscheidend, da verschiedene Materialien unterschiedliche Heizwerte haben. Während Sperrmüll zum Beispiel einen hohen Heizwert aufweist, ist der Heizwert von Klärschlamm deutlich geringer, wie Florian in unserem Interview erläutert. Diese Schwankungen führen zu Ineffizienzen im Verbrennungsprozess und erhöhen die Kosten. Der Einsatz von KI und Echtzeit-Analysen erlaubt es verschiedene Abfallströme besser zu sortieren, um einen möglichst homogenen Heizwert zu haben. »Wenn wir es schaffen, den Heizwert konstant zu halten und Abfallströme besser zur sortieren, ist das ein Gamechanger für die Branche«, ist Florian überzeugt.

Der Einsatz von Kameratechnologien und KI bietet einen weiteren entscheidenden Vorteil: Florian und sein Team bei Wasteer können Störstoffe, wie etwa einen Kühlschrank, in Echtzeit erkennen und rechtzeitig aus dem Prozess entfernen lassen. Solche Materialien enthalten oft gefährliche Substanzen, die den Verbrennungsprozess beeinträchtigen, oder führen zu Emissionsschwankungen, da ihre Verbrennung zusätzlichen Energieaufwand erfordert. Die frühzeitige Erkennung dieser Störstoffe bringt somit sowohl ökonomische als auch ökologische Vorteile. Wasteer ist also ein perfektes Beispiel dafür, wie Digitalisierung und der Einsatz von KI zu großen ökonomischen und ökologischen Vorteilen in der Abfallwirtschaft führen können, und zwar bei der Digitalisierung von Prozessen der Müllverbrennungsanlagen, der Transparenz über die Zusammensetzung des Abfalls und der Homogenisierung des Verbrennungsheizwertes sowie bei der Erkennung von Störstoffen. Und das ist nur der Anfang.

DIGITALE NACHVERFOLGBARKEIT FÜR NACHHALTIGE PROZESSE

Ein großes Problem im globalen Recycling ist die fehlende Nachverfolgbarkeit der Materialien und somit die fehlende Transparenz für regelrechte Prozesse. Florian erklärt, dass als Konsequenz viele Abfallarten, insbesondere Elektroschrott, im informellen Markt landen oder unzureichend recycelt werden. »Davon liegen Abermillionen Tonnen im globalen Süden herum«, erläutert er. Hier werden Altgeräte oft unsachgemäß und unter schlechten Bedingungen recycelt. Kupfer und andere wertvolle Metalle werden zwar extrahiert, jedoch oft auf umweltschädliche Weise, was erhebliche ökologische und gesundheitliche Risiken birgt. Minimise entwickelt eine Plattform, die es ermöglicht, den gesamten Recyclingprozess digital zu verfolgen. Mit »Track & Trace« lässt sich jeder Schritt des Recyclingprozesses genau nachverfolgen – von der Sammlung über den Transport bis hin zur Verarbeitung in zertifizierten Recyclinganlagen. Zudem ermöglicht eine Massenbilanz festzustellen, dass aus beispielsweise 50 000 recycelten Smartphones etwa 230 Kilogramm Kupfer gewonnen werden können. Dadurch wird Transparenz geschaffen, und Unternehmen können nachweisen, dass sie umweltfreundlich agieren.

Langfristig plant Minimise den Aufbau eines digitalen Marktplatzes für Circular Raw Materials, also Rohstoffe, die durch Aufbereitung bereit sind, wieder in den Kreislauf einzutreten. Über diesen Marktplatz sollen Unternehmen Rohstoffe wie recyceltes Kupfer kaufen können, wobei die Herkunft der Materialien durch den Digital Proof transparent gemacht werden soll. Eine solche Plattform würde in der Zukunft eine Lösung für Unternehmen bieten, die ihren Einsatz von recycelten Materialien erhöhen und gleichzeitig ihre Nachhaltigkeitsziele erreichen wollen.

ANDERE ERFOLGREICHE ANSÄTZE

Neben den von NEEW Ventures gegründeten Unternehmen gibt es weitere Beispiele dafür, wie digitale Technologien die Abfallwirtschaft über die verschiedenen Prioritätsstufen hinweg positiv beeinflussen können.

So unterstützt Too Good To Go beispielsweise die Abfallvermeidung von Lebensmitteln durch die Vermittlung überschüssiger Lebensmittel von Restaurants, Bäckereien und Supermärkten an Verbraucher über eine App. Anstatt unverkaufte, aber noch genießbare Lebensmittel wegzuwerfen, können Betriebe diese zu einem reduzierten Preis anbieten. Ein weiteres Beispiel ist Winnow, ein Unternehmen, das mithilfe von KI-basierten Kamerasystemen und Datenanalysen Lebensmittelverschwendung in gewerblichen Küchen reduziert. Ihre Technologie verfolgt die Art und Menge der weggeworfenen Lebensmittel und gibt Köchen und Restaurants Einblicke, um ihren Lebensmittelverbrauch besser zu managen. Dies führt zu einer signifikanten Reduzierung von Lebensmittelabfällen. Auch im Bereich der Abfalltrennung spielt KI eine wichtige Rolle: CleanRobotics hat den »TrashBot« entwickelt, einen intelligenten Mülleimer, der mithilfe künstlicher Intelligenz Müll selbstständig trennt. Der TrashBot kann Wertstoffe erkennen und sortieren und erreicht dabei eine Genauigkeit von 95 Prozent. Diese Technologie wird bereits in Einkaufszentren und Flughäfen eingesetzt.

Von einfachen Plattformen und Apps bis hin zu fortschrittlichen Technologien wie KI, Computer Vision und maschinellem Lernen – das Potenzial moderner Lösungen zur Optimierung der Abfallwirtschaft ist immens. Das Zusammenspiel dieser digitalen Tools treibt den Paradigmenwechsel in der Abfallwirtschaft voran und schafft signifikante wirtschaftliche und ökologische Vorteile für die Zukunft. Abfall wird nicht mehr als ungenutztes Endprodukt gesehen, sondern als wertvolle Ressource, die recycelt und wiederverwertet werden kann.

WAS BRAUCHT ES, UM DIE ABFALLWIRTSCHAFT NOCH DIGITALER UND NACHHALTIGER ZU MACHEN?

Aktuell befinden wir uns in einer Phase, in der digitale Lösungen und innovative Ansätze noch von einer vergleichsweise kleinen Gemeinschaft vorangetrieben werden. Wie unser Experte Florian Fehr treffend bemerkt: »Wir sind momentan noch am Anfang mit neuen Geschäftsmodellen in der Kreislaufwirtschaft, die wirklich viel bewirken und den Circularity Score drastisch erhöhen.« Um dies weiter zu fördern und eine ganzheitliche Nachhaltigkeit in der Abfallwirtschaft zu schaffen, benötigen wir einen multidimensionalen Ansatz, der technologische Innovation – wie in unseren vorherigen Beispielen beschrieben –, regulatorische Unterstützung, unternehmerisches Engagement und gesellschaftlichen Wandel vereint. Nur durch eine enge Zusammenarbeit aller Beteiligten und das gemeinsame Streben nach Nachhaltigkeit können wir die Abfallwirtschaft in den nächsten Jahren transformieren.

REGULATORISCHE RAHMENBEDINGUNGEN

Die Abfallwirtschaft ist ein stark regulierter Bereich mit einer Vielzahl von Gesetzen und Verordnungen, die den Umgang mit Abfällen regeln, um Umwelt und Gesundheit zu schützen, Ressourcen zu schonen und eine nachhaltige Kreislaufwirtschaft zu fördern. Zu diesen Regulatorien gehören unter anderem das Kreislaufwirtschaftsgesetz (KrWG), das Verpackungsgesetz (VerpackG), das Elektro- und Elektronikgerätegesetz (ElektroG), die Abfallverbringungsverordnung (EU-VVA) und die Klärschlammverordnung (AbfKlärV). Man könnte über dieses Thema problemlos ein ganzes Kapitel schreiben. Der Punkt, den wir hervorheben möchten, ist, dass die bestehenden Regulatorien indirekt dazu beitragen, dass digitale Technologien vermehrt eingesetzt werden, obwohl spezifische Gesetze zur Förderung der Digitalisierung in der Abfallwirtschaft, wie beispielsweise digitale Produktpässe, noch in Entwicklung sind. Durch Anforderungen an Transparenz,

Dokumentation und Effizienz werden Unternehmen motiviert, digitale Lösungen zu implementieren.

Initiativen auf EU- und nationaler Ebene erkennen die Digitalisierung als Schlüssel zur Erreichung von Nachhaltigkeitszielen in der Abfallwirtschaft. Um diesen Fortschritt zu beschleunigen, müssen die Regulatorien in Zukunft weiter ausgebaut und gestärkt werden. Regierungen sollten klare Richtlinien und Anreize schaffen, die nachhaltige Praktiken fördern und umweltschädliches Verhalten sanktionieren.

WANDEL IM MINDSET: ABFALLWIRTSCHAFT ALS TEIL DER KREISLAUFWIRTSCHAFT

Eine der größten Herausforderungen ist der notwendige Wandel in unser aller Denken. Abfall wird oft als etwas betrachtet, das einfach »entsorgt« wird, ohne Rücksicht darauf, welche Materialien oder Ressourcen darin enthalten sind und wie diese wiederverwendet werden könnten. Um einen echten Wandel herbeizuführen, braucht es auch auf gesellschaftlicher Ebene ein Umdenken.

Verbraucher sollten ermutigt werden, bewusster zu konsumieren, Produkte länger zu nutzen und aktiv am Recycling teilzunehmen. Kreislaufmodelle wie die Einführung von Mehrwegsystemen und Sharing-Economy-Modellen helfen, den Ressourcenverbrauch zu senken, und ermöglichen es, Produkte und Ressourcen gemeinschaftlich zu nutzen. Jedoch braucht es noch mehr Anreize für Verbraucherinnen, umweltfreundliche und Sharing-Produkte zu wählen, die einen großen Unterschied machen können.

Bildungsinitiativen und Aufklärungskampagnen können dabei helfen, das Bewusstsein für die Bedeutung einer nachhaltigen Abfallwirtschaft zu schärfen und die Einstellung der Menschen zu ändern. Dabei spielt die Anpassung des Bildungssystems eine entscheidende Rolle. Die Integration von Nachhaltigkeitsthemen in Schulen und Hochschulen ist essenziell, um die nächste Generation zu informieren und zu motivieren. Durch frühzeitige Bildung können junge Menschen für umweltbewusstes Handeln sensibilisiert werden, was langfristig zu einem nachhaltigen Umgang mit Ressourcen und Abfällen führt.

UNTERNEHMERISCHES ENGAGEMENT

Auch für Unternehmen ist ein Umdenken erforderlich. Abfall sollte nicht als Endprodukt, sondern als Rohstoffquelle betrachtet werden. Dafür müssen Unternehmen aber zuerst einmal erkennen, dass Nachhaltigkeit nicht nur eine moralische Verpflichtung ist, sondern ein ökonomisches Potenzial bietet.

Um dies zu erreichen, sollten Unternehmen Nachhaltigkeit als Kernbestandteil ihrer Geschäftsmodelle begreifen und nicht nur als Compliance-Aufgabe. Sie können hier eine Vorreiterrolle einnehmen, indem sie ihre Geschäftsmodelle und Produktionsprozesse überdenken. Produkte können so gestaltet werden, dass sie langlebiger sind, leichter repariert oder recycelt werden können. Durch die Implementierung von Rücknahmeprogrammen und die Förderung der Wiederverwendung lässt sich der Lebenszyklus ihrer Produkte verlängern.

Darüber hinaus fördern Transparenz und Berichterstattung das Vertrauen und Verantwortungsbewusstsein bei Kunden und Partnerinnen. Die Offenlegung von Abfalldaten und Nachhaltigkeitsberichten zeigt das Engagement eines Unternehmens für Umweltstandards und kann als Vorbild für andere dienen. Unternehmen sollten daher nicht nur gesetzliche Vorgaben einhalten, sondern proaktiv darüber hinausgehen, um Umweltstandards zu übertreffen und als Wegbereiter in Sachen Nachhaltigkeit zu gelten.

↘ LÖSUNGSWEGE UND AUSBLICK

Die wachsenden globalen Herausforderungen im Umgang mit Abfall machen deutlich, dass herkömmliche Ansätze der Abfallwirtschaft nicht mehr ausreichen. Die heutige lineare Wirtschaftsweise – geprägt durch Konsum und Wegwerfen – führt zu einer immensen Verschwendung von Ressourcen und steigenden Abfallmengen. Um diesem Problem zu begegnen, ist ein Wandel hin zu einer Kreislaufwirtschaft notwendig, bei der Abfallvermeidung, Wiederverwendung und Recycling oberste Priorität haben.

Um diesem Problem zu begegnen, ist ein Wandel hin zu einer Kreislaufwirtschaft notwendig, bei der Abfallvermeidung, Wiederverwendung und Recycling oberste Priorität haben.

Ein modernes Abfallmanagement, das durch Digitalisierung unterstützt wird, bietet dabei zahlreiche Chancen. Durch den Einsatz von künstlicher Intelligenz, Automatisierung und Echtzeitanalysen können bisher manuelle und ineffiziente Prozesse optimiert werden. Die Möglichkeit, Abfälle präzise zu analysieren, Störstoffe frühzeitig zu erkennen und den Energieverbrauch zu minimieren, eröffnet erhebliche ökonomische und ökologische Vorteile. Insbesondere die gezielte Analyse und die Optimierung von Wertstoffen und Abfallzusammensetzungen revolutionieren die Art und Weise, wie Abfälle verarbeitet werden, und sorgen dafür, dass Ressourcen effizienter und nachhaltiger genutzt werden können. Darüber hinaus ermöglicht die digitale Nachverfolgbarkeit von Recyclingprozessen eine nie dagewesene Transparenz, die nicht nur ökologisch verantwortungsvolles Handeln erleichtert, sondern auch den Nachweis für Unternehmen und Verbraucher erbringt. Diese und weitere technologische Fortschritte werden in Zukunft entscheidend sein, um den Wandel von einer linearen zu einer zirkulären Wirtschaft weiter voranzubringen.

Die Digitalisierung der Abfallwirtschaft zeigt, dass das Potenzial von Abfall weit über die bloße Entsorgung hinausgeht. Mit den richtigen Technologien und einem gemeinsamen Engagement können wir Abfall zu einer wertvollen Ressource machen und die Herausforderungen der Zukunft nachhaltig bewältigen.

Letztendlich liegt es an uns Menschen, den größeren Hebel zu bedienen. Ob in unserer Funktion als Entscheidungsträgerinnen in Unternehmen, als politische Akteure oder als Konsumentinnen. Der Wandel zu einem nachhaltigeren Abfallmanagement fängt nämlich bei der Abfallvermeidung an und zieht sich durch die restlichen Stufen: Wiederverwendung, Recycling und Beseitigung. Unser Mindset ist entscheidend, damit wir den regulatorischen Rahmen setzen und Unternehmen beeinflussen, nachhaltiger zu produzieren, und unseren eigenen Verbrauch kontrollieren und reduzieren.

ANMERKUNGEN

1 Bundesministerium für wirtschaftliche Zusammenarbeit und Entwicklung, 2024 (https://www.bmz.de/de/service/lexikon/bevoelkerungswachstum-1409.

2 *Frankfurter Allgemeine Zeitung*, 2018 (https://www.faz.net/aktuell/wirtschaft/weltbank-warnt-weltweit-70-prozent-mehr-muell-bis-2050-15799045.html.

3 V. Heckelmann, W. Kaluza: *Konsumgesellschaft umgedacht*. Friedrich-Ebert-Stiftung, 2022 (https://www.fes.de/themenportal-wirtschaft-finanzen-oekologie-soziales/artikelseite/konsumgesellschaft-umgedacht).

4 The World Counts, 2024 (https://www.theworldcounts.com/challenges/planet-earth/state-of-the-planet/overuse-of-resources-on-earth).

5 Bundesministerium für Klimaschutz, Umwelt, Energie, Mobilität, Innovation und Technologie (BMK), 2024 (https://www.bmk.gv.at/themen/klima_umwelt/abfall/aws/awsgrundsaetze.html).

Foodchain im Umbruch

Nachhaltigkeit und Transparenz als Treiber technologischer Innovation

Svenja Hilpert und Dr. Barbara Heigl

↘ AUSGANGSLAGE UND HERAUSFORDERUNGEN

Die Lebensmittelindustrie ist eine der größten und komplexesten Branchen weltweit. Sie umfasst die gesamte Wertschöpfungskette von der Landwirtschaft über die Verarbeitung bis hin zum Vertrieb und Konsum von Lebensmitteln.

Wie wir bereits in einem der vorherigen Kapitel gelesen haben, kommt der Agrarwirtschaft – also der Anfang der sogenannten Foodchain oder Lebensmittelkette – eine enorm wichtige Bedeutung in dem Bestreben zu, die gesamte Industrie nachhaltiger zu gestalten. Sie ist einerseits stark vom Klima abhängig, trägt andererseits jedoch erheblich zu Treibhausgasemissionen bei. Ein Wechselspiel der Einflüsse, könnte man sagen. Außerdem haben wir erfahren, wie digitale Technologien und künstliche Intelligenz zu einer Optimierung der Nutzung von natürlichen Ressourcen beitragen können und dies zum Teil auch schon tun.

Ein Drittel der weltweit emittierten Treibhausgase ist auf die Nahrungsmittelproduktion zurückzuführen, und fast 60 Prozent davon stammen aus der Fleischproduktion. Das sind über 17 Milliarden Tonnen pro Jahr weltweit!

In diesem Kapitel wollen wir uns dem nächsten Schritt der Foodchain widmen und einen genaueren Blick auf die industrielle Fleisch- und Fischproduktion werfen. Denn die Auswirkungen dieser Industrie auf die Umwelt werden größtenteils noch unterschätzt.[1] Dabei ist bereits ein Drittel der weltweit emittierten Treibhausgase auf die Nahrungsmittelproduktion zurückzuführen, und fast 60 Prozent davon stammen aus der

Fleischproduktion. Das sind über 17 Milliarden Tonnen pro Jahr weltweit! Die Emissionen bei der Erzeugung pflanzlicher Nahrungsmittel tragen hingegen nur rund die Hälfte davon zum Gesamtausstoß bei.[2] Noch deutlicher wird es bei dem folgenden Vergleich: Die fünf größten Fleisch- und Milchkonzerne weltweit emittieren genauso viele klimaschädliche Gase wie Exxon, der größte Mineralölkonzern der Welt.[3]

Neben den bekannten ökologischen Auswirklungen ist auch die Datenlage zu den negativen gesundheitlichen Folgen des Fleischkonsums, sprich der sozialen Nachhaltigkeit, in den vergangenen Jahren immer dichter geworden. Bereits seit 2015 wird verarbeitetes Fleisch von der Weltgesundheitsorganisation (WHO) als krebserregend eingestuft[4], und auch der positive Zusammenhang zwischen dem Verzehr von rotem Fleisch und Typ-2-Diabetes sowie Herz-Kreislauf-Erkrankungen wurde mehrfach in klinischen Studien bestätigt.[5]

Trotz dieser negativen Auswirkungen steigt der weltweite Fleischkonsum weiter an, und die globale Nachfrage nach Fleisch wächst und wächst: Die weltweit produzierte Menge an Fleisch wurde für das Jahr 2024 auf rund 370,7 Millionen Tonnen geschätzt. Im Vergleich zum Jahr 2000 wuchs die produzierte Fleischmenge somit um mehr als 100 Millionen Tonnen an.[6] Auch wenn der Konsum hierzulande kontinuierlich, aber langsam sinkt, wir Deutschen lieben unser Fleisch: Im Vergleich zu anderen Industrienationen liegt der Fleischkonsum mit 52 Kilogramm pro Kopf zwar knapp unter dem Durchschnitt, jedoch immer noch deutlich über dem mittleren Konsum in Schwellen- und Entwicklungsländern. Dieser liegt bei etwa 27 Kilogramm pro Person.[7]

Die Fisch- und Meeresfrüchteindustrie ist ebenso von einem starken Wachstum gekennzeichnet. Sie wird laut Prognose im Jahr 2029 ein Marktvolumen von 867,5 Milliarden Euro erreichen und sich damit innerhalb von weniger als zehn Jahren verdoppeln.[8] Die industrielle Fischerei hat verheerende Auswirkungen auf Meeresökosysteme. Laut FAO (Welternährungsorganisation) sind weltweit 33,1 Prozent (in Europa 41 Prozent) der Bestände kommerzieller Fischarten überfischt. Um den immer weiter steigenden Bedarf an Fisch zu befriedigen, werden zudem Fangmethoden genutzt, die bis zu 40 Prozent nutzlosen Beifang verursachen, der tot oder schwer verletzt zurück ins Meer geworfen wird. Große Aquakulturen hingegen belasten die Gewässer mit Schadstoffen wie Ammoniak und Nitraten. Hinzu kommen lange Liefer- und Kühlketten, die allein aufgrund der geografischen Einschränkung der Fisch- und Meeresfrüchtezucht kaum zu vermeiden sind. Auch hier sind wir also weit davon entfernt, von einer nachhaltigen Industrie sprechen zu können.

SOZIALE NACHHALTIGKEIT IN DER FLEISCH- UND FISCHINDUSTRIE – EIN BALANCEAKT

In unserer nächsten Etappe wagen wir einen Blick auf die soziale Nachhaltigkeit der Fisch- und Fleischindustrie: Die enorme Nachfrage nach Fisch und Fleisch hat das Thema Massentierhaltung auf ein kritisches Niveau getrieben, und dass Massentierhaltung und Tierwohl – sowohl in der Fisch- als auch Fleischproduktion – kaum miteinander zu vereinbaren sind, dürfte niemanden mehr überraschen. Allein in Deutschland sterben pro Jahr etwa 760 Millionen Tiere für die Lebensmittelproduktion.[9] Studien zeigen, dass bis zu 80 Prozent aller weltweit verwendeten Antibiotika in der Tierhaltung eingesetzt werden, was nicht nur zu Antibiotikaresistenzen bei uns Menschen führt, sondern auch deutlich auf Missstände in der Tierhaltung hinweist.[10] Bei der Fischzucht sind Krankheiten und Parasiten wie Lachsläuse ein großes Problem, das durch dichte Haltung und schlechte Bedingungen begünstigt wird. Um also sinnbildlich den Gipfel der sozialen Nachhaltigkeit zu erreichen, führt kein Weg an einem Umdenken vorbei. Zur Reduktion der Massentierhaltung benötigen wir eine signifikante Verringerung des weltweiten Konsums – entweder durch eine Veränderung der Essgewohnheiten oder durch die Ausweitung des Angebots und den Konsum von Fisch- und Fleischalternativen.

Auch die Lebensmittelbranche hat sich den Sustainable Development Goals (SDG) verschrieben. Bis 2030 heißt es darin, dass die Industrien den CO_2-Verbrauch auf null senken sowie den Abfall substanziell reduzieren müssen.[11] Aber auch der Schutz des Klimas, der Biodiversität, der Meere und allem voran das Ende von Hunger und absoluter Armut stehen auf der Liste der 17 Ziele, die eng verknüpft sind mit der Lebensmittelindustrie. Die globalen Nachhaltigkeitsziele müssen wir bereits in sechs Jahren erreichen. Das bedeutet, dass die Industrieländer ihren hohen Fleischverbrauch – und somit auch den Druck auf die Herstellung – auf Kosten des Klimas, der Biodiversität, globaler Gerechtigkeit und des Tierwohls um mindestens 50 Prozent reduzieren müssen.[12]

Der Weg, um den massiven Einfluss der industriellen Fisch- und Fleischproduktion auf den Klimawandel zu bekämpfen, wird noch ein steiler und steiniger Aufstieg. Essgewohnheiten zu ändern ist ein langwieriger Prozess, denn der Fleischkonsum ist tief in den sozialen Normen, Kulturen und Traditionen der meisten Länder verwurzelt – vor allem in denen der Industrienationen. Es gilt, innovative Lösungen zu finden, um die Fisch- und Fleischindustrie nachhaltiger zu gestalten, und zwar schnell! Wir wagen in diesem Kapitel einen Blick darauf, wie digitale und andere innovative Technologien dabei helfen, die Industrie zu optimieren, welche Ansatzpunkte es bereits gibt und wo noch enormes Potenzial schlummert.

↘ EINBLICKE UND INSPIRATION

Mehr denn je heißt es: »Ran an den Speck!« Glücklicherweise hat die fisch- und fleischerzeugende Industrie in den letzten Jahren bereits große Fortschritte gemacht. Auch unser Experte kann das bestätigen. »In der Lebensmittelindustrie ziehen wirklich alle an einem Strang«, sagt Eduard Müller, Co-Founder des Züricher Start-ups catchfree. Eduard ist passionierter Koch und Foodliebhaber. Er hat in jungen Jahren nicht nur eine Ausbildung zum Koch gemacht, sondern bereits zahlreiche Stationen entlang der Foodchain durchlaufen. Ob als Management-Trainee in einer Hotelkette in den Vereinten Arabischen Emiraten, als Projektmanager bei Vapiano oder als wissenschaftlicher Mitarbeiter des FoodTech Labs der Universität St. Gallen, bei Eduard hat sich in seiner beruflichen Laufbahn bisher alles um die Lebensmittelindustrie gedreht. So erzählte er uns bei der Vorstellung seiner Person: »Ich habe entlang der Lebensmittelwertschöpfungskette schon vieles sehen und erleben dürften.« Wir blicken also gemeinsam mit Eduard auf Ansätze, wie die Fisch- und Lebensmittelindustrie ihre Nachhaltigkeit steigern kann, und nehmen euch dabei mit auf eine spannende Gipfelwanderung.

FISCH- UND FLEISCHERSATZ DER NEUEN GENERATION

Rückblickend auf die Landschaft, die wir von der industriellen Fisch- und Fleischproduktion gezeichnet haben, erscheint eine Lösung eigentlich überraschend einfach: Wir erhöhen schlicht die Verfügbarkeit von pflanzlichen Fleisch- und Fischalternativen, reduzieren dadurch den Bedarf an Massentierhaltung und tragen so zu mehr ökologischer und sozialer Nachhaltigkeit bei. Klingt zu gut, um wahr zu sein? Ganz so einfach ist es leider nicht. Zuletzt wurde die vielversprechende Zukunft der pflanzenbasierten Produkte durch eine nachlassende Nachfrage getrübt. Ist der Boom der vergangenen Jahre zu Ende? Nein, die Branche steht erst am Anfang. Denn grundsätzlich werden die Technologien zur Erzeugung immer besser, die Wahl der Ausgangsprodukte vielfältiger und nachhaltiger.[13]

Der Antrieb für Innovationen und neue Ansätze im Bereich der Ersatzprodukte kommt vor allem von Start-ups. »Die haben Nachhaltigkeit oft schon in ihrer DNA und sind damit einfach viel weiter als traditionelle Unternehmen – vor allem KMUs – in der Branche«, meint auch Eduard. Genau unter dieser Prämisse wurde im März 2022 catchfree gegründet. Zusammen mit seinem Mitgründer Dr. Severin Eder stellt Eduard Müller pflanzenbasiertes Seafood aus natürlichen Inhaltsstoffen wie Mikroalgen und anderen pflanzlichen Proteinen wie Reis oder Soja her. Eine der größten Herausforderungen ist es, die Verbraucherinnen und Verbraucher durch Geschmack und Mundgefühl zu überzeugen. Meerestiere, wie zum Beispiel Shrimps, haben eine besondere Muskelstruktur. Mit der von catchfree entwickelten proprietären Technologie schaffen sie es, diese Konsistenz nachzubilden und so ein authentisches Mundgefühl zu erzeugen. Da das Auge mitisst, legt catchfree zudem großen Wert auf das Aussehen der pflanzenbasierten Shrimps.[14] Aktuell wird die Shrimp-Alternative nur für die B2B-Kunden – also zum Beispiel für Restaurants – bereitgestellt. Ziel von catchfree ist es jedoch, die Produkte auch für den Privatgebrauch zugänglich zu machen und somit die Produktion entsprechend zu skalieren. Eduard berichtet uns weiter, dass der Markt und die Nachfrage rund um Fischalternativen stark wachsend, aber im Vergleich zu Fleischalternativen immer noch relativ klein sind. Diese Lücke möchte catchfree mit seinen Produkten natürlich füllen.

Nun also ein kurzer Exkurs in die Welt der Fleischalternativen: Die Mission der dortigen Akteure ist unter anderem die Reduktion der Massentierhaltung und des Schlachtens von Tieren sowie die Eindämmung von Umweltbelastungen in Form von Treibhausgasemissionen, Wasser- und Landverbrauch sowie dem Verlust der Biodiversität. Im Vergleich zu Fischalternativen ist der Markt der Fleischersatzprodukte schon deutlich weiter entwickelt. Neben den Pionieren wie Beyond Meat und Impossible Foods haben sich weitere innovative Unternehmen, etwa Redefine Meat, auf dem Markt zunehmend etabliert.[15] Allein in Deutschland nimmt die Zahl der Unternehmen, die solche Produkte herstellen, kontinuierlich zu: zuletzt von 51 im Jahr 2022 auf 67 im Jahr 2023.[16] Das klingt erst mal erfreulich, dennoch fällt der Wert von Fleischersatzprodukten im Vergleich zu Fleischprodukten verhältnismäßig gering aus. Im Jahr 2023 betrug der Wert von in Deutschland produziertem Fleisch und Fleischerzeugnissen 44,8 Milliarden Euro. Dies ist fast das 80-Fache des Wertes der Fleischalternativen.[17]

ERSTE VIELVERSPRECHENDE KI-ANSÄTZE HIN ZUR PERFEKTEN MILCHALTERNATIVE

Wie kommt nun künstliche Intelligenz bei der Herstellung von Lebensmittelersatzprodukten zum Einsatz? Den größten Fortschritt zur Nutzung von KI bei der Zusammensetzung von Inhaltsstoffen gibt es im Bereich Aromen und Duftstoffe, sprich in der Entwicklung der Produkte. Der Schweizer Ingredients-Hersteller Givaudan hat speziell dafür in Zürich den »Protein Hub« ins Leben gerufen – ein Zentrum, in dem Fachleute ihr Wissen und ihre Technologien für die Entwicklung alternativer Milchprodukte bündeln und weiterentwickeln. Künstliche Intelligenz und digitale Tools spielen dabei eine zentrale Rolle. So können unter anderem Proteine mithilfe eines KI-Programms gescreent und gezielt ausgewählt werden, um unerwünschte Geschmacksnoten wie Adstringenz und Bitterkeit bestmöglich zu überdecken.[18] Die Technologie, die hier zum Einsatz kommt, nennt sich Advanced Tools for Modelling (ATOM). Givaudan setzt dabei ein Ökosystem aus digitalen und KI-gesteuerten Tools ein, um die optimale Kombination aus sieben Geschmacksbausteinen zu finden (vier Milchnoten, zwei Maskierungen und ein Mundgefühl). ATOM nutzen Algorithmen, um alle möglichen Kombinationen schnell und äußerst effizient zu testen. In diesem Fall der Milchalternativen schlug das von ATOM entworfene Experiment 19 Rezepturen vor. Diese wurden von einem Gremium von Sensorikexpertinnen auf der Grundlage ihrer Ähnlichkeit mit der Milchreferenz bewertet. Basierend auf diesen Erkenntnissen generierten ATOM schließlich drei optimale Versionen, und die Sensorikexperten wählten abschließend die beste Rezeptur aus. Ergebnis: Innerhalb von kürzester Zeit konnte Givaudan ein Produkt entwickeln, das im Hinblick sowohl auf das Gesamtprofil als auch auf die Nähe zum echten Milchprodukt besser abschneidet als die derzeit am Markt verfügbaren Produkte.[19]

Solche Anwendungsfälle machen Hoffnung für die Zukunft. Je besser die Datengrundlage zur Zusammensetzung von Alternativprodukten – seien es

Fleisch, Fisch oder Milchprodukte – wird, desto besser können Algorithmen und künstliche Intelligenz zukünftig dabei unterstützen, die idealen Zusammensetzungen der Inhalttoffe für neue, innovative Produkte zu berechnen.

BLOCKCHAIN ALS WEGWEISER: TRANSPARENZDRUCK FÜR NACHHALTIGE LIEFERKETTEN

Das größere Potenzial von Technologie in der Lebensmittelindustrie sieht Eduard aktuell darin, die Effizienz der Produktionsprozesse zu steigern, Verpackungsmaterial zu minimieren und so den Ressourcenverbrauch zu reduzieren. Für nahezu unumgänglich hält er die Optimierung der Lieferkettentransparenz über Daten und Technologie. Über die Blockchain-Technologie können Lieferketten komplett transparent gemacht werden. Welchen Beitrag Blockchain-Technologie hierbei leistet? Sie erzeugt eine Nachverfolgbarkeit, denn jede Bewegung des Produktes entlang der Lieferkette wird getrackt. Sie garantiert somit Fälschungssicherheit, denn die Daten werden dezentral und unveränderlich gespeichert. Sie ermöglicht Echtzeittransparenz, was das Vertrauen zwischen den Partnerinnen erhöht. Und sie erlaubt die Speicherung von Herkunftszertifikaten, was zum Beispiel Produktionsbedingungen verifiziert.

Und wie funktioniert die Technologie? Alle Stakeholder einer Wertschöpfungskette speichern ihre Daten in derselben Blockchain ab, in der sogenannten Single Source of Truth. Diese Daten können verschlüsselt sein, und jeder Stakeholder sieht nur die für ihn relevanten Informationen. Auch hier hat Eduard Müller schon persönliche Erfahrungen gemacht. Die Käuferinnen seiner pflanzlichen Alternativprodukte wie Shrimps und Fischburger erwarten zunehmend eine Transparenz bei der Lieferkette und insbesondere der Herkunft der Zutaten. Bei catchfree setzen sie ganz auf natürliche Inhaltsstoffe wie Reis, Soja, Paprika und Algen, was mithilfe der Blockchain-Technologie zurückverfolgt werden könnte, um so mehr Vertrauen und Transparenz bei den Endkunden zu erzeugen. Darüber hinaus zählen als wichtiger

Bestandteil der Transparenz auch Life-Cycle-Assessment-Analysen (kurz: LCAs), bei denen berechnet wird, wie viel CO_2 direkt und indirekt durch die Herstellung der Produkte und den Verkauf entsteht. Dies umfasst auch Import, Verarbeitung und Export.

Je nach Anwendungsfall gibt es hier bereits eine Vielzahl an Softwarelösungen, wie zum Beispiel Simapro, Gabi Sphera, Ecochain Mobius, OneClick LCA oder OpenLCA, die sowohl das Reporting als auch die Auswertung der Daten entlang der Wertschöpfungskette automatisieren. »Mit dem steigenden Bewusstsein der Konsumentinnen und Konsumenten für Nachhaltigkeit wollen sie wissen, woher ihr Essen stammt, und das ist gut so. Eine vollständig transparente Wertschöpfungskette schafft Vertrauen in die Qualität und das Wertversprechen der Produkte, aber eben auch Verbindlichkeit für die Stakeholder in der Wertschöpfungskette«. Ein weiterer positiver Effekt: Es erzeugt auch Druck auf diejenigen Unternehmen, die sich noch nicht ausreichend mit der Nachhaltigkeit ihrer Lieferketten beschäftigt haben und sich solchen Transparenzinitiativen nicht anschließen wollen und können. »Besonders in der Lebensmittelindustrie ist eine einmalig aufgekommene negative Reputation schon ein Killer-Kriterium«, sagt Eduard.

Auf die Themen der Produktionsprozesse und Verpackungsmaterialien gehen wir an dieser Stelle bewusst nicht näher ein. Inwiefern Technologie dabei ein Katalysator für den Wandel sein kann, beleuchten wir näher in den Kapiteln über E-Commerce und Lebensmitteleinzelhandel.

KULTIVIERTES FLEISCH: NEUE TECHNOLOGIEN REVOLUTIONIEREN DEN LEBENSMITTELMARKT

Und ganz oben auf dem Gipfel? Wo hat Technologie das Potenzial, die Industrie zu revolutionieren? Bei dem Thema sind wir uns mit unserem Experten schnell einig: Zum einen entstehen große Fortschritte in der Fermentationstechnologie. So werden beispielsweise Mikroorganismen wie Hefe oder Algen zur Erzeugung von Proteinquellen verwendet, um neue, innovative pflanzenbasierte Produkte herzustellen. Zum anderen sind kultiviertes Fleisch und Fisch gerade das große Thema in der Lebensmittelbranche. Weltweit gibt es mehr als 150 Unternehmen, die sich ausschließlich mit der Entwicklung von kultiviertem Fleisch beschäftigen.[20] Über neue Forschungsansätze wird es ermöglicht, zellbasiertes Fleisch herzustellen, ohne Tiere zu schlachten oder riesige Flächen für Viehhaltung zu benötigen. Eine Studie zur Herstellung von kultiviertem Fleisch aus dem Jahr 2023 fand heraus, dass – unter der Annahme, dass jeweils grüne Energie im Produktionsprozess zum Einsatz kommt – kultiviertes Rindfleisch über 90 Prozent weniger zur globalen Erwärmung und Luftverschmutzung beiträgt und über 90 Prozent weniger Landnutzung bedarf als konventionelle Rindfleischproduktion.[21] Spannend ist in der Studie ebenfalls zu sehen, dass auch kultiviertes Schweine- und

Wie schneidet kultiviertes Fleisch im Vergleich zu konventionellem Fleisch in Bezug auf Umweltkriterien ab?

	Kohlenstoff-emissionen	Landnutzung	Luftbelastung
Rind	Bis zu 92 % niedriger	Bis zu 90 % niedriger	Bis zu 94 % niedriger
Schwein	Bis zu 44 % niedriger	Bis zu 67 % niedriger	Bis zu 42 % niedriger
Huhn	Bis zu 3 % höher	Bis zu 64 % niedriger	Bis zu 20 % niedriger

Quelle: P. Sinke, I. Odegard, C. van der Giesen, E. Swartz, H. Sanctorum: Figures compared to optimistic projections of conventional animal agriculture emissions by 2020, *The International Journal of Life Cycle Assessment* 28, 234–254, 2023

Hühnerfleisch einen positiven Beitrag zum Umweltschutz leisten kann, jedoch bei weitem nicht im gleichen Ausmaß wie das Rindfleisch.

Wie funktioniert jedoch die Herstellung von kultiviertem Fleisch? Eine Erläuterung in vier Schritten:

1) Sammlung von Zellen: Zunächst werden während einer kleinen – und schmerzfreien – Biopsie Tierzellen (zum Beispiel von Rindern, Hühnern oder Fischen) entnommen. Das israelische Unternehmen Aleph Farms, ein Vorreiter in der Industrie, geht davon aus, dass sie mit einer einzigen Zellentnahme mehrere Tausend Tonnen Steaks werden herstellen können.[22]
2) Vermehrung der Zellen: Die entnommenen Zellen werden dann in spezielle Nährlösungen gegeben, die Vitamine, Proteine und alles enthalten, was die Zellen zum Wachsen brauchen. Diese Umgebung im Labor imitiert das Wachstum im Körper des Tieres. An dieser Stelle setzen Forschende bereits große Hoffnung in Technologie, mithilfe derer optimierte Nährlösungen entwickelt werden können, um das bestmögliche Umfeld für die Zellen zu generieren. Auch hier schauen wir für einen Anwendungsfall nach Israel: Aleph Farms hat sich mit Bioraptor einen Partner an Bord geholt, um mithilfe von KI genau diesen Prozess zu optimieren. »Bei der Entwicklung modernster Produktionsbioprozesse entstehen riesige Datenmengen, die, wenn sie extrahiert, interpretiert und zu verwertbaren Erkenntnissen zusammengefasst werden, die Produktivität steigern und Kosten, Zeit und menschliche Fehler reduzieren können«, so Ori Zakin, CEO und Mitbegründer von Bioraptor. Die Möglichkeit historische und aktuelle Daten kombiniert und in Echtzeit auszuwerten und darauf basierend Prognosen zu erstellen, ermöglicht es Aleph Farms zudem, den Scale-up des Prozesses signifikant zu beschleunigen und die Kosten zu reduzieren.[23]

3) Gewebeaufbau: In Bioreaktoren teilen sich die Zellen und wachsen zu Muskelgewebe heran. Spezielle »Gerüste«, sogenannte Scaffolds, die man sich wie kleine Schwämme vorstellen kann, helfen dabei, dass die Zellen anhaften und sich zu richtigen Fleischstrukturen entwickeln können. Um die gewünschte Textur herzustellen – also tatsächlich, was wir als ein Stück Fleisch kennen – wird auf innovative Technologie gesetzt. Dazu blicken wir auf das Züricher Start-up Sallea. Das Unternehmen stellt mithilfe von 3D-Druck speziell anpassbare Strukturen auf Basis von pflanzlichen Inhaltsstoffen her, die die Grundlage für die Kultivierung hochwertiger und texturreicher Proteine, Fette und Gewebe bilden. Aufgrund ihrer sehr präzisen Gitterstruktur bilden die Strukturen die perfekte Umgebung für die Zellen, um auf einen Zentimeter dicke Fleischstücke heranzuwachsen. Sallea hat zudem einen neuartigen Plattformansatz entwickelt, der eine Personalisierung in einem Maße ermöglicht, die deutlich über den derzeitigen Industriestandard hinausgeht. So kann das Nährstoffprofil des Endproduktes in jedem ihrer Gerüste individuell imitiert werden, oder spezielle Vitamine und Inhaltsstoffe können bewusst ergänzt werden. Das ist insofern besonders spannend, weil das Gittergerüst im Endprodukt mitgegessen wird.[24]
4) Reifung: Nach einiger Zeit entsteht so Fleisch, das biologisch genau wie das Fleisch von echten Tieren ist.

Die ersten Durchbrüche in dem Markt machen Hoffnung – 2023 feierte kultiviertes Hähnchen der Hersteller UPSIDE Foods und GOOD Meat in Amerika sein Debüt in zwei Restaurants. Aleph Farms, das Nachhaltigkeitsevangelist Leonardo di Caprio sowie die Schweizer Lebensmittelkette Migros als Investor mit an Board hat, hat Anfang des Jahres 2024 die behördliche Genehmigung für sein zellbasiertes Rindfleisch in Israel erhalten.[25] Ist das nun der Start von etwas Großem? Hoffentlich schon – »und auch eher schon in fünf als erst in zehn Jahren. Noch kämpft die Branche aber mit einigen Herausforderungen. Unter anderem mit den ganzen Regulierungen für Novel-Food und vor allem die viel zu teure Produktion für den Massenmarkt«, setzt Eduard Müller die Entwicklungen in dem Bereich für uns in Relation. Fleisch ist ein Massenmarkt. Um die Produktion von kultiviertem Fleisch massentauglich zu machen, müssen sich die Unternehmen ernsthaft damit auseinandersetzen, wie sich die Bioreaktoren skalieren lassen.

VERÄNDERUNG BEGINNT IM KLEINEN

Auf dem Weg zum Gipfel schauen wir zuletzt auf die bestehenden Marktplayer in der konventionellen Fisch- und Fleischproduktion. Denn auch sie können ihre Unternehmen mithilfe von Technologie an vielen Stellen nachhaltiger machen. Die niederländisch-deutsche Vion Food zum Beispiel hat »Building Balance Chains« als eines ihrer wichtigsten Unternehmensziele ausgerufen – also die Sicherstellung einer ausgewogenen Lieferkette. Ein Ansatz dafür ist, dass sie ein Rückverfolgbarkeits- und Produktintegritätssystem entwickelt hat, in dem all ihre Produkte bis zum Ursprung ihrer Entstehung für alle Stakeholder der Wertschöpfungskette nachverfolgbar sind.[26] Klingt, wie oben beschrieben, nach einem vielsprechenden Blockchain-Einsatz.

Auch Rügenwalder Mühle aus Deutschland hat sich Nachhaltigkeit als wichtigen Punkt in ihre Unternehmensziele geschrieben. Als wichtigste Säule, um dieses Ziel zu erreichen, steigert sie kontinuierlich den Anteil ihrer veganen Produkte im Sortiment. Auf ihrer Website heißt es: »Unsere beispielhafte Produktionsökobilanz hat gezeigt, dass sich durch die Umstellung auf vegane Rezepturen CO_2-Emissionen einsparen lassen. Daher ist es unser Ziel, den Anteil der rein pflanzenbasierten Produkte zu erhöhen. Wir haben unser Ziel für 2022 erreicht, und 85 % unserer Rezepturen sind vegan.«[27] Für ein Traditionsunternehmen, das viele Jahrzehnte lang die Fleischproduktion als Kerngeschäft verfolgt hat, ist das ein unglaublicher Wandel, den wir auch persönlich mit großer Begeisterung seit Jahren verfolgen und unterstützen. Es zeigt noch einmal deutlich: Wo ein Wille, da ein Weg.

WHAT'S NEXT: MIT KÜNSTLICHER INTELLIGENZ GEGEN LEBENSMITTELVERSCHWENDUNG

Ganz oben am Gipfel angekommen, blicken wir zusammen mit Eduard Müller voller Hoffnung auch in Richtung des letzten Schrittes entlang der Foodchain – dem Lebensmittelkonsum und -vertrieb. Die jährliche Nahrungsmittelverschwendung ist erschreckend: Über 30 Prozent der Lebensmittel werden von Verbraucherinnen und Verbrauchern weggeworfen, auch in der Großküche. Das schlägt sich nicht nur in Geld, sondern auch in CO_2 nieder. Näheres hierzu findest du in den Kapiteln über Abfallwirtschaft und Lebensmitteleinzelhandel. Erste Start-ups in dem Bereich sind bereits aktiv. Über KI und die Auswertung von Bilddaten können so der genaue Verbrauch und der Konsum der Lebensmittel gescannt und analysiert sowie konkrete Einsparpotenziale empfohlen werden. Eduard hat große Hoffnung und glaubt, dass sich durch KI-Screening-Programme und Videoprogramme, also Videoerkennungsprogramme, im Bereich der Lebensmittelabfälle eine Menge tun wird. »Die ersten Tests in Großküchen und im Restaurantbereich gibt es bereits. Ich setze große Hoffnung darauf, dass das auch irgendwann in privaten Haushalten ankommt, weil da am meisten weggeworfen wird.«

↘ LÖSUNGSWEGE UND AUSBLICK

Jetzt stehen wir also auf dem Gipfel und blicken zurück auf den Weg in eine nachhaltige und zukunftsfähige Fleischindustrie. Klar, wir werden nicht von heute auf morgen alle nur noch Fleisch aus dem Labor essen oder unsere gesamte Gesellschaft zu Vegetariern machen. Fleisch ist Teil unserer

Kultur und Tradition, und das lässt sich nicht einfach abschütteln. Trotzdem ist auch unstrittig, dass sich die Branche verändern muss – und zwar grundlegend.

Eine Reduktion des traditionellen Fleisch- und Fischkonsums bringt uns gleich doppelt weiter: Die ökologische und soziale Nachhaltigkeit der Industrie profitiert davon. Weniger Ressourcenverbrauch, weniger Belastung für Umwelt und Tiere – das ist der Weg nach oben.

Unternehmen wie die Rügenwalder Mühle oder Vion zeigen uns bereits, dass auch kleine Schritte Großes bewirken können. Diese Firmen haben verstanden, dass man sich neu aufstellen muss, um am Ball zu bleiben. Die Botschaft an die traditionellen Fleischhersteller ist eindeutig: Schaut euch die Chancen ernsthaft an, die Technologie und KI heute, aber auch perspektivisch in die Zukunft gedacht bieten werden. Setzt sie ein, um eure Prozesse nachhaltiger zu gestalten und die Herausforderungen der Zukunft schneller, effizienter und automatisiert bewältigen zu können.

Ein entscheidender Wegweiser auf unserem Pfad zur nachhaltigen Fleischproduktion ist die Zulassung von kultiviertem Fleisch in Europa sowie die Skalierung der Produktion für den Massenmarkt. Hier spielt die Politik eine entscheidende Rolle, aber eines steht fest: Der technologische Fortschritt hat dieser Industrie bereits einen riesigen Schub gegeben. Es ist nicht mehr die Frage, *ob* kultiviertes Fleisch massentauglich wird, sondern *wann*. Doch auch hier gilt: Ohne Offenheit seitens der Gesellschaft geht nichts. Wir müssen gemeinsam bereit sein, neue Wege zu gehen. Dafür können wir zukünftig vielleicht sogar von einem besseren Fleisch profitieren.

Ein weiteres Thema, das – beflügelt durch Technologie – immer wichtiger wird, ist Transparenz in den Lieferketten. Schritt für Schritt wird das Bewusstsein dafür wachsen. Konsumentinnen und Konsumenten möchten wissen, wo ihre Lebensmittel eigentlich herkommen und wie und wo sie produziert werden. Je mehr wir darüber wissen, desto weniger werden Unternehmen mit nicht nachhaltigen oder unethisch beschafften Zutaten durchkommen. Die Zukunft gehört denen, die Verantwortung übernehmen.

Und wie könnte diese Zukunft aussehen? »Durch kontinuierliche Fortschritte bei der verwendeten Technologie und zunehmend schonende Verfahrenstechniken bei der Lebensmittelproduktion könnten wir in der Zukunft alle Substitarier werden, da wir keine optischen, geschmacklichen und ernährungsphysiologischen Unterschiede mehr zu tierischen Produkten feststellen werden«, meint Eduard Müller. »Substitarier essen nicht einfach Tofu statt Fleisch. Für jedes tierische Produkt gibt es ein pflanzliches Ersatzprodukt, das genauso aussieht, schmeckt und dieselben Inhaltsstoffe hat wie das ursprünglich bekannte.« Vermehrt auf Ersatzprodukte zurückzugreifen kann einen Unterschied machen. Mit Eduard sind wir uns einig. Wenn wir nur ein bis zwei Mal die Woche auf unser geliebtes Fleisch und Fisch verzichten und es zum Beispiel durch pflanzliche oder kultivierte Alternativen ersetzen würden, hätte dies schon einen immensen positiven Effekt auf unsere Umwelt sowie Gesundheit.

»Substitarier essen nicht einfach Tofu statt Fleisch. Für jedes tierische Produkt gibt es ein pflanzliches Ersatzprodukt, das genauso aussieht, schmeckt und dieselben Inhaltsstoffe hat.«

Eduard Müller

Schlussendlich zeigt sich, dass es nicht darum geht, den Berg auf einmal zu erklimmen, sondern Schritt für Schritt voranzukommen. Technologie und Nachhaltigkeit sind die Wegweiser, und wenn wir uns gemeinsam auf den Weg machen, erreichen wir den Gipfel – eine Fleisch- und Fischindustrie, die auch in Zukunft für den gesamten Planeten tragfähig ist.

ANMERKUNGEN

1 Northstar für Madra Brava: Tackling industrial meat: Understanding public attitudes, concerning issues and impactful solutions, 2022 (https://madrebrava.org/insight/people-don-t-see-industrial-meat-as-a-key-cause-of-global-warming-poll).

2 X. Xu, P. Sharma, S. Shu, T. Lin, P. Ciais, F. Tubiello, P. Smith, N. Campbell, A. Jain: Global greenhouse gas emissions from animal-based foods are twice those of plant-based foods. In: *Nature Food*. 2, 1–9, 2021 (https://www.researchgate.net/publication/354556711_Global_greenhouse_gas_emissions_from_animal-based_foods_are_twice_those_of_plant-based_foods).

3 Heinrich-Böll-Stiftung, Bund für Umwelt und Naturschutz Deutschland & *Le Monde Diplomatique*: Fleischatlas. Daten und Fakten über Tiere als Nahrungsmittel, 2021 (https://www.boell.de/sites/default/files/2022-01/Boell_Fleischatlas2021_V01_kommentierbar.pdf).

4 World Health Organization: IARC monographs evaluate red and processed meats, 2015 (https://www.emro.who.int/noncommunicable-diseases/highlights/red-and-processed-meats-cause-cancer.html).

5 W. Shi, X. Huang, C. M. Schooling, J. V. Zhao: Red meat consumption, cardiovascular diseases, and diabetes: a systematic review and meta-analysis. In: Eur Heart J. 44(28), 2626–2635, 2023 (https://pubmed.ncbi.nlm.nih.gov/37264855/).

6 Food and Agriculture Organization of the United Nations: Food Outlook, 2024 (https://openknowledge.fao.org/server/api/core/bitstreams/825dc0b7-57bc-4a53-8182-056c40c1c80f/content).

7 Handelsverband Deutschland: Konsummonitor Nachhaltigkeit 2024 – Zwischen Sparsamkeit und Wertschätzung, 2024 (https://einzelhandel.de/nachhaltigkeit-monitor).

8 Statista Market Insights: Globales Marktvolumen Fisch- und Meeresfrüchteindustrie, 2024 (https://de.statista.com/outlook/cmo/lebensmittel/fisch-meeresfruechte/weltweit#volumen).

9 Albert Schweitzer Stiftung: Schlachtzahlen 2021 erneut gesunken, 2022 (https://albert-schweitzer-stiftung.de/aktuell/schlachtzahlen-2021-erneut-gesunken).

10 World Health Organization:WHO guidelines on use of medically important antimicrobials in food-producing animals, 2017 (https://iris.who.int/bitstream/handle/10665/258970/9789241550130-eng.pdf?sequence=1).

11 United Nations General Assembly 2015: 2030 Agenda for sustainable development (https://sdgs.un.org/goals).

12 Heinrich-Böll-Stiftung, Bund für Umwelt und Naturschutz Deutschland & *Le Monde Diplomatique*: Fleischatlas, 2021.

13 Zukunftsinstitut: Plant-Based Food – Synergien für ganzheitliche Lösungen, 2024 (https://www.zukunftsinstitut.de/zukunftsthemen/plant-based-food-der-neue-spin-bei-ersatzprodukten).

14 *Food Zurich:* Stadtgespräch mit Severin Eder, o. D. (https://www.foodzurich.com/de/portrait/stadtgespraech-mit-severin-eder).

15 Zukunftsinstitut: Plant-Based Food, 2024.

16 Destatis: Trend zu Fleischersatz ungebrochen: Produktion steigt 2023 um 16,6 % gegenüber dem Vorjahr, 2024 (https://www.destatis.de/DE/Presse/Pressemitteilungen/2024/05/PD24_N018_42.html).

17 Destatis: Trend zu Fleischersatz ungebrochen, 2024.

18 Anuga Food Tech: Mit KI zu innovativen Produkten, 2024 (https://www.anugafoodtec.de/magazin/mit-ki-zu-innovativen-produkten.php).

19 Givaudan: Givaudan launches new Protein Hub at its Zurich Innovation Centre, 2021 (https://www.givaudan.com/media/media-releases/2021/givaudan-launches-new-protein-hub-its-zurich-innovation-centre).

20 Good Food Institute: 2023 State of the Industry Report. Cultivated meat and seafood, 2024 (https://gfi.org/wp-content/uploads/2024/08/State-of-the-Industry-Report-Cultivated-meat-and-seafood.pdf).

21 P. Sinke, I. Odegard, C. van der Giesen, E. Swartz, H. Sanctorum: Figures compared to optimistic projections of conventional animal agriculture emissions by 2020, *The International Journal of Life Cycle Assessment* 28, 234–254, 2023.

22 V. Prever: Israel becomes first country to approve sale of lab-cultured meat, *The Jewish Chronicle*, 2024 (https://www.thejc.com/news/israel/israel-becomes-first-country-to-approve-sale-of-lab-cultured-meat-jwp7kyma).

23 Aleph Farms: Aleph Farms and BioRaptor Launch AI-Powered Collaboration to Strengthen Efficiency in Cultivated Meat Production, o. D. (https://aleph-farms.com/journals/aleph-farms-and-bioraptor-launch-ai-powered-collaboration-to-strengthen-efficiency-in-cultivated-meat-production/).

24 L. Madonna: Nachhaltigkeit: Diese Zürcher Start-up-Gründerinnen setzen auf kultiviertes Fleisch. *Annabelle*, 2024 (https://www.annabelle.ch/leben/workcash/nachhaltigkeit-diese-zuercher-start-up-gruenderinnen-setzen-auf-kultiviertes-fleisch/?_gl=1*134ji6d*_up*MQ..*_ga*MTc2NjUzODYxOS4xNzA5MDUzMjc3*_ga_Q5BR1E9CTS*MTcwOTA1MzI3Ni4xLjAuMTcwOTA1MzI3Ni4wLjAuMA); K. Reichert: Entwicklung von kultiviertem Fleisch & Fisch mit Dr. Nicole Kleger, Simona Fehlmann & Anna Bünter (Sallea). Smart Innovation Podcast, Episode 109, o. D. (https://www.klausreichert.de/entwicklung-von-kultiviertem-fleisch-fisch-mit-dr-nicole-kleger-simona-fehlmann-anna-bunter-sallea/).

25 Good Food Institute: 2023 State of the Industry Report, 2024.

26 Vion Food Group: CSR Report 2021, 2022 (https://view.publitas.com/cfreport/vion-csr-report-2021).

27 Rügenwalder: Unsere Unternehmensziele für mehr Nachhaltigkeit, 2024 (https://www.ruegenwalder.de/de/nachhaltigkeit/unternehmensfuehrung/ziele).

Smart gegen Verschwendung im Lebensmitteleinzelhandel

Technologie als Treiber für eine nachhaltige Zukunft

Johannes Eisenmenger

↘ AUSGANGSLAGE UND HERAUSFORDERUNGEN

Der Lebensmitteleinzelhandel, als spezialisierter Zweig des Einzelhandels, ist ein unverzichtbarer Bestandteil unserer modernen Gesellschaft. Tagtäglich versorgt der Lebensmitteleinzelhandel Millionen von Menschen mit Nahrungsmitteln und Produkten des täglichen Bedarfs. Aufgrund des technologischen Fortschritts, des Rufs nach Nachhaltigkeit und Veränderungen in den Verbraucherpräferenzen sowie weiterer Faktoren steht diesem Sektor aktuell ein tiefgreifender Wandel bevor, der weit über das traditionelle Geschäftsmodell hinausgeht. Im Gegensatz zum allgemeinen Einzelhandel, der ein breiteres Spektrum an Waren abdeckt, konzentriert sich der Lebensmitteleinzelhandel primär auf Nahrungsmittel, Getränke und verwandte Produkte des täglichen Bedarfs. Die Spezialisierung auf diesen Produktbereich bringt Herausforderungen hinsichtlich Frische, Haltbarkeit und der ethischen Verantwortung gegenüber Produzenten und Konsumentinnen mit sich.

Die Relevanz des Sektors lässt sich anhand verschiedener Faktoren erkennen: Einerseits trägt der Lebensmitteleinzelhandel beispielsweise wesentlich zur Schaffung von Arbeitsplätzen und der Verbesserung der Wirtschaftsleistung bei, wie sich unter anderem anhand der fünf Prozent zeigt, die der Sektor im Jahr 2023 zum deutschen Bruttoinlandsprodukt beigetragen hat.[1] Andererseits steht der Sektor jedoch vor großen gesellschaftlichen und ökologischen Herausforderungen.

Insbesondere die Lebensmittelverschwendung stellt laut der Ernährungs- und Landwirtschaftsorganisation der Vereinten Nationen ein großes Problem dar, da weltweit etwa 1,3 Milliarden Tonnen Lebensmittel, die noch zum Verzehr geeignet wären, weggeworfen werden.[2] Deutschlandweit waren es im Jahr 2021 einer Studie des Statistischen Bundesamtes aus dem Jahr 2024 zufolge rund elf Millionen Tonnen.[3] Laut WWF handelt es sich sogar um 18 Millionen Tonnen Lebensmittel, die unnötigerweise entsorgt werden, was nahezu einem Drittel des 2023 in Deutschland benötigten Verbrauchs an Nahrungsmitteln entspricht.[4] Auch wenn der Großteil aller deutschen Lebensmittelabfälle bei den Verbraucherinnen und Verbrauchern entsteht, haben der Handel und die Verarbeitung mit 21 Prozent einen erheblichen Anteil daran.[5] Das Bundesministerium für Ernährung und Landwirtschaft räumt allerdings ein, dass es Unsicherheiten in der Datenlage gebe.[6] Unabhängig davon hat die Lebensmittelverschwendung nicht nur ethische Auswirkungen hinsichtlich des global bestehenden Hungers, sondern auch schwerwiegende ökonomische und ökologische Folgen.

1,3 Mrd. t
Lebensmittelabfälle weltweit

Vor diesem Hintergrund gewinnt das Konzept der Nachhaltigkeit zunehmend an Bedeutung. Es gilt, ein Gleichgewicht zwischen der Erfüllung steigender Konsumentenerwartungen und der Beanspruchung verfügbarer Ressourcen zu schaffen. Die Twin Transformation, das heißt die gleichzeitige digitale und nachhaltige Transformation, wird auch für den Lebensmitteleinzelhandel zur zentralen Aufgabe des 21. Jahrhunderts. In diesem Kontext ist kaum verwunderlich, dass der größte Investitionsbedarf im Einzelhandel unter anderem in den Bereichen Digitalisierung und Innovation, Prozesse, Abläufe und Logistik, Geschäftsmodelle und Vertrieb sowie Nachhaltigkeit besteht.[7]

Doch wie geht es nun weiter? Die Herausforderungen sind komplex und vielschichtig, doch die Twin Transformation stellt einen zielführenden Ansatz dar, mit dessen Hilfe die Herausforderungen überwunden und nachhaltiges Handeln beschleunigt werden können. Jeder Schritt hin zu nachhaltigerem Handeln ist bedeutsam, ganz gleich, ob es um die Implementierung digitaler Lösungen zur Reduktion der Lebensmittelverschwendung oder um die Umstellung auf umweltfreundlichere Verpackungen geht. Im Zuge der steigenden Technisierung entfalten verschiedenste Technologien eine beeindruckende Wirkung. Nachfolgend werden wir Technologien beleuchten, die im Kontext der Nachhaltigkeit vielversprechend sind, allen voran künstliche Intelligenz (KI). Die Zeit zum Handeln ist jetzt – und digitale Technologien bieten bereits vielfältige Möglichkeiten und Inspirationsquellen im Wandel zu mehr Nachhaltigkeit.

↘ EINBLICKE UND INSPIRATION

Laut EHI-Retail-Institut, das über 90 leitende IT-Fachleute im Handel befragte, gehören zu den wichtigsten technologischen Trends für die kommenden drei Jahre unter anderen die folgenden: künstliche Intelligenz und Machine-Learning, Self-Scanning und Pick and Go, nahtlose Checkout-Prozesse und Customer Centricity, Digitalisierung von Prozessen und Cloudlösungen, Analytics und Connected Retail sowie Infrastruktur und Netzwerke.[8] Wie aus dieser Aufzählung bereits hervorgeht, sind die Technologien vielseitig. Sie werden im erweiterten Sinne auch im Verlauf dieses Kapitels auftauchen.

Auch unser Experte des vorliegenden Kapitels, Professor Dr. Rüschen, beschäftigt sich intensiv mit innovativen Technologien und damit verbundenen Konzepten im Lebensmitteleinzelhandel. Herr Rüschen ist Professor für Lebensmittelhandel an der DHBW Heilbronn und verfügt über umfangreiche Erfahrung in verschiedenen marktorientierten Positionen wie Unternehmensentwicklung, Marketing und Kundenmanagement, in denen er für Metro tätig war – sowohl in Deutschland als auch international. Als Studiengangsleiter Handel bewegt er sich, gemeinsam mit seinen Studierenden, im Zentrum des Geschehens. Neben seinen Vorlesungen widmet sich Professor Rüschen intensiv Themen wie Smart Stores, 24/7-Lösungen und verschiedenen Aspekten der Nachhaltigkeit und technologischen Innovationen wie künstlicher Intelligenz, die das Potenzial haben, den Handel zu verändern.

Gemeinsam mit Professor Rüschen haben wir einen detaillierten Blick auf den Twin-Transformation-Ansatz im Lebensmitteleinzelhandel geworfen und neben dem allgemeinen Ansatz speziell digitale Technologien und optimierte Bestellprozesse zur Minimierung von Lebensmittelverschwendung betrachtet. Die Einblicke sind faszinierend und zeigen vielversprechende Möglichkeiten auf.

Zunächst einmal ist es wichtig anzumerken, dass es unterschiedlichste Hebel gibt, die im Lebensmitteleinzelhandel eingesetzt werden könnten, um die Nachhaltigkeit zu steigern. Wie Professor Rüschen im Interview anmerkt, kann dies vom Fuhrpark durch Optimierung der Routenführung bis zu Technologien in den Filialen selbst reichen. Technologien in den Filialen sind beispielsweise der Einsatz von Solarpaneelen auf den Dächern der Filialen oder die Verwendung von LEDs zur Energiereduktion. LED-Technologie kann die Effizienz von Beleuchtungssystemen erheblich steigern: Handelsunternehmen, die ihre alten Beleuchtungsanlagen durch moderne, energieeffiziente Systeme ersetzen, können ihre Stromkosten für Beleuchtung um bis zu 70 Prozent senken.[9] Professor Rüschen betont jedoch, dass die meisten Lebensmitteleinzelhändler in Deutschland in diesem Bereich bereits fortgeschritten sind: Sie haben energieeffiziente LED-Beleuchtung installiert und größtenteils auf Ökostrom umgestellt.

Die ersten Höhenmeter unserer gemeinsamen Reise liegen bereits hinter uns, doch bevor wir richtig losgehen, richten wir unseren Blick kurz auf eine Perspektive, die trotz der positiven Effekte durch den verstärkten Einsatz von Technologien wie Ökostrom oder Solarpanele erwähnt werden sollte. Denn es bleibt die zentrale Frage, in welchem Verhältnis der Ressourcenverbrauch durch den steigenden Technologieeinsatz mit der erreichten Nachhaltigkeit steht. Im Kontext der Einzelhandelsfilialen geht Professor Rüschen prinzipiell davon aus, dass eine hohe Technologiedichte, etwa durch Sensoren und Kameras, zunächst zu geringerer Nachhaltigkeit im Vergleich zu traditionellen Supermärkten führt. Doch wenn wir herauszoomen, lassen sich erhebliche Potenziale und Hebel erkennen, durch die Technologien einen positiven Effekt auf die Nachhaltigkeit haben, was auch unser Experte betont. Auf lange Sicht überwiegen, wie schon in der Einleitung des Buches beschrieben und durch den Branchenverband Bitkom bestätigt, die Vorteile.

ULTRAFRISCHE

Nun zurück auf unsere Wanderroute. Im Sinne der Einbindung des Einzelhandels in das Gesamthandelssystem merkt Professor Rüschen an, dass ein Großteil der CO_2-Bilanz von Einzelhändlern außerhalb ihres eigenen Handelssystems entsteht. Dies lenkt unsere Aufmerksamkeit besonders auf die Lieferkette von Lebensmitteleinzelhändlern. Hier spielt im Rahmen der Nachhaltigkeit nicht nur das Geschehen in der Filiale eine Rolle, sondern vor allem auch die Abläufe in der Lieferkette – besonders bei Ultrafrisch-Produkten. Diese werden wir uns näher anschauen, denn laut unserem Experten stellt dies den aktuell wichtigsten und größten Anwendungsfall im Kontext der Nachhaltigkeit des Lebensmitteleinzelhandels dar.

Es gibt keine einheitliche Definition von Ultrafrisch-Lebensmitteln. Vereinfacht gesagt umfassen diese Produkte alle Waren, die in einem niedrigen Temperaturbereich gekühlt sowie nach wenigen Tagen verbraucht werden müssen, wie zum Beispiel Fleisch, Käse, Obst und Gemüse. Diese Produkte benötigen besondere Lager- und Transportbedingungen, um ihre Frische zu erhalten und die Qualität bis zu den Verbrauchern sicherzustellen. Prof. Rüschen betont, dass bei ultrafrischen Produkten das Problem nicht nur darin liegt, die richtige Menge vorrätig zu haben, sondern vor allem darin, diese Menge möglichst schnell in die Filialen zu bekommen. Hierfür muss bereits am Anfang der Lieferkette genau die Menge bestellt werden, die benötigt wird, ohne Überschüsse zu erzeugen, die am Ende weggeworfen werden. Dies gilt selbstverständlich für alle Lebensmittel, allerdings besonders für jene, die schnell verkauft und verbraucht werden müssen. Und genau hier setzen wir zum Deep Dive an.

AUTOMATISCHE DISPOSITION MITHILFE VON KI

Automatische Disposition ist ein System in der Warenwirtschaft, das für den Material- und Warenfluss eingesetzt wird. Es kann als automatisierte Steuerung und Verwaltung von Bestell- und Lagerprozessen durch spezialisierte Software gesehen werden. Dabei ermittelt das System, basierend auf aktuellen Lagerbeständen und Verkaufsprognosen, selbstständig, wann und in welchen Mengen Nachbestellungen erforderlich sind. Es optimiert kontinuierlich die Lagerbestände, um Überbestände und Engpässe zu vermeiden, reduziert menschliche Fehler und steigert die Effizienz im Beschaffungsprozess. Ziel ist es, eine präzisere Planung und eine reibungslose Versorgungskette zu gewährleisten. Besonders im Lebensmitteleinzelhandel ist dies ein Werkzeug mit vielen Potenzialen, wie die Reduzierung und Vermeidung von Lebensmittelabfällen.

Die automatische Disposition existiert bereits lange. Doch nun ist künstliche Intelligenz eine Technologie, die dieses Verfahren durch Datenanalysen und sich selbst entwickelnde Regeln immer weiter verbessert. Der zugrundeliegende Algorithmus kann folglich die benötigte Bestellmenge immer weiter optimieren, erzählt Professor Rüschen begeistert.

»Im Idealfall bestelle ich nur das, was ich auch brauche, und zwar in der gesamten Wertschöpfungskette. Damit auch nur das produziert wird, was auch gekauft und – im besten Fall – konsumiert wird.«

Prof. Dr. Stephan Rüschen

Dies führt zu einer Reduzierung der weggeworfenen Lebensmittel im Handelssystem. Es ist kaum verwunderlich, dass führende Technologie- und

Softwareunternehmen wie SAP bereits erste KI-basierte Dispositions-Softwarelösungen präsentieren.[10]

VERKNÜPFUNG MIT DER DIGITALEN WERTSCHÖPFUNGSKETTE

Betrachten wir nun die Wertschöpfungskette, die wir sehr vereinfacht darstellen, um die Beispiele greifbarer zu machen und unnötige Komplexität zu vermeiden. Die zugrunde liegende Lieferkette setzt sich – je nach Ursprungsland – aus drei oder vier Stufen zusammen:

1) Die Ware wird beim Produzenten hergestellt beziehungsweise erzeugt.
2) Sofern die Ware nicht im Inland erzeugt wird, wird sie mittels eines Zwischenhändlers, dem Importeur, nach Deutschland geliefert.
3) Die Ware kommt im Zentrallager des Lebensmitteleinzelhändlers an und wird dort für den weiteren Transport vorbereitet.
4) Die Ware wird vom Zentrallager zur Filiale und damit zum Kunden gebracht. Im Rahmen dieser Betrachtung ist die sogenannte letzte Meile, bei der die Kunden die Lebensmittel nach Hause geliefert bekommen, nicht inkludiert.

Betrachten wir die Wertschöpfungskette zunächst vom Ende aus, indem wir beim Kunden in der Filiale selbst beginnen. Um Lebensmittel vor Verfall in der Filiale zu verkaufen, ist ein möglicher Mechanismus die rechtzeitige Senkung des Preises, um bei der Konsumentin einen Kaufimpuls zu setzen, so Professor Rüschen. Dies ist ein simples Werkzeug, welches Lebensmitteleinzelhändler bereits lange nutzen und das zukünftig durch Technologie automatisiert werden könnte, auch um die Mitarbeitenden zu entlasten, da manuelle Arbeit in Teilen abgenommen werden kann. Hier sprechen wir im Speziellen von einer denkbaren automatisierten Mindesthaltbarkeitskontrolle, die im folgenden Unterkapitel thematisiert wird.

Die Herausforderung für die Lebensmitteleinzelhändler besteht vor dem Hintergrund der Lebensmittelverschwendung im Kern darin, die Balance zwischen zwei Aufgabenbereichen zu halten. Als Beispielprodukt nennt Professor Rüschen Erdbeeren, die sich den zuvor erwähnten Ultrafrisch-Lebensmitteln zuordnen lassen. Einerseits sollen die Erdbeeren, die sich auf der Verkaufsfläche befinden, am Abend bei Ladenschluss verkauft sein, um nichts wegwerfen zu müssen. Andererseits muss eine ausreichende Verfügbarkeit der Erdbeeren gewährleistet sein, sodass jeder Kunde, der das Produkt kaufen möchte, zu jeder Zeit – was eine weitere Dimension der Komplexität darstellt – Erdbeeren erhält. So ist der Idealzustand, der bereits betont wurde, folgender: Der Händler bestellt nur genau so viel Erdbeeren, wie auch tatsächlich verkauft werden. Um diese Herausforderung zu Ende zu denken: Die Erdbeeren müssen auch noch dann verfügbar sein, wenn ein Kunde diese kurz vor Ladenschluss kaufen möchte. Was auf den ersten Blick trivial klingt, ist im Sinne der Reduzierung von Lebensmittelabfällen eine enorme, auch technische, Herausforderung. Und an dieser Stelle kommt KI ins Spiel, wie unser Experte hervorhebt.

Durch den Einsatz von KI in der Disposition kann genau dieses Optimum immer besser vorhergesagt und dementsprechend Ware bestellt werden. Dabei ist es möglich, Datenpunkte entlang der gesamten Wertschöpfungskette einfließen zu lassen, um die Regel beziehungsweise den Algorithmus immer präziser zu gestalten. Ein klassisches Beispiel hierfür sind Wetterdaten, mithilfe derer die Vorhersagen über die Produktionsmenge oder mögliche Engpässe getroffen werden können. Durch maschinelles Lernen in Form von Mustererkennung ist es außerdem möglich, neben dem Wetter vollkommen andere Faktoren zu identifizieren, die eine Rolle spielen könnten und bisher noch nicht in Betracht gezogen wurden. Ebenso können Faktoren erkannt werden, von denen bisher angenommen wurde, dass sie eine Rolle für die Vorhersage spielen würden, es aber nicht tun. Dementsprechend können mittels digitaler Technologien die Forecast-Systeme auch abbilden, was der Händler bestellen sollte. Diese Informationen können frühzeitig an den Produzenten geliefert werden, der darüber wiederum die Produktionsmenge optimieren und Ressourcen sparen kann.

Durch eine vollkommen digitale Wertschöpfungskette, welche die Grundlage für den Einsatz hochintelligenter KI-Dispositionssysteme liefert, kann auch der sogenannte Bullwhip-Effekt (zu Deutsch Peitscheneffekt), der ein besonderes Phänomen im Supply-Chain-Management beschreibt, verringert beziehungsweise vermieden werden. Besonders im Ultrafrisch-Bereich ist dieser Effekt problematisch und kann bei Vermeidung zu einem nachhaltigeren Handeln führen, so Professor Rüschen. Allgemein lässt sich der Effekt wie folgt beschreiben: Nachfrageschwankungen der Endkundinnen führen entlang der Lieferkette zu immer größer werdenden Schwankungen in der Bestellmenge. Je mehr Akteure die Lieferkette umfasst, desto stärker kann der Effekt werden. Auslöser dieses Phänomens sind unter anderem die verzögerte Informationsweitergabe oder unsichere Prognosen, die zu übermäßigen Lagerbeständen der Akteure entlang der Lieferkette führen und bis zum Hersteller beziehungsweise dem Erzeuger immer größer werden. In der Folge entstehen Überbestände oder Lieferengpässe, was zu Ineffizienzen entlang der gesamten Lieferkette führt. Im Kontext der Ultrafrisch-Produkte kann dieser Effekt die Nachhaltigkeit negativ beeinflussen, da vermehrt Produkte weggeworfen werden müssen und ein zeitlicher Wettlauf gegen die Mindesthaltbarkeit entsteht. Wie sich unschwer vermuten lässt, können auch hier digitale Technologien dazu beitragen, die Nachhaltigkeit durch die Minimierung von Lebensmittelverschwendung positiv zu beeinflussen.

Besonders bei der folgenden Ultrafrisch-Produktgruppe hat dies positive Effekte für die Nachhaltigkeit. Selbstbedienungsfleisch (kurz: SB-Fleisch) sind vorverpackte Fleischprodukte, die die Kunden direkt aus dem Kühlregal in der Filiale entnehmen können. Viele Händler setzen in diesem Bereich nun KI für die automatische Disposition ein, so Rüschen. Die Prognosedaten der voraussichtlichen Menge, die in den Filialen der Lebensmitteleinzelhändler benötigt wird, werden frühzeitig über das Fleischwerk an den Schlachter und letztlich den Viehhalter übergeben. Entscheidend ist, die Zeitspanne zwischen der Schlachtung und dem Eintreffen in der Filiale des Einzelhändlers möglichst kurz zu halten, um die Frische zu gewährleisten und damit die Haltbarkeit zu verlängern, da die Kundinnen die Produkte schneller kaufen können. Verblüffend, welche Möglichkeiten der Einsatz digitaler Technologien bietet, ist, wie Rüschen ausführt, auch Folgendes: Moderne Systeme ermöglichen es bereits, dass die Information am Morgen dem Schlachter übermittelt wird und sich die Ware am nächsten Tag im Kühlregal befindet. Durch die digitale Vernetzung und das intelligente KI-basierte Dispositionssystem lassen sich Informationsbrüche und Fehlkommunikation vermeiden und die Informationen nahezu in Echtzeit weitergeben, wodurch der Bullwhip-Effekt deutlich reduziert und Verschwendungen minimiert werden können.

Nachdem wir uns auf unserer Reise einem Pfad – dem beschriebenen Anwendungsfall der KI-basierten Disposition – besonders gewidmet haben, öffnen wir nun wieder unseren Blick auf die ganzheitliche Transformation der Branche.

↘ LÖSUNGSWEGE UND AUSBLICK

Es lässt sich kaum leugnen, dass dieser technologische Ansatz tiefgreifende Veränderungen für die Branche mit sich bringt und eine Möglichkeit bietet, die eingangs erwähnten Herausforderungen zu bewältigen. Die Lebensmitteleinzelhändler, die es erreichen, eine einheitliche Datenlandschaft in ihren Systemen und entlang der Lieferkette zu schaffen, Datensilos aufzubrechen und intelligente, KI-basierte Tools in ihre Geschäftsprozesse zu integrieren, werden zukünftig mit hoher Wahrscheinlichkeit einen Wettbewerbsvorteil durch zukunftsfähige, nachhaltige Geschäftsmodelle haben. Folglich ist aus

Unternehmensperspektive die Integration innovativer digitaler Technologien ein bedeutendes Handlungsfeld für mehr Nachhaltigkeit.

Im Folgenden werfen wir einen genaueren Blick auf die drei Dimensionen der Nachhaltigkeit – ökonomische, ökologische und soziale Nachhaltigkeit – und deren Bedeutung für die Lebensmittelbranche und deren Akteure.

ÖKONOMISCHE NACHHALTIGKEIT

Im Sinne der ökonomischen Nachhaltigkeit gilt es, Geschäftsmodelle zu entwickeln, die langfristig profitabel und resilient gegenüber Krisen und Marktveränderungen sind. Für den Lebensmitteleinzelhandel müssen folglich innovative Konzepte entwickelt werden, die zur Steigerung der Effizienz beitragen und dabei die Veränderungen der Konsumentenbedürfnisse berücksichtigen, im Idealfall sogar antizipieren können. Die Digitalisierung nimmt hierbei eine Schlüsselrolle ein: Von der aufgezeigten Optimierung der Lieferketten bis zur datengesteuerten Bestandsführung eröffnen sich vielfältige Möglichkeiten, um wirtschaftlich nachhaltig zu agieren.

ÖKOLOGISCHE NACHHALTIGKEIT

Bei der ökologischen Nachhaltigkeit stehen der Umweltschutz und die Ressourcenschonung im Fokus. In Hinblick auf den Klimawandel und die zunehmende Zerstörung der Umwelt ist der Lebensmitteleinzelhandel hierbei mit der Herausforderung konfrontiert, seinen ökologischen Fußabdruck zu reduzieren. Hierfür sind Maßnahmen zur Reduzierung von Lebensmittelverschwendung (wie im Deep Dive aufgezeigt), zur Förderung saisonaler und regionaler Produkte sowie zur Optimierung der Logistik und des Energieverbrauchs notwendig, der, wie angeschnitten, bereits von den meisten Lebensmitteleinzelhändlern beispielsweise durch Ökostrom und Solarmodule umgesetzt wird.

Die Minimierung von Verpackungsmüll, deren Verbrauch in Deutschland im Jahr 2021 bei 19,7 Millionen Tonnen lag,[11] ist hierbei ebenfalls von großer

Bedeutung. Hierzu betont Experte Professor Rüschen, dass die Lebensmittelverschwendung selbstverständlich nicht nur beim Handel selbst stattfindet, sondern auch beim Kunden. Allerdings ist der Handel aufgrund der Verpackungsgrößen im weiteren Sinne eine Art Mitverursacher. An diesem Punkt im Interview wagen wir gemeinsam mit Rüschen einen ersten Blick in die ferne Zukunft und auf etwaige technologische Möglichkeiten: Optimal wäre es, wenn der Kunde genau das kauft, was er wirklich benötigt und auch verbraucht. Dies erfordert jedoch individuelle Verpackungsgrößen und eine Technologie, die präzise und zugleich effiziente Portionierungen ermöglicht. In diesem Kontext könnte der Trend zur personalisierten Ernährung als Grundlage dienen und im Hinblick auf die Verschwendung von Lebensmitteln und Nachhaltigkeit klare Vorteile bieten. Allerdings ist kritisch anzumerken, dass dies nicht nur aus der ökonomischen Perspektive betrachtet werden muss (Umsatzziele des Einzelhändlers), sondern auch technologisch und gesellschaftlich schwer zu realisieren ist und mit der Sammlung von Verbraucherdaten (Stichwort Datenschutz) einhergeht. Dementsprechend besteht ein Spannungsfeld zwischen der Sammlung von Daten der Kunden und der Nachhaltigkeit, denn je mehr zugrunde liegende Datenpunkte der Kundinnen vorhanden wären, desto besser könnten Algorithmen Vorhersagen treffen, so Rüschen. Dies bringt uns auch zur letzten Dimension.

19,7 Mio. t

Verpackungsmüll in Deutschland im Jahr 2021

SOZIALE NACHHALTIGKEIT

Die Dimension der sozialen Nachhaltigkeit stellt die gesellschaftlichen Auswirkungen des Lebensmitteleinzelhandels in den Vordergrund. Einerseits geht es dabei um faire Löhne und Arbeitsbedingungen entlang der gesamten Lieferkette. Andererseits führt die steigende Technologisierung auch zum erwähnten Sammeln von Daten, was im erweiterten Sinne die soziale und gesellschaftliche Nachhaltigkeit tangiert. Hier kann die Brücke zum Thema hochtechnisierte Smart Stores geschlagen werden, wo auch die Technologieakzeptanz eine essenzielle Rolle spielt, die einige Kunden nur in geringem Maße haben. Dies zeigt sich bereits bei einfachen technologischen Konzepten wie Self-Scanning-Kassen, die oft leer sind, da die Kundin die Ware lieber auf das Kassenband legt und sich vom Menschen bedienen lassen möchte, so Rüschen.

Ein weiterer Aspekt, der auf die soziale Nachhaltigkeit einzahlt, ist der folgende: Es ist selbstverständlich erstrebenswert, Lebensmittelverschwendung vollständig zu vermeiden und so wenig wie möglich wegzuwerfen. Doch je weiter sich Technologien und künstliche Intelligenz darin verbessern, optimale Bestellmengen zu ermitteln und Abfall zu minimieren, desto stärker leiden soziale Einrichtungen wie die Tafeln. Bedürftige, die auf überschüssige Lebensmittel angewiesen sind, erhalten dann möglicherweise weniger Unterstützung. Dieses Phänomen ist bereits heutzutage zu beobachten, und es bedarf langfristig einer Lösung dieser sozialen Herausforderung, erwähnt Professor Rüschen.

KERNHERAUSFORDERUNGEN FÜR DIE BRANCHE

Beachtlich, wie vielschichtig die Facetten sind, die Einfluss auf die Transformation nehmen. Eine der aktuellen Hauptaufgaben, die der Lebensmitteleinzelhandel zu bewältigen hat, um den Schritt in Richtung Twin Transformation erfolgreich zu gehen, ist die erfolgreiche Integration von Technologien: Die zentrale Herausforderung für die gesamte Branche und den einzelnen Lebensmitteleinzelhändler besteht in der Integration von Technologien über alle Ebenen hinweg. Um die vielfältigen Vorteile der digitalen Technologien vollständig auszuschöpfen, ist die Einbindung in die gesamte Unternehmensgruppe und das Filialnetz fundamental, wie Professor Rüschen betont. Diese Integration erfordert eine präzise Abstimmung von Prozessen und Systemen sowie eine enge Vernetzung der verschiedenen Standorte. Neben der Vernetzung muss – wie kaum verwunderlich ist – vor allem die Qualität der Daten für den Einsatz von KI sichergestellt werden. Zur Sicherstellung der Datenqualität spielt auch die Bestandskontrolle durch die Mitarbeitenden in den Filialen eine essenzielle Rolle. Diese muss präzise überwacht werden, da sie durch verschiedene Faktoren beeinträchtigt werden kann – beispielsweise wenn Kunden Waren an falschen Stellen auf der Verkaufsfläche ablegen.

GEDANKENSPIELE IN RICHTUNG ZUKUNFT

Wagen wir einen erneuten Blick in Richtung Zukunft und welche weiteren Möglichkeiten sich ergeben könnten. Mittels Sensortechnologien wird Transparenz entlang der gesamten Wertschöpfungskette geschaffen, so Rüschen. Diese Technologien ermöglichen es Händlerinnen, ihr Ökosystem und dessen Nachhaltigkeit besser zu verstehen. Durch die gewonnene Transparenz können Lebensmitteleinzelhändler ihre Nachhaltigkeitspolitik gezielt anpassen und optimieren sowie überwachen, ob die geplanten Maßnahmen tatsächlich umgesetzt werden und den gewünschten Effekt erzielen.

Eine weitere höchst spannende technologische Möglichkeit, die positive Effekte für die Nachhaltigkeit hätte, ist die Kontrolle des Mindesthaltbarkeitsdatums (MHD) von Lebensmitteln. Ein Technologieentwickler eines deutschen Lebensmittelhändlers erklärt, dass die MHD-Kontrolle einzelner Produkte mithilfe moderner Technologien grundsätzlich möglich wäre. Obwohl dies großes Potenzial bietet, stellt es das Erfassungssystem vor erhebliche technologische Herausforderungen. In aktuellen Hightech-Supermärkten lässt sich bereits erfassen, welche Produktart – zum Beispiel Himbeer- oder Erdbeerjoghurt – entnommen wird, jedoch nicht das spezifische Produkt und dessen MHD, wie Professor Rüschen betont. Er geht davon aus, dass es noch einige Jahre dauern wird, bis diese Technologie überhaupt flächendeckend implementiert werden könnte. Eine Technologie, die bereits zur teilweisen MHD-Kontrolle eingesetzt wird, ist die sogenannte Radio-Frequency Identification (RFID). RFID wird beispielsweise in Smart Stores von Metzgereien verwendet, um die Haltbarkeit von Produkten in speziellen Boxen zu überwachen. Allerdings ist der flächendeckende Einsatz für einzelne Lebensmittel schwierig, da jedes Produkt mit einem RFID-Chip ausgestattet werden müsste, wie Professor Rüschen anmerkt.

↘ FAZIT

Dem Lebensmitteleinzelhandel kommt eine Schlüsselrolle in der tagtäglichen Versorgung unserer Gesellschaft zu. Auch wenn Lebensmitteleinzelhändler bereits einige Maßnahmen für mehr Nachhaltigkeit getroffen haben, steht die Branche erst am Anfang einer Transformation. Um langfristig nachhaltige und zukunftsfähige Geschäftsmodelle im Lebensmitteleinzelhandel zu entwickeln, ist es entscheidend, die gesamte Wertschöpfungskette umfassend zu betrachten und digitale Technologien zu integrieren.

Es lässt sich festhalten, dass digitale Technologien und der Einsatz von KI bereits heute einen positiven Einfluss auf die Nachhaltigkeit haben. Besonders bei der Minimierung der Lebensmittelverschwendung stellt KI in der automatisierten Distribution einen großen Hebel dar, den Einzelhändler nutzen können, um nachhaltiger zu handeln. Der Einsatz von KI optimiert die Bestellprozesse und minimiert den Bullwhip-Effekt in der gesamten Lieferkette, wodurch eine effizientere Produktion und Ressourcenschonung ermöglicht wird. Die digitale Vernetzung sorgt für eine schnelle Informationsweitergabe, wodurch die Frische von Produkten verbessert und Lebensmittelverschwendung reduziert wird. Insgesamt führt dies zu einer nachhaltigeren Wertschöpfungskette im Lebensmitteleinzelhandel.

Deutlich ist: Es besteht Handlungsbedarf. Dafür müssen die Chancen, die sich aus dem Einsatz digitaler Technologien für die Nachhaltigkeit des Lebensmitteleinzelhandles ergeben, genutzt werden. Digitalisierung und Nachhaltigkeit dürfen nicht getrennt, sondern müssen zusammen gedacht werden, um den Lebensmitteleinzelhandel zukunftsfähig zu gestalten.

ANMERKUNGEN

1 EHI Retail Institute: Prozentualer Anteil des Lebensmitteleinzelhandels am Bruttoinlandsprodukt in Deutschland 2013 bis 2023, 2024 (https://www.handelsdaten.de/lebensmittelhandel/lebensmitteleinzelhandel-anteil-am-bruttoinlandsprodukt-deutschland-zeitreihe#:~:text=Lesehilfe,2023%20bei%205%2C0%20Prozent).

2 WWF: Lebensmittelverschwendung, 2023 (https://www.wwf.de/themen-projekte/landwirtschaft/ernaehrung-konsum/lebensmittelverschwendung).

3 Bundesministerium für Ernährung und Landwirtschaft: Lebensmittelabfälle in Deutschland: Aktuelle Zahlen zur Höhe der Lebensmittelabfälle nach Sektoren, 2024.

4 WWF: Lebensmittelverschwendung, 2023.

5 Bundesministerium für Ernährung und Landwirtschaft: Lebensmittelabfälle, 2024.

6 Bundesministerium für Ernährung und Landwirtschaft: Lebensmittelabfälle, 2024.

7 Handelsverband Deutschland: HDE-Halbjahrespressekonferenz, 2024 (https://einzelhandel.de/images/presse/Pressekonferenz/2024/20240708-Charts_Online.pdf).

8 *Lebensmittelzeitung*: Was sind für Sie die wichtigsten technologischen Trends der kommenden drei Jahre?, 2023 (https://de.statista.com/statistik/daten/studie/411024/umfrage/einschaetzung-technologischer-trends-im-handel-in-deutschland/). Statista Research Department: Was sind für Sie die wichtigsten technologischen Trends der kommenden drei Jahre?, 2024 (https://de.statista.com/statistik/daten/studie/411024/umfrage/einschaetzung-technologischer-trends-im-handel-in-deutschland/).

9 E.on: Energieeffizienz im Handel, 2022 (https://www.eon.de/content/dam/eon/eon-de-zwei/documents/Geschaeftskunden/b2b-newsletter/whitepaper-effizienz-handel.pdf).

10 J. Rode: SAP stellt neue Auto-Dispo-Software mit KI vor. *Lebensmittelzeitung*, 2024 (https://www.lebensmittelzeitung.net/tech-logistik/nachrichten/retail-software-sap-stellt-neue-auto-dispo-software-mit-ki-vor-175713).

11 N. Cayé, S. Marasus, K. Schüler für das Umweltbundesamt: Verwertung von Verpackungsabfällen in Deutschland im Jahr 2021. Abschlussbericht, 2023 (https://www.umweltbundesamt.de/sites/default/files/medien/11850/publikationen/162_2023_texte_aufkommen_verpackungsabfaelle.pdf).

Ökologisierung im E-Commerce

Digitalisierung als Schlüssel zu mehr Nachhaltigkeit

Niko Moschidis

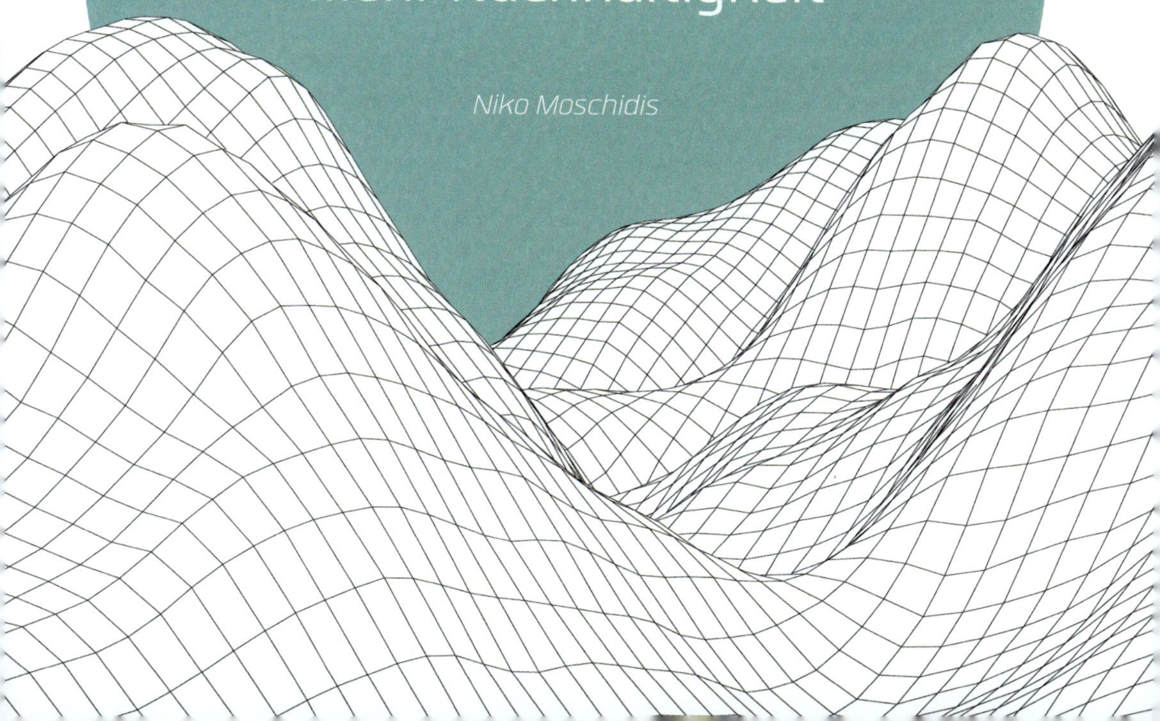

↘ AUSGANGSLAGE UND HERAUSFORDERUNGEN

»Schrei vor Glück! Oder schick's zurück.« Die ikonische Werbung von Zalando war nicht nur einprägsam und irgendwie auch schräg, sondern prägte auch den Weg von E-Commerce in Deutschland. Was die TV-Werbung eigentlich impliziert: Die Schuhe entsprechen nicht deinen Erwartungen? Dann schick sie einfach zurück. Und damit wurde eine bestimmte Erwartungshaltung geweckt. Das Ergebnis: Bekleidung und Schuhe werden in 19 beziehungsweise 31 Prozent der Fälle retourniert.[1]

Dass E-Commerce Teil unseres Lebens ist, hat die Covid-19-Pandemie gezeigt und verstärkt. Die Pandemie brachte sehr große Einschnitte in unser Leben – auch in unser Einkaufsverhalten. Der Onlinehandel gewann explosionsartig an Bedeutung. In Zahlen gesprochen: Jeder zweite Deutsche kauft lieber online ein als den Weg in den Laden zu suchen.[2] Der Umsatz in Deutschland hat sich von rund 59 Milliarden Euro im Jahr 2019 auf 73 Milliarden Euro im Jahr 2020 und dann auf 85 bis 87 Milliarden Euro in den darauffolgenden drei Jahren entwickelt.[3]

85 Mrd. €

Umsatz im deutschen E-Commerce Markt in 2023

Der deutsche Markt mit etwa 85 Milliarden Euro Umsatz im Jahr 2023 wird vor allem von einem Player dominiert: Amazon. Der US-amerikanische Handelsriese hat das Jahr 2023 mit einem Umsatz in Deutschland von 37,6 Milliarden Euro beendet.[4] Damit lässt der Onlinehändler die Zweit- und Drittplatzierten, Otto und Zalando,[5] weit hinter sich.

Doch die deutschen Onlinehändler bekommen aktuell starke Konkurrenz durch asiatische Player wie Temu und Shein, die mit extrem niedrigen Preisen, einem breiten Produktportfolio und dem richtigen Empfehlungsalgorithmus eine hohe Kundennachfrage schaffen. Die Herausforderungen daran? Der weite Transport aus dem Ausland zu uns nach Deutschland, der natürlich in einer hohen Umweltbelastung resultiert, die Konsumenten und Unternehmen durchaus gemeinsam zu bewältigen haben.

Freut sich nicht jeder auf die Rabatte, die mit gigantischen Shoppingevents wie Black Friday, Cyber Monday oder Singles Day einhergehen? An solchen Tagen kaufen Millionen von Schnäppchenjägern innerhalb weniger Stunden Waren im Wert von mehreren Milliarden US-Dollar. Am Singles Day 2023 beispielsweise wurden in China Onlinekäufe im Wert von fast 150 Milliarden US-Dollar getätigt.[6]

Aber sind wir uns als Konsumentinnen bewusst, wie viel CO_2-Emissionen wir durch unser Einkaufsverhalten an solch einem Tag verursachen? Ein kleines Rechenbeispiel soll hier ein wenig Licht ins Dunkle bringen: Gehen wir davon aus, dass jede Bestellung am Singles Day einen Wert von 50 US-Dollar hatte. Dann sind insgesamt drei Milliarden Bestellungen bei verkaufenden Firmen eingegangen. Wir wissen, dass bei einer Standard-Paketlieferung bis zur Haustür etwa 1,4 Kilogramm CO_2-Äquivalente (CO_2e) anfallen.[7] Verrechnen wir diese Zahl mit der Anzahl an Bestellungen, ergibt das in Summe 4,2 Millionen Tonnen CO_2e. Dies entspricht dem CO_2-Ausstoß von etwa 450 000 Deutschen.[8]

Dies ist ein eindrückliches Beispiel, wie viel Emissionen durch solch eine Aktion anfallen können. Gleichzeitig ist es natürlich ein Extrembeispiel. Vermitteln soll es, mit welchen Herausforderungen die Branche, aber auch wir als Konsumenten konfrontiert sind, um mittel- und langfristig zu einem nachhaltigeren Onlinehandel zu gelangen.

Der Vollständigkeit halber auch ein kurzer Blick auf die Herausforderungen, die die soziale Nachhaltigkeit betreffen. Faire Löhne, physisch fordernde Arbeitsbedingungen, unsichere Arbeitsverhältnisse und eine globale Lieferkette, bei der eine umfassende Transparenz sehr schwer zu erreichen ist. Dies sind nur einige allseits bekannte Beispiele, die nicht nur, aber eben auch die E-Commerce-Branche fordern.

Doch die gute Nachricht ist: das Auftreten und das Ausmaß dieser Faktoren hängt letztendlich von den Unternehmen in dieser Branche ab, die die Möglichkeit und zum Teil auch die Pflicht haben, sozialen und umweltbezogenen Herausforderungen entgegenzuwirken. Das seit dem 1. Januar 2024 in Deutschland geltende Lieferkettengesetz, welches für Unternehmen mit mindestens 1000 Beschäftigten zum Tragen kommt, ist hierbei ein bedeutsamer Vorstoß in die richtige Richtung. Es regelt die unternehmerische Verantwortung für die Einhaltung von Menschenrechten in globalen Lieferketten.[9] Außer Frage steht, dass große Unternehmen hier ganz andere Ressourcen und Möglichkeiten haben als kleinere Händler. Diese kämpfen ohnehin stark um ihre Wettbewerbsfähigkeit aufgrund der niedrigen Preise chinesischer Händler, die auf dem Markt zu Preisdumping und in der Konsequenz zu weiteren Margenverlusten führen.

Was kann also getan werden, um diesen Themen entgegenzuwirken? Neben einem wachsenden Bewusstsein für Nachhaltigkeit bieten gerade digitale und andere technologische Innovationen eine große Chance für positive Veränderungen, insbesondere im Hinblick auf die ökologische und soziale Dimension.

↘ EINBLICKE UND INSPIRATION

Inwiefern diese Situation mithilfe digitaler Lösungen für mehr Nachhaltigkeit verbessert werden kann, haben wir mit zwei Experten beleuchtet:

- Carsten Lützenkirchen arbeitet bei DHL Group, dem weltweit größten Logistikdienstleister, als Senior Vice President im Bereich DHL Customer Solutions & Innovation (CSI). Er und sein Team betreuen die Top-

100-Kunden der DHL-Gruppe dabei, ihre Lieferketten nachhaltiger zu gestalten.

- Linus Fries war Co-Founder und CEO von ARIVE, einer App, die Premium-Lifestyleprodukte in kurzer Zeit nach Hause zustellt. Das Start-up hatte sich auf nachhaltige Herstellung und Lieferung mit zu 100 Prozent nachhaltigen Fahrzeugen spezialisiert, wodurch traditionelle Transportmethoden obsolet wurden.

WIE KUNDENDATEN HELFEN KÖNNEN, DEAD STOCK ZU MINIMIEREN

Im Interview mit Carsten Lützenkirchen kam die Frage nach der Nachhaltigkeit chinesischer Onlinehändler auf. Neben all den Problemen, die Shein & Co. aufwerfen, betont Lützenkirchen auch ihr Geschäftsmodell rund um die sogenannte On-Demand-Produktion. Die Idee dahinter: Shein nutzt eine sogenannte Audience-Engagement-Technologie, um Trends und Nachfrage in ihrem Onlineshop und ihrer App zu identifizieren. So weit nichts Neues. Doch genau darauf basiert das Geschäftsmodell von Shein. Denn es steuert die gesamte Lieferkette. Ist die Nachfrage für ein Produkt identifiziert, wird diese »Vorhersage« an einen der 5000 Vertragsproduzenten geschickt. Typischerweise werden dann 100 bis 200 Stück produziert. Nur bei Erfolg folgt ein größerer Auftrag. Das Ergebnis: kein »Dead Stock«. Keine Produkte, die keiner haben will, und damit keine Verschwendung.

KI- UND IOT-LÖSUNGEN IN DER LAGERHALTUNG UND LOGISTIKZENTREN

Nach der Produktion werden Waren meist in Logistikzentren transportiert, wo sie bei Bestelleingang für Kunden verpackt und versandt werden.

Fortschrittliche Automatisierungssysteme wie die von Fabric werden von vielen E-Commerce-Unternehmen implementiert, so Linus Fries. Ihre Kombination aus Robotik, KI-gestützter Lagerverwaltung und platzsparender

3D-Lagertopologie optimiert die Kommissionierung und den Verpackungsprozess, steigert den Durchsatz, senkt Arbeitskosten und erhöht die Bestandsgenauigkeit. Solche Anwendungsfälle führen aber nicht nur zu Kostensenkungen, sondern auch zu einem geringeren CO_2-Ausstoß und somit zu einer umweltfreundlicheren Lagerhaltung.

Zalando betreibt beispielsweise zwölf Logistikzentren in Europa,[10] eines davon steht in Rotterdam und ist 140 000 Quadratmeter groß[11]. Zum Vergleich: Das entspricht der Größe von fast 20 Fußballfeldern. Intelligente Energiemanagementsysteme, die auf KI und IoT basieren, bieten hier erhebliche Einsparpotenziale. Bei unserer Recherche haben wir herausgefunden, dass DHL in Singapur mithilfe der Energiemanagement-Software von BeeBryte den Energieverbrauch eines Lagers um 29 Prozent senken konnte.[12] Auch Lösungen wie die von Kapacity.io nutzen prädiktive Wetterdaten, um Energie in günstigeren Zeitfenstern zu nutzen und den Verbrauch so weiter zu senken.

TRANSPARENTE EMISSIONSÜBERWACHUNG UND REDUKTION IM TRANSPORT

Im Gespräch mit Lützenkirchen fielen die Begriffe »burn less« und »burn clean« – zwei einprägsame Konzepte. Ersteres fokussiert sich auf die Optimierung bestehender Prozesse, um *weniger* Ressourcen zu verbrauchen, während letzteres auf den Einsatz *sauberer*, umweltfreundlicherer Technologien wie elektrische Fahrzeuge abzielt.

Die Digitalisierung ermöglicht es, den Burn-less-Ansatz durch transparente und effizienzsteigernde Prozesse zu unterstützen. Ein Beispiel dafür ist die Optimierung des Load-Faktors, also der Auslastung von Transportfahrzeugen. Durch die Bündelung von Transporten und die Verbesserung der Routenplanung kann der Energieverbrauch pro Kilometer deutlich gesenkt werden.

Eine weitere große Herausforderung ist die Transparenz entlang der Lieferketten. Ohne genaue Informationen über Emissionsquellen ist es schwer, gezielte Maßnahmen zur Reduktion zu ergreifen. Lützenkirchen verweist dabei auf digitale Tools wie das »GoGreen Dashboard«, eine Lösung von DHL. Diese Tools erfassen und analysieren Daten zu Energieverbrauch und Emissionen, was nicht nur dem Unternehmen hilft, nachhaltiger zu agieren, sondern auch den Kundinnen und Kunden ermöglicht, ihre eigenen Emissionen zu verstehen und zu reduzieren. Diese Dashboards sind darüber hinaus entscheidend, wenn es darum geht, den Erfolg von Reduktionsmaßnahmen in Echtzeit zu überwachen.

Auch bei der Routenoptimierung spielt KI eine zentrale Rolle. Durch die Analyse von Verkehrsdaten und anderen Variablen kann KI die effizientesten Routen für Lieferfahrzeuge ermitteln, was wiederum zur Reduktion von Emissionen beiträgt. Diese Optimierungen sind ein zentraler Bestandteil des Burn-less-Ansatzes und tragen maßgeblich zur nachhaltigen Transformation der Logistikbranche bei.

MIETEN STATT KAUFEN FÜR MEHR NACHHALTIGKEIT

Fries sieht in der Sharing Economy ein weiteres Element, das Nachhaltigkeit fördern kann. Unternehmen wie Grover ermöglichen es Kunden, Elektronikgeräte wie Laptops flexibel ab einer Laufzeit von einem Monat zu mieten. Auch Unternehmen wie strollme bieten eine ähnliche Lösung für (werdende) Eltern, die Kinderwagen und Fahrräder monatlich mieten können. Der Mietansatz ermöglicht den Konsumentinnen, Produkte zunächst auszuprobieren, bevor sie sie kaufen.

Die Sharing Economy bietet also einerseits Unternehmen die Möglichkeit, sich nachhaltig aufzustellen, und gibt den Konsumenten andererseits die Freiheit, Produkte flexibler zu nutzen, ohne dabei hohe Anschaffungskosten in Kauf nehmen zu müssen. Dieser Trend könnte langfristig dazu führen, dass weniger Produkte gekauft und stattdessen mehr gemietet werden, was einen positiven Einfluss auf das Retourenproblem und den Einsatz von Ressourcen hat.

EFFIZIENZSTEIGERUNGEN IN DER LETZTEN MEILE

Eine besondere Herausforderung im E-Commerce stellt die sogenannte »letzte Meile« dar, also die Zustellung der Ware an den Endkunden. Häufig ist der Endkunde nicht anzutreffen, weshalb der Prozess ineffizient und schwer zu optimieren ist. Packstationen, wie sie oftmals an verschiedenen Orten, wie vor dem Supermarkt, zu sehen sind, bieten eine Option, den Weg zum Endkunden zu verkürzen und damit Emissionen zu reduzieren. Durch das Scannen eines individuellen Strichcodes kann die Paketempfängerin an der Packstation ihr Paket jederzeit abholen.

Auch der Einsatz von Elektrofahrzeugen und kleineren, alternativen Transportmitteln wie Lastenfahrrädern wird vorangetrieben, wie es zum Beispiel ARIVE gezeigt hat. Diese sind zwar nicht digital per se, profitieren jedoch von digital unterstützten Netzwerken und Routenplanungstools, die sicherstellen, dass die nachhaltigeren Transportoptionen optimal genutzt und so Emissionen auf der letzten Meile weiter gesenkt werden.

WEGE ZUR REDUKTION VON VERPACKUNGSABFALL

Sobald ein Paket bei der Kundin eintrifft, stellt sich oft die Frage: Wie nachhaltig ist die Verpackung, und warum ist das Paket so groß? Dieses Problem betrifft oft die Versandverpackung, nicht die Produktverpackung. Fries hat mit ARIVE ein System entwickelt, das Verpackungsmüll reduziert, ähnlich wie bei Pizzalieferdiensten: Es wird nur die Produktverpackung (ähnlich einem Pizzakarton) geliefert, während die Versandverpackung (wie wiederverwendbare Isolierboxen) bei ARIVE verbleibt. Dadurch können die Produkte ohne zusätzliche Versandverpackung zugestellt werden, was erheblich zur Vermeidung von Verpackungsabfall beiträgt.

Ein weiteres Thema ist die Rückführung von Verpackungen. Lützenkirchen betonte im Gespräch, dass digitale Plattformen helfen, den Rückgabeprozess für Kunden zu erleichtern und gleichzeitig die Transparenz zu erhöhen, um sicherzustellen, dass Verpackungen effizient wiederverwendet oder recycelt werden. Ein Pfandsystem, wie es für Plastikflaschen existiert, könnte ein Lösungsansatz sein. Erste Versuche von DHL zeigen, dass die Bereitschaft zur Rücksendung von Mehrwegverpackungen gering ist. Das bestätigt auch eine Umfrage des Marktforschungsinstituts Civey – nur etwa ein Viertel der Befragten würde eine Mehrwegverpackung auch zurückgeben.[13]

Trotz dieser Hürden gibt es bereits Ansätze, die durch den Einsatz von KI und maschinellem Lernen optimiert werden können, indem Verpackungen durch 3D-Druck maßgeschneidert werden. Das reduziert den Materialverbrauch und macht die Logistik effizienter, da das Verpackungsvolumen minimiert wird.

VERMEIDUNG VON RETOUREN UND OPTIMIERUNG DES RETOURENPROZESSES

Retouren sind im E-Commerce eine zentrale ökonomische und ökologische Herausforderung. Allen voran im Bereich Fashion ist die Retourenquote sehr hoch und die Ware muss bei Rückversand nochmals aufbereitet oder schlimmstenfalls entsorgt werden.

Um Retouren zu vermeiden, arbeiten viele Onlinehändler nicht am Symptom, der Retoure, sondern setzen an der Ursache an: der richtigen Produktwahl. Fries erklärt im Gespräch, dass die Retourenquote stark von der Produktkategorie abhängt. Bei Kleidung und Schuhen sind vor allem die Größe und Passform ein Knackpunkt. Hierfür gibt es bereits seit einigen Jahren Lösungen wie das von Meta aufgekaufte Presize, die mittels AR und KI die passende Größe ermittelt. Auch KI-basierte personalisierte Produktempfehlungen können dabei helfen, (potenzielle) Kundinnen zum passenden Produkt zu leiten, und so die Wahrscheinlichkeit einer Rücksendung verringern.

Um den Retourenprozess zu optimieren, hat ARIVE laut Fries einen innovativen Ansatz gewählt: Retouren wurden als Stopps in das Routensystem eingeplant. Kurierfahrer nahmen bei der Zustellung von Produkten auf dem Weg auch Retouren mit, was den Prozess effizienter und umweltfreundlicher machte, da weder DHL noch ein anderer Paketdienst in den Prozess involviert wurde.

ZIRKULARITÄT IM E-COMMERCE

Ein elementarer Bestandteil von Lützenkirchens Arbeit ist die Förderung der Kreislaufwirtschaft, auch bekannt als Circular Economy, mit dem Ziel, den Produktlebenszyklus zu verlängern. DHL arbeitet hier mit globalen Consumer-Electronics-Herstellern zusammen. Zum Beispiel werden globale Prozesse etabliert, um eine lokale Reparatur von Laptops zu ermöglichen und diese wieder in den Verkauf zu bringen. Heute gibt es verschiedene automatisierte Systeme, die den Zustand zurückgegebener Produkte analysieren und entscheiden, ob eine Reparatur oder ein Recycling möglich ist. Lützenkirchen betont bei diesem Use Case, dass eine Verdopplung des Nutzungszeitraums eines Produkts nicht nur Ressourcen spart, sondern auch die Emissionen bei der Herstellung.

↘ LÖSUNGSWEGE UND AUSBLICK

Das bisher Beschriebene verdeutlicht die großen Herausforderungen im E-Commerce in Bezug auf Nachhaltigkeit entlang der gesamten Wertschöpfungskette. Hier braucht es ein Umdenken – nicht »Digitalisierung *oder* Nachhaltigkeit«, sondern »Digitalisierung *und* Nachhaltigkeit«.

DIGITALISIERUNG *UND* NACHHALTIGKEIT: DER SCHLÜSSEL ZUR TRANSFORMATION

Lützenkirchen sieht den Weg zu mehr Nachhaltigkeit im E-Commerce vor allem in einem Umdenken in vielen Bereichen. Während Nachhaltigkeit oft als Verzicht wahrgenommen wird und Digitalisierung mit Effizienz und Wachstum assoziiert ist, zeigt sich, dass beide Konzepte hervorragend Hand in Hand gehen können. Digitale Technologien bieten Unternehmen die Möglichkeit, nicht nur effizienter, sondern gleichzeitig umweltfreundlicher zu wirtschaften. Der Fokus muss also darauf liegen, diese Synergien zu nutzen, um sowohl ökologisch als auch ökonomisch nachhaltige Geschäftsmodelle zu schaffen.

DIGITALE TECHNOLOGIEN ALS TREIBER DER TRANSFORMATION

Neue und sich ständig weiterentwickelnde Technologien wie künstliche Intelligenz und das Internet der Dinge sind zentrale Werkzeuge für eine nachhaltigere Zukunft im E-Commerce. Sie ermöglichen es, die Ressourcennutzung zu optimieren und Emissionen zu senken. Wie bereits gezeigt, helfen intelligente Systeme dabei, den Energieverbrauch zu optimieren und Logistikprozesse in Echtzeit zu überwachen. Ineffizienzen können sofort erkannt und angepasst werden, wodurch sowohl die Effizienz als auch der ökologische Fußabdruck verbessert werden.

Ein spannendes Beispiel für die Nutzung von datenbasierter Entscheidungsfindung ist laut Lützenkirchen das Fast-Fashion-Unternehmen Shein, das durch »On-Demand-Produktion« Produktionsprozesse strafft und gezielt auf die Nachfrage der Kunden reagiert. Hier zeigt sich, wie Unternehmen durch präzise Datenanalysen nicht nur schnell auf Marktveränderungen reagieren, sondern gleichzeitig nachhaltigere Entscheidungen treffen können. Dies zeigt, dass Digitalisierung zum einen Effizienz, zum anderen aber auch ökologische Vorteile mit sich bringen kann, ohne die Wettbewerbsfähigkeit zu gefährden.

HERAUSFORDERUNGEN BEI DER INTEGRATION DIGITALER TECHNOLOGIEN

Lützenkirchen hebt jedoch hervor, dass die erfolgreiche Integration digitaler Technologien auch mit Schwierigkeiten verbunden ist. Unternehmen stehen vor der zentralen Aufgabe, neue Technologien kontinuierlich zu evaluieren und zu implementieren. Nur so können langfristig nachhaltigere Geschäftsmodelle entwickelt werden. Dies erfordert einerseits hohe finanzielle Investitionen und andererseits ein tiefgreifendes kulturelles Umdenken in den Organisationen. Der technologische Wandel muss von einer klaren Vision für Nachhaltigkeit begleitet werden, die in der gesamten Unternehmenskultur verankert ist.

DER KUNDE ALS SCHLÜSSEL ZUR TRANSFORMATION

Letztendlich hängt der Erfolg digitaler und nachhaltiger Ansätze nicht nur von Unternehmen, sondern auch von den Konsumentinnen ab. Wie das Beispiel der Rückführung von Verpackungen zeigt, bleibt die Umsetzung solcher Maßnahmen oft hinter den Erwartungen zurück. Ein Pfandsystem, ähnlich dem für Plastikflaschen, könnte zwar helfen, doch auch hier scheitern viele Modelle an der fehlenden Akzeptanz der Kunden. Fries betont, dass Nachhaltigkeit für viele noch ein Luxusproblem ist, das sich nicht alle leisten können oder wollen – vor allem im preislich sensiblen E-Commerce-Bereich.

Auch der Preisdruck durch internationale Wettbewerber, besonders aus China, trägt dazu bei, dass nachhaltige Lösungen oft unattraktiv erscheinen. Ein Beispiel hierfür ist ARIVE, das nachhaltige Verpackungen für einen Aufpreis von einem Euro angeboten hat. Die Kundinnen wählten diese Option jedoch nur selten, was zeigt, dass Preis und Bequemlichkeit für viele Konsumenten Vorrang haben.

Trotzdem schenkt ein Blick nach Skandinavien Hoffnung. Dort zeigt sich, dass ein verändertes Mindset seitens der Konsumentinnen zu einem höheren Anspruch an Nachhaltigkeit führt. In Ländern wie Dänemark, Schweden und Norwegen setzen Konsumenten auf umweltfreundliche und qualitativ hochwertige Produkte, was den Druck auf Unternehmen erhöht, nachhaltige Lösungen anzubieten. Diese Entwicklung verdeutlicht, dass die Veränderung des Kundenbewusstseins der Schlüssel zur Förderung von Nachhaltigkeit im E-Commerce ist.

DIE GROSSE VISION IM E-COMMERCE

Fries teilte zum Abschluss eine spannende Vision für die Zukunft des E-Commerce: *Was passiert, wenn es Playern gelingt, unabhängig von ihrer Ausgangsposition – sei es als Onlinehändler, Social-Media-Plattform oder Logistikanbieter –, eine holistische Lösung zu bieten, die Inspiration, Einkauf und Logistik miteinander verbindet?*

Folgende Beispiele zeigen, wie die vertikale Integration gelingt:

- Zalando hat 2022 das Streetwear-Magazin *Highsnobiety* erworben, um mit dessen etwa vier Millionen monatlichen Visits[14] als *Inspirationsquelle* für Mode zu dienen.
- TikTok hat im Herbst 2023 einen »TikTok Shop« etabliert, in dem seine weltweit 1,56 Milliarden Nutzerinnen und Nutzer[15] Produkte direkt auf TikTok über In-Feed-Videos, Live-Videos oder über den Tab »Showcase« einkaufen können. 2023 wurden darüber etwa 16 Milliarden US-Dollar in Südostasien und den USA umgesetzt.[16]
- Amazon hat sich in den letzten Jahren kontinuierlich weiterentwickelt und bietet als Onlinehändler Logistiklösungen an – von der Lagerhaltung über das Fulfillment bis hin zum Transport. Laut CNBC sind die Flottenzahlen für den Transport im Jahr 2021 wie folgt: über 40 000 Sattelschlepper, 30 000 Lieferwagen und über 70 Flugzeuge.[17]

Vertikale Integration schafft nicht nur Effizienzgewinne für die Unternehmen, sondern erhöht auch den Druck auf Produzenten und Dienstleister, nachhaltigere Lösungen anzubieten. Unternehmen, die sowohl die Inspiration als auch den Einkauf und die Logistik kontrollieren, können mehr Einfluss auf nachhaltige Prozesse nehmen und so die gesamte Wertschöpfungskette grüner gestalten.

Der E-Commerce steht vor einer bedeutenden Herausforderung: Wie lassen sich der durch aggressive Preis- und Marketingstrategien angekurbelte Konsum regulieren und gleichzeitig die damit verbundenen negativen ökologischen und sozialen Auswirkungen minimieren?

Eines ist sicher: Der E-Commerce wird bleiben. Unser Einkaufsverhalten hat sich, nicht zuletzt durch den Boom während der Covid-19-Pandemie, nachhaltig verändert. Doch technologische Innovationen und nachhaltige Praktiken bieten Lösungen. KI, Big Data und IoT spielen eine Schlüsselrolle, angefangen bei der Energieeffizienz von Lagerhallen und Logistikzentren bis hin zur Optimierung der letzten Meile und des Retourenmanagements.

Die Anstrengungen im E-Commerce hängen allerdings auch maßgeblich vom Verhalten der Kundschaft ab. Wie hoch ist ihre Bereitschaft, beispielsweise Retouren zu vermeiden, das heißt, nur eine statt zwei Größen zu bestellen oder digitale Lösungen zur Größenfindung zu nutzen? Ähnlich verhält es sich mit der Rücksendung von Mehrwegverpackungen. Ein nachhaltiges Kunden-Mindset ist hier entscheidend, um den Druck auf Unternehmen zu erhöhen, umweltfreundliche Lösungen zu entwickeln.

Gleichzeitig besteht auf Unternehmensseite Handlungsbedarf. Die Integration nachhaltiger und digitaler Prozesse erfordert nicht nur hohe Investitionen, sondern auch ein Umdenken in der Unternehmenskultur und Organisation. Die Bereitschaft, neue Technologien kontinuierlich zu evaluieren und zu implementieren, ist essenziell für langfristigen Erfolg.

Vertikale Integration, bei der Unternehmen den gesamten Prozess von der Inspiration über den Verkauf bis hin zur Logistik kontrollieren, könnte die Zukunft des nachhaltigen E-Commerce prägen. Einige konkrete Beispiele haben gezeigt, dass diese Art der Integration nicht nur Effizienzgewinne mit sich bringt, sondern auch den Druck auf Lieferanten und Dienstleister erhöht, um nachhaltigere Lösungen anzubieten. Unternehmen, die diese Vision verfolgen, können effizientere und umweltfreundlichere Wertschöpfungsketten schaffen, die ihnen gleichzeitig dabei helfen, wettbewerbsfähig zu bleiben.

Es wird deutlich: Digitalisierung und Nachhaltigkeit müssen auch im Bereich E-Commerce Hand in Hand gehen, um die Zukunft der Branche umweltfreundlicher und nachhaltiger zu gestalten.

ANMERKUNGEN

1 U. Bashir: Rücksendung von Online-Bestellungen in Deutschland 2024, 2024 (https://de.statista.com/prognosen/999860/deutschland-ruecksendung-von-online-bestellungen).

2 Appinio Research: Geschäft vs. Online Shopping: So shoppen Deutsche im internationalen Vergleich, 2022 (https://www.appinio.com/de/blog/insights/ladengeschaeft-vs-online-shopping-statistiken#:~:text=68%25%20der%20Deutschen%20shoppen%20oder,Prozent%20pr%C3%A4ferieren%20reines%20Offline%20Shopping).

3 Statista Research Department: Umsatz durch E-Commerce (B2C) in Deutschland in den Jahren 1999 bis 2023 sowie eine Prognose für 2024, 2024 (https://de.statista.com/statistik/daten/studie/3979/umfrage/e-commerce-umsatz-in-deutschland-seit-1999/).

4 Statista Research Department: Umsatz von Amazon weltweit vom 1. Quartal 2007 bis zum 2. Quartal 2024, 2024 (https://de.statista.com/statistik/daten/studie/197099/umfrage/nettoumsatz-von-amazoncom-quartalszahlen/#:~:text=Amazon%2DUmsatz%20in%20Deutschland,im%20deutschen%20Online%2DHandel%20%C3%BCber).

5 M. Kastenhuber: Das sind die zehn beliebtesten Onlineshops in Deutschland – nach Umsatz. *Business Insider*, 2024 (https://www.businessinsider.de/insider-picks/die-beliebtesten-online-shops-deutschland/#:~:text=Der%20mit%20gro%C3%9Fem%20Abstand%20beliebteste Apple%2C%20Ikea%20und%20Lidl*.).

6 C. Hall & Reuters: China's Singles Day festival wraps up with $156B in estimated sales, Alibaba and JD.com reporting growth amid low expectations. *Fortune*, 2023 (https://fortune.com/asia/2023/11/12/china-singles-day-ends-alibaba-jd-com-report-growth/).

7 bevh: Pressemitteilung: »OeNO« zeigt kompletten CO_2-Fußabdruck einer Online-Bestellung, 2023 (https://bevh.org/detail/oeno-zeigt-kompletten-co2-fussabdruck-einer-online-bestellung).

8 Annahme: Im Jahr 2016 produzierte Deutschland 9,2 Tonnen CO_2-Äquivalente pro Kopf. Hierzu: Quarks: CO_2 in Zahlen – was ist viel, was ist wenig? 2019 (https://www.quarks.de/umwelt/klimawandel/co2-in-zahlen-was-ist-viel-was-ist-wenig/).

9 Bundesministerium für Arbeit und Soziales: Gesetz über die unternehmerischen Sorgfaltspflichten in Lieferketten, 2024 (https://www.bmas.de/DE/Service/Gesetze-und-Gesetzesvorhaben/Gesetz-Unternehmerische-Sorgfaltspflichten-Lieferketten/gesetz-unternehmerische-sorgfaltspflichten-lieferketten.html#:~:text=Das%20Lieferkettengesetz%20im%20%C3%9Cberblick&text=Es%20verpflichtet%20Unternehmen%20in%20Deutschland,Handeln%20weiterer%20(mittelbarer)%20Zulieferer).

10 Zalando: Ein Blick hinter die Kulissen: So funktioniert die Logistik bei Zalando, o. D. (https://corporate.zalando.com/de/ueber-uns/zalando-logistik).

11 Zalando: Zalando versendet erstes Paket aus neuem Logistikzentrum in den Niederlanden, 2021 (https://corporate.zalando.com/de/company/zalando-versendet-erstes-paket-aus-neuem-logistikzentrum-den-niederlanden).

12 DHL: Next on the green agenda for logistics: Energy-efficient warehouses, 2019 (https://lot.dhl.com/next-on-the-green-agenda-for-logistics-energy-efficient-warehouses/).

13 H. Sieger: Mehrwegverpackungen im E-Commere: Deutsche Verbraucher sind offen dafür. *e-commerce magazin*, 2023 (https://www.e-commerce-magazin.de/mehrwegverpackungen-im-e-commere-deutsche-verbraucher-sind-offen-dafuer-a-1c18f6e2aecf40effb1652d1118abe8f/).

14 Similarweb, 2024.

15 Statista Research Department: Ranking der größten Social Networks und Messenger nach der Anzahl der Nutzer im Januar 2024, 2024 (https://de.statista.com/statistik/daten/studie/181086/umfrage/die-weltweit-groessten-social-networks-nach-anzahl-der-user/).

16 F. Kolf, C. Thier, T. Jahn: Tiktok Shop bedroht den E-Commerce – Deutschland-Start verschoben. *Handelsblatt*, 2024 (https://www.handelsblatt.com/unternehmen/handel-konsumgueter/tiktok-shop-video-plattform-verschiebt-start-in-deutschland/100054704.html).

17 K. Tarasov: Amazon is now shipping cargo for outside customers in its latest move to compete with FedEx and UPS. *CNBC*, 2021 (https://www.cnbc.com/2021/09/04/how-amazon-is-shipping-for-third-parties-to-compete-with-fedex-and-ups.html).

Die Beauty-Industrie

Nachhaltig schön

Denny Münchow und Darja Wild

↘ AUSGANGSLAGE UND HERAUSFORDERUNGEN

Hautpflege, Haarpflege oder dekorative Kosmetik – die Schönheitsindustrie hat einen festen Platz in unserem Alltag und bedient das universelle Bedürfnis nach Selbstpflege und persönlichem Ausdruck. Beauty-Produkte sind aus den Regalen der Geschäfte und unseren Badezimmerschränken nicht mehr wegzudenken. Dabei profitiert die Schönheitsindustrie vom zunehmenden Konsumismus und dem Wunsch nach ewiger Jugend – Themen, die sich immer mehr im modernen Lebensstil verankern.

Die Produktvielfalt ist immens und bedient längst nicht mehr nur eine bestimmte Zielgruppe, sondern ist für alle Menschen relevant, unabhängig von Geschlecht oder Alter. Laut der Marktforschungsfirma Euromonitor International erreichte der Beauty-Sektor im Jahr 2023 einen Gesamtwert (Umsatz) von über 617,2 Milliarden US-Dollar. Für 2024 wird ein Anstieg auf 670,8 Milliarden US-Dollar prognostiziert, mit einer jährlichen Wachstumsrate von neun Prozent.[1] Damit ist die Schönheitsindustrie nicht nur ein ständiger Begleiter in unserem Leben, sondern auch ein wirtschaftlicher Gigant. Hinter den Marken und Produkten stehen große Namen wie L'Oréal, Unilever, Estée Lauder oder Procter & Gamble, die ihre Marktführerschaft durch kontinuierliche Innovation und Anpassung an sich wandelnde Verbrauchertrends behaupten.[2] Gleichzeitig entwickelt sich die Schönheitsindustrie rasant weiter durch den Aufstieg des E-Commerce und digitaler Marketingstrategien, wobei Onlineverkäufe von Kosmetikprodukten 17,09 Milliarden US-Dollar erreichten und Beauty Brands im Jahr 2022 schätzungsweise 7,7 Milliarden US-Dollar für Werbung ausgaben.[3]

Trotz all ihrer verlockenden Produkte hat die Schönheitsindustrie auch eine weniger sichtbare, aber gravierende Schattenseite: ihre erhebliche Umweltbelastung. Die Produktion von Kosmetika liegt in Bezug auf die Gesamtemissionen direkt hinter der Luftfahrt und macht jährlich etwa ein Prozent der globalen Treibhausgasemissionen aus.[4] Während die Branche Jahr für

Jahr höhere Gewinne einfährt, entstehen enorme ökologische Schäden, die zunehmend schwerer zu ignorieren sind. Vor allem der immense Plastikmüll, der Einsatz von Mikroplastik, die Abholzung von Wäldern für Inhaltsstoffe wie Palmöl, der exzessive Wasserverbrauch sowie viele tierische Inhaltsstoffe sind nur einige der Probleme, die dieser Wirtschaftszweig verursacht. Die Liste lässt sich fortführen.

Beginnen wir mit einem Thema, das wohl (leider) allen von uns bekannt ist: Plastik. Verpackungen von Schönheitsprodukten, die oft nur einmalig verwendet werden, landen fast immer im Müll. Hier ein Shampoo, da ein Make-up-Fläschchen – diese Produkte haben zwar eine kurze Lebensdauer, doch die Verpackungen bleiben uns lange erhalten, meist in Form von Plastikmüll, der auf Deponien, in Ozeanen und sogar in unseren Böden und Flüssen landet. Laut einer Studie des British Beauty Council werden nur 14 Prozent dieses Plastikmülls überhaupt zur Wiederverwertung geschickt, und weniger als zehn Prozent davon werden tatsächlich recycelt.[5] Laut der Umweltschutzbehörde der Vereinigten Staaten tragen Schönheitsprodukte erheblich zur Plastikverschmutzung bei, da jährlich etwa 120 Milliarden Verpackungseinheiten allein aus der Beauty-Industrie stammen.[6] Dies führt dazu, dass der Plastikmüll aus Kosmetikverpackungen nicht nur die Deponien überflutet, sondern auch in die Ozeane gelangt, wo er Schäden an marinen Lebensräumen verursacht und die Gesundheit von Meeresbewohnern beeinträchtigt. Plastikmüll im Ozean stellt ein gravierendes Umweltproblem dar, weil sich Plastik nicht biologisch zersetzt, sondern in immer kleinere Partikel zerfällt, die als Mikroplastik bekannt sind.[7] Diese Mikroplastikpartikel werden von Meereslebewesen aufgenommen und verursachen gesundheitliche Probleme wie Entzündungen und Verdauungsstörungen. Die Verschmutzung beeinträchtigt die gesamte marine Nahrungskette und kann durch die Aufnahme von Mikroplastik durch Fische, die wir essen, auch gesundheitliche Risiken für Menschen nach sich ziehen. Zusätzlich setzt Plastik schädliche Chemikalien wie BPA und Phthalate frei, die die Wasserqualität verschlechtern und langfristig sowohl das marine Ökosystem als auch die menschliche Gesundheit gefährden.[8]

Mikroplastik steckt nicht nur in Verpackungen, sondern ist auch oft in Produkten wie Peelings oder Zahnpasta selbst enthalten und gelangt über das Abwasser in unsere Flüsse und Meere. Da die Partikel so klein sind, entgehen sie häufig den Filtern der Kläranlagen und enden direkt in den Ozeanen. Eine Untersuchung der Plastic Soup Foundation zeigte, dass von über 7000 untersuchten Schönheitsprodukten nur 13 Prozent völlig frei von Mikroplastik waren. Das ist erschreckend, wenn man bedenkt, dass diese unsichtbaren Partikel mittlerweile fast überall zu finden sind – von der Tiefsee bis ins arktische Eis.[9]

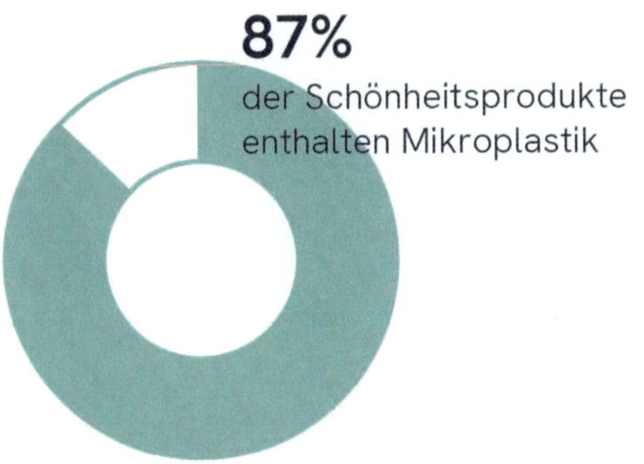

Ein weiteres, häufig übersehenes Problem stellt die massive Abholzung von Wäldern dar, die durch die Nachfrage nach Rohstoffen wie Palmöl für Schönheitsprodukte vorangetrieben wird. Palmöl, ein wesentlicher Bestandteil vieler Kosmetika, wird hauptsächlich in tropischen Regionen wie Indonesien und Malaysia produziert, wo immense Flächen Regenwald für Plantagen gerodet werden. Weltweit gingen seit 1990 etwa 420 Millionen Hektar Wald durch Abholzung verloren. In Südostasien wurden 45 Prozent der Ölpalmenplantagen auf Flächen eingerichtet, die 1989 noch bewaldet waren. Speziell in Indonesien stammen 54 Prozent dieser Plantagen aus ehemaligen Waldgebieten, während es in Malaysia 40 Prozent sind.[10] Diese Abholzung bedroht nicht nur den Lebensraum zahlreicher bedrohter Arten wie des Sumatra-Tigers, sondern beeinträchtigt auch die Fähigkeit der Wälder, CO_2 aus der Atmosphäre zu absorbieren. Durch die Zerstörung der Wälder wird gespeichertes CO_2 freigesetzt, was den Treibhauseffekt verstärkt und den globalen Klimawandel beschleunigt. Darüber hinaus führt die Abholzung zu einem Verlust der biologischen Vielfalt und destabilisiert lokale Wetter- und Wasserzyklen, was langfristige ökologische Konsequenzen für die betroffenen Regionen hat.[11] Die kosmetische Industrie trägt somit nicht nur zur direkten Umweltverschmutzung bei, sondern verschärft auch die globalen Herausforderungen im Bereich Klimawandel und Artensterben.

Die Erdoberfläche ist zu etwa 70 Prozent mit Wasser bedeckt – da brauchen wir uns doch keine Sorgen um Wasserknappheit zu machen, oder? Doch. Trotz der großen Wassermengen in den Ozeanen ist etwa einer von zehn Menschen weltweit von Wassermangel betroffen, und rund 30 Prozent des aufbereiteten Wassers werden global betrachtet verschwendet. Diese Verschwendung beeinträchtigt nicht nur die Landwirtschaft und erhöht den Energieverbrauch, sondern schädigt auch aquatische Ökosysteme. Die Schönheitsindustrie verbraucht schätzungsweise etwa 120 Milliarden Liter Wasser jährlich (Stand 2023).[12] Dieses Wasser wird in mehreren Phasen des Produktionsprozesses benötigt, von der Rohstoffverarbeitung bis zur Reinigung der Maschinen. Kosmetikprodukte selbst können einen erheblichen Anteil an Wasser enthalten, der häufig zwischen 60 Prozent und 85 Prozent der Formulierung ausmacht. Produkte, die abgespült werden, wie Shampoos und Duschgels, können sogar bis zu 95 Prozent Wasser enthalten.[13] Dieser hohe Wasserverbrauch ist besonders kritisch in Regionen, die bereits unter Wasserknappheit leiden – etwa vier Milliarden Menschen (was fast zwei Dritteln der Weltbevölkerung entspricht) erleben in mindestens einem Monat des Jahres eine starke Wasserknappheit.[14]

Die Produktion und der Transport von Schönheitsprodukten tragen ebenfalls erheblich zu den globalen Kohlenstoffemissionen bei. Laut Carbon Trust entfallen jedoch die meisten Emissionen in der Schönheitsindustrie auf zwei Hauptquellen: die Beschaffung von Materialien für Produkte und Verpackungen sowie die Nutzung der Produkte durch die Verbraucherinnen und

Verbraucher. Die Studie zeigt, dass 59 Prozent der Emissionen auf die Nutzung von heißem Wasser beim Waschen der Produkte zurückzuführen sind, wobei dieses Wasser oft mit fossilen Brennstoffen erhitzt wird. Der verbleibende Teil, etwa 30 Prozent, resultiert aus der Beschaffung der Rohstoffe.[15]

Schließlich gibt es noch das heikle Thema tierischer Inhaltsstoffe, die in vielen Schönheitsprodukten verwendet werden, wie zum Beispiel Kollagen. Als essenzielles Protein kann Kollagen die Hautelastizität verbessern und Falten reduzieren, weshalb es häufig in Anti-Aging-Cremes, -Seren und -Masken zu finden ist und für seine verjüngenden Eigenschaften geschätzt wird. Kollagen wird aus den Knochen, Knorpeln und Häuten geschlachteter Rinder und Schweine gewonnen, wobei Brasilien aufgrund seiner großen Rinder- und Lederindustrie einer der weltweit größten Produzenten ist. Die Rinderhaltung wiederum verursacht erhebliche Methanemissionen, die zur Erderwärmung beitragen. Die Viehwirtschaft, die unter anderem für die Produktion von Kollagen notwendig ist, verursacht rund 14,5 Prozent der globalen Treibhausgasemissionen.[16] Zudem führt die Ausweitung der Weideflächen zur Abholzung von Wäldern, insbesondere im Amazonasgebiet Brasiliens, wo große Flächen Regenwald für die Rinderzucht gerodet werden. Die Umweltkosten der Schönheitsindustrie erstrecken sich somit weit über das hinaus, was auf den ersten Blick sichtbar ist.

Die Herausforderungen, welche die Schönheitsindustrie im Hinblick auf die Nachhaltigkeit zu bewältigen hat, sind immens. Dabei werden alle drei Dimensionen der Nachhaltigkeit – sozial, ökonomisch und ökologisch – tangiert. Doch genau hier liegt auch die Chance für die Branche, sich neu zu erfinden und den Weg in eine nachhaltigere Zukunft zu ebnen. Es gilt, traditionelle Praktiken zu überdenken und radikal zu verändern. Die Schönheitsindustrie hat das Potenzial, nicht nur das äußere Erscheinungsbild zu verschönern, sondern auch einen positiven Beitrag zur Bewahrung unseres Planeten zu leisten. Die Frage ist nicht, ob die Branche diesen Wandel vollziehen kann, sondern wann und wie entschlossen sie ihn angehen wird. Der

Druck vonseiten der Verbraucher wächst, und die Zeichen der Zeit stehen auf Veränderung. Jetzt ist es an der Zeit, dass die Beauty-Industrie Verantwortung übernimmt und die Schönheit, die sie verspricht, mit einem tieferen Verständnis für die Umwelt verbindet.

Die nächste Phase dieses Wandels wird maßgeblich von den technologischen Möglichkeiten geprägt sein, die der Branche zur Verfügung stehen. Innovative Technologien könnten nicht nur die Produktion effizienter gestalten, sondern auch neue Wege für umweltfreundliche Praktiken eröffnen.

↘ EINBLICKE UND INSPIRATION

Die Schönheitsindustrie steht vor einer entscheidenden Herausforderung: Sie muss ihren ökologischen Fußabdruck drastisch verringern. Technologische Innovationen haben in den letzten Jahren begonnen, Lösungen für viele der größten Probleme der Branche anzubieten, von Verpackungsabfällen bis hin zu umweltschädlichen Inhaltsstoffen. Einige der neuesten und bahnbrechendsten Ansätze haben besonders in den Jahren 2023 und 2024 die nachhaltige Transformation der Beauty-Branche vorangetrieben. Diese Beispiele verdeutlichen, dass die Twin Transformation in der Schönheitsindustrie bereits in vollem Gange ist. Die intelligente Kombination von Biotechnologie, künstlicher Intelligenz und nachhaltigen Produktionsmethoden ebnet den Weg für eine umweltfreundlichere Zukunft der Branche, in der sowohl Unternehmen als auch Verbraucherinnen profitieren können.

Unternehmen wie L'Oréal und The Body Shop setzen auf biobasierte und recycelbare Materialien, um die 120 Milliarden Verpackungseinheiten, die jährlich von der Branche produziert werden, drastisch zu reduzieren.[17] Bioplastik und nachwachsende Rohstoffe sind wichtige Ansätze, um den Kunststoffverbrauch zu senken.

DEEP DIVE: NACHHALTIGE VERPACKUNGEN

Eine besonders spannende Entwicklung ist der Einsatz von PolyEarthylene, einem Material aus kompostierbarem Bioharz, das sich innerhalb von drei Jahren auf Mülldeponien abbauen kann. Unternehmen wie Verde und Dow entwickeln innovative Materialien wie biobasierte Polymere und chemisch recycelbare Kunststoffe, die den Einsatz von umweltschädlichen Chemikalien in Verpackungen und Produkten reduzieren. Diese neuen Technologien tragen zur Förderung der Kreislaufwirtschaft bei, indem sie die Lebensdauer von Verpackungen verlängern und gleichzeitig die Emissionen senken. Es wird auch insgesamt mehr Wert auf ökologische Verpackungen gelegt wie beim Iconic Woodacity Lippenstift von Quadpack, der in einem nachfüllbaren Holzetui aus nachhaltig bewirtschafteten Wäldern kommt. Solche Innovationen fördern nicht nur die Kreislaufwirtschaft, sondern senken auch den CO_2-Ausstoß erheblich.[18]

Baralan bietet nachfüllbare Glasbehälter an, die mit einem speziellen Inner Cup ausgestattet sind, der den Austausch von Inhaltsstoffen erleichtert und somit die Lebensdauer der Verpackung verlängert. SGD Pharma hat mit seiner Nova-Leichtglasflasche ein weiteres Produkt auf den Markt gebracht, das im Vergleich zu herkömmlichen Flaschen 20 Prozent weniger CO_2-Emissionen verursacht.

Rissmann hat zudem eine recycelbare Flip-Lid-Box ohne Magnet entwickelt, die aus FSC-zertifiziertem Papier besteht und das Recycling erleichtert. All diese Entwicklungen sind Teil der Bemühungen, den CO_2-Fußabdruck der Schönheitsindustrie zu verringern und den steigenden Anforderungen der Verbraucher nach umweltfreundlichen Verpackungen gerecht zu werden. Laut einer Studie von Nielsen sind 62 Prozent der Verbraucherinnen und Verbraucher der Meinung, dass Nachhaltigkeit heute wichtiger ist als vor zwei Jahren, und 64 Prozent suchen aktiv nach nachfüllbaren Verpackungen.[19] Diese Innovationen im Bereich der Verpackungsgestaltung machen schon einmal Mut.

Aber es gibt noch mehr: Insbesondere in den Bereichen Hautpflege und Kosmetik investieren Marken wie Izzy Beauty in zirkuläre Verpackungssysteme, bei denen Verbraucher leere Behälter zurückschicken können, um sie wiederzuverwenden, was zu einer Reduktion der Emissionen um bis zu 85 Prozent führen kann.[20] Außerdem setzen große Marken wie Sephora und L'Oréal zunehmend auf Augmented Reality (AR), die ihrer Kundschaft ermöglicht, Make-up-Produkte virtuell auszuprobieren. Diese Technologie verringert nicht nur Fehlkäufe, sondern auch Retouren, was den CO_2-Ausstoß im Versandprozess erheblich reduziert. So hilft Digitalisierung, den ökologischen Fußabdruck zu verkleinern, und verbessert gleichzeitig das Kundenerlebnis. Ein weiterer innovativer Ansatz ist die Entwicklung von wasserlosen Kosmetikprodukten wie festen Shampoos und Cremes. Diese Produkte benötigen nicht nur weniger Wasser in der Produktion, sondern auch weniger Verpackung, was wiederum den Einsatz von Plastik minimiert. Marken wie Forgo haben sogar auflösbare Verpackungen entwickelt, die vollständig biologisch abbaubar sind und keine Rückstände hinterlassen.[21]

Natürlich können wir an dieser Stelle nicht auf alle Innovationen und Unternehmen eingehen, sondern wollen im Folgenden vor allem Ansätze fokussieren, die aus unserer Sicht auch skalierbar sind und somit einen größeren potenziellen Impact haben.

Wenn man sich eingehender mit innovativen, nachhaltigen Verpackungslösungen in der Schönheitsindustrie befasst, rückt ein Unternehmen wie Aveda in den Fokus. Aveda, eine Marke unter dem Dach von Estée Lauder, hat sich durch ihre kontinuierlichen Bemühungen um ökologische Nachhaltigkeit und innovative Verpackungstechnologien in der Schönheitsbranche hervorgetan. Sie ist ein Vorreiter in der Verwendung von zu 100 Prozent recyceltem Post-Consumer-Kunststoff für ihre Verpackungen, wodurch über 1,3 Millionen Kilogramm Neumaterial eingespart und der CO_2-Fußabdruck signifikant gesenkt werden konnte.[22] Darüber hinaus entwickelt Aveda biologisch abbaubare und kompostierbare Verpackungen, die in den natürlichen Kreislauf zurückgeführt werden können, ohne die Umwelt zu belasten. Besonders innovativ ist das nachfüllbare System von Aveda, das es Kunden ermöglicht, ihre Behälter wiederzuverwenden, was den Verpackungsmüll erheblich reduziert. Außerdem hat Aveda ein Recyclingprogramm mit Terracycle eingeführt, um schwer recycelbare Verpackungen zurückzuführen und somit einen geschlossenen Kreislauf zu schaffen.[23]

Innovative Verpackungslösungen sind ein wichtiger Teil der Twin Transformation der Schönheitsindustrie. Wild hat die weltweit erste 100 Prozent plastikfreie, kompostierbare Flasche für Körperpflegeprodukte entwickelt, die zu 70 Prozent aus Bambusstärke und zu 30 Prozent aus pflanzlicher Stärke aus landwirtschaftlichen Abfällen besteht und in nur sechs Monaten biologisch abgebaut werden kann.[24] Elemis nutzt biologisch abbaubare Probenverpackungen, die aus Pflanzenabfällen hergestellt werden und die Verwendung von Einwegplastik reduzieren. Daye bietet nachhaltige Tampons mit wasserlöslichen Papierverpackungen, die sich fast sofort auflösen und keinerlei schädliche Rückstände hinterlassen.[25] All diese Lösungen sind Teil der breiten Bewegung zur Reduzierung von Plastikabfällen und zur Förderung von Kreislaufwirtschaft in der Schönheitsbranche.

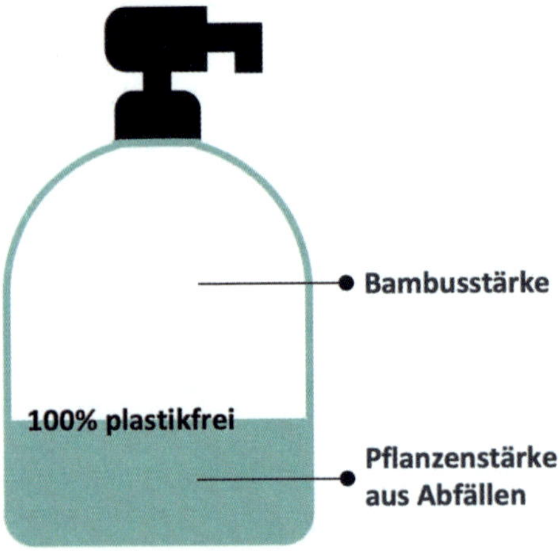

Ein weiteres herausragendes Beispiel für technologisch innovative und nachhaltige Kosmetikverpackungen ist das finnische Start-up Sulapac, das sich auf vollständig biologisch abbaubare Verpackungen spezialisiert hat. Sulapac wurde 2016 von den Biochemikerinnen Laura Tirkkonen-Rajasalo und Suvi Haimi gegründet und zielt darauf ab, die Abhängigkeit der Kosmetikindustrie von erdölbasierten Kunststoffen zu reduzieren. Mit seiner innovativen Technologie stellt das Unternehmen Verpackungen aus biobasierten Materialien wie Holzspänen und pflanzlichen Biopolymeren her, die recycelt oder industriell kompostiert werden können und im Kreislaufsystem verbleiben. Sollte eine solche Verpackung unsachgemäß entsorgt werden und in die Natur gelangen, zersetzt sie sich ähnlich schnell wie Blätter oder Holz, was zur Vermeidung von Mikroplastik und Umweltverschmutzung beiträgt.[26] Durch den Einsatz von Reststoffen aus anderen Produktionsprozessen gelingt es Sulapac außerdem, die Abhängigkeit von Primärressourcen zu verringern.

Ein weiterer großer Vorteil von Sulapac ist, dass die Verpackungen nicht nur umweltfreundlich, sondern auch funktional und ästhetisch ansprechend sind. Das Unternehmen arbeitet mit namhaften Marken wie Chanel und Shiseido zusammen, die seine Verpackungslösungen bereits übernommen haben. Diese Marken erkennen das Potenzial der biobasierten Materialien, sowohl die Kundenansprüche an nachhaltige Verpackungen zu erfüllen als auch ihre ökologischen Fußabdrücke zu minimieren. In Anbetracht der Verpackungsverordnung der EU, die besagt, dass bis 2030 alle Verpackungen recycelbar oder wiederverwendbar sein müssen, haben sich Kosmetikfirmen auf den Wandel einzustellen, und Vorreiter-Unternehmen wie Sulapac bieten ihnen innovative und nachhaltige Lösungen.

Bei einem jährlichen globalen Plastikverbrauch von 460 Millionen Tonnen, von denen Verpackungen den größten Anteil ausmachen, bietet Sulapac eine wirkungsvolle Alternative zu herkömmlichen Kunststoffen. Durch den Einsatz solcher nachhaltigen Verpackungen können jedes Jahr zahlreiche Tonnen CO_2 eingespart werden, und die Verwendung von Mycelium, das in nur sieben Tagen gezüchtet und in 45 Tagen kompostiert werden kann, setzt neue Standards in der industriellen Kompostierbarkeit. Sulapac zeigt, dass technologische Innovationen und Nachhaltigkeit in der Kosmetikindustrie Hand in Hand gehen können, ohne Kompromisse bei Funktionalität oder Ästhetik einzugehen.

DEEP DIVE: LAB-GROWN INHALTSSTOFFE MITHILFE VON KI & BIO-TECH

Ein besonders innovativer technologischer Fortschritt auf dem Weg zu mehr Nachhaltigkeit in der Beauty-Industrie ist die Herstellung von Produktinhaltsstoffen im Labor, die nicht nur nachhaltiger sind, sondern auch neue Möglichkeiten für Produktformulierungen bieten. Dies ermöglicht es Firmen, auf umweltschädliche Methoden wie die Gewinnung tierischer Produkte zu verzichten und gleichzeitig qualitativ hochwertige Ergebnisse zu erzielen – und teilweise sogar Produkte mit zusätzlichen Features zu kreieren.

Jung zu sein, oder zumindest jung auszusehen, ist seit jeher ein zentrales Thema in unserer Gesellschaft. Schon im Märchen wussten Hexen und Könige um die magische Kraft, die ewige Jugend verleiht. Im realen Leben ist Kollagen, ein essenzielles Protein, das als »Zaubertrank« für straffe, jugendliche Haut gilt, wohl das modernste Pendant dazu. Kollagen ist besonders bekannt für seine Anti-Aging-Eigenschaften. Es unterstützt die Hautelastizität, fördert die Hydratation und reduziert Falten – genau die Eigenschaften, die in der Schönheitsindustrie so heiß begehrt sind. Aber das ist noch nicht alles: Kollagen ist auch wichtig für die Stärkung von Haaren und Nägeln sowie für die Unterstützung der Gelenkgesundheit.

Es gibt Hoffnung auf positive Veränderung durch die Einführung von laborgeneriertem Kollagen – eine Technologie, die das Potenzial hat, die Schönheitsindustrie nachhaltig zu transformieren. Ein entscheidender Vorteil von laborgeneriertem Kollagen liegt in seinem drastisch geringeren Wasserverbrauch.[27] Angesichts der Tatsache, dass die Schönheitsindustrie jährlich etwa elf Millionen Tonnen Wasser verbraucht, könnte die Einführung von laborgeneriertem Kollagen einen erheblichen Beitrag zur Reduzierung des Wasserverbrauchs leisten.[28] Auch im Hinblick auf die Methanemissionen erweist sich laborgeneriertes Kollagen als bedeutend umweltfreundlicher. Die traditionelle Kollagenproduktion aus tierischen Quellen, wie Rinderhäuten und Knochen, ist mit erheblichen ökologischen Auswirkungen verbunden.

Ein einzelnes Rind kann täglich etwa 100 bis 200 Liter Methan ausstoßen, was einen erheblichen Beitrag zu den globalen Treibhausgasemissionen leistet.[29] Da die Herstellung von Kollagen im Labor keine Viehzucht erfordert, werden diese Methanemissionen vollständig vermieden. Die Kollagenindustrie ist in Brasilien stark mit der Rinderzucht verknüpft, einem bedeutenden Faktor für die Abholzung des Amazonas-Regenwaldes.

Cambrium, ein Berliner Biotechnologieunternehmen, hat sich als Vorreiter in der Entwicklung von laborgezüchtetem Kollagen positioniert. Dieses innovative Kollagen, genannt NovaColl™, ist ein innovatives Kollagen, das durch Präzisionsfermentation hergestellt wird. Diese fortschrittliche Methode nutzt Mikroorganismen, die so modifiziert werden, dass sie Kollagen produzieren, das in seiner Struktur und Funktion identisch mit tierischem Kollagen ist. Der entscheidende Vorteil dabei: Es wird vollständig auf tierische Quellen verzichtet. Indem die Kollagenproduktion auf biotechnologische Verfahren umgestellt wird, entfällt die Notwendigkeit, Tiere für die Gewinnung von Kollagen zu nutzen. Dadurch werden Tiere vor potenziellem Leid und Stress bewahrt, und der ethische Umgang mit Lebewesen rückt stärker in den Mittelpunkt der biotechnologischen Innovation. NovaColl™ steht somit für eine nachhaltige, tierfreundliche und umweltschonende Alternative zu herkömmlichem tierbasiertem Kollagen.

Lucile Bonnin, ehemalige Head of R&D und jetzt Head of Personal Care bei Cambrium, erläutert: »Kollagen ist ein Molekül, das der menschliche Körper in jungen Jahren selbst produziert. Ab einem Alter von etwa 25 Jahren nimmt die Produktion jedoch ab, was zu Falten und einem Rückgang der Hautelastizität führt. Gleichzeitig ist Kollagen auch aus gesundheitlichen Gründen wichtig, da es die Haut stärkt und schützt. Unser Ziel war es daher, eine Alternative zu schaffen, die genauso wirksam ist, jedoch umweltfreundlicher produziert wird.« Bonnin ergänzt: »Im Vergleich zu tierischem Kollagen reduziert laborgezüchtetes Kollagen den CO_2-Fußabdruck um 50 Prozent.« Der Einsatz von KI spielt eine zentrale Rolle bei Cambrium. Sie erklärt, dass der

Forschungs- und Entwicklungszyklus durch den Einsatz von KI drastisch beschleunigt wird: »Ein Wissenschaftler könnte in seinem gesamten Leben vielleicht 100 Moleküle testen, während wir mithilfe von KI in der Lage sind, Millionen von Molekülen pro Monat zu testen, da alles virtuell abläuft.« Dieser Ansatz beschleunigt nicht nur die Forschung, sondern erlaubt es Cambrium, Produkte, die früher sechs bis zehn Jahre in der Entwicklung benötigten, nun innerhalb von nur zwei Jahren auf den Markt zu bringen.

»Im Vergleich zu tierischem Kollagen reduziert laborgezüchtetes Kollagen den CO_2-Fußabdruck um 50 %.«

Lucile Bonnin

Ein weiterer Vorteil dieses Ansatzes ist die Fähigkeit, neue Moleküle zu entdecken, die nachhaltiger sind als traditionelle Chemikalien. »Früher wurden Chemikalien aus Erdöl und durch Bergbau gewonnen – Prozesse, die weder nachhaltig noch umweltschonend sind. Mit der Biotechnologie verwenden wir Mikroorganismen, die Materialien aus erneuerbaren Ressourcen produzieren und gleichzeitig biologisch abbaubar sind.« Das ultimative Ziel dabei ist es, petrochemische Stoffe in der Schönheitsindustrie vollständig durch biologisch basierte Alternativen zu ersetzen. Diese nachhaltigen Lösungen könnten schädliche Inhaltsstoffe wie Palmöl und Silikone, die schwer abbaubar sind und massive Umweltschäden verursachen, substituieren. Das Spannende daran: Diese neu entdeckten Moleküle können auch in anderen Materialien, anderen Bereichen eingesetzt werden, zum Beispiel der Modebranche, und sorgen damit auch über die Beauty-Industrie hinaus für positive Veränderung.

Einer der großen Vorteile dieser neuen Technologien liegt in der Skalierbarkeit. Cambrium nutzt KI nicht nur zur Entdeckung neuer Moleküle, sondern auch zur Skalierung der Produktion: »Wenn es darum geht, industrielle Prozesse in großem Maßstab zu betreiben, wird die KI ebenfalls eingesetzt, um die Effizienz zu maximieren und Risiken zu minimieren. Dies ist entscheidend, um die Technologien vom Labor in die Massenproduktion zu überführen«, erklärt Bonnin.

Cambrium steht jedoch auch vor Herausforderungen. Während »lab-grown collagen« zweifellos eine umweltfreundlichere Lösung ist, sind die Produktionskosten derzeit noch höher als bei tierischem Kollagen. Lucile Bonnin erklärt: »Es ist schwierig, den richtigen Preis zu finden, der auf dem Markt wettbewerbsfähig ist. Unsere erste Herausforderung bestand darin, das Produkt zu einem vernünftigen Preis zu kommerzialisieren, aber wir können noch nicht mit tierischem Kollagen konkurrieren.« Dank der KI ist Cambrium jedoch in der Lage, dem Kollagen neue Funktionen hinzuzufügen, wie zum Beispiel Antioxidantien oder eine erhöhte Elastizität. Dies ermöglicht es ihnen, das Produkt teurer zu verkaufen, weil es gleichzeitig einen zusätzlichen Mehrwert für die Verbraucherinnen bietet.

Ein weiterer wesentlicher Aspekt ist die Differenzierung von Spezial- und Funktionsinhaltsstoffen in der Kosmetik. Bonnin erläutert hierzu: »In der Kosmetikindustrie gibt es zwei Arten von Inhaltsstoffen – die funktionalen Inhaltsstoffe und die Spezialinhaltsstoffe. Die Spezialinhaltsstoffe wie Kollagen oder Retinol sind diejenigen, die als ›Hero-Inhaltsstoffe‹ auf der Verpackung hervorgehoben werden. Von diesen erwarten die Verbraucher Nachhaltigkeit.«

Cambriums Ansatz zeigt eindrucksvoll, wie die Kombination von Biotechnologie und KI es ermöglicht, nachhaltige Produkte zu entwickeln, die nicht nur ökologisch, sondern auch technologisch überlegen sind. Bonnin vergleicht den Fermentationsprozess, den Cambrium verwendet, mit der Bierproduktion: »Man kann sich das wie die Herstellung von Bier vorstellen. Wir nutzen Mikroorganismen – in unserem Fall Hefe – und fügen Zucker hinzu, um Kollagen zu erzeugen. Der Prozess ist komplexer, aber im Wesentlichen läuft es darauf hinaus.« Diese Technologien, die ursprünglich in der Pharmaindustrie entwickelt wurden, werden nun erfolgreich auf andere Branchen wie die Kosmetik übertragen. »Viele Technologien, die heute in der Fleischalternativenindustrie verwendet werden, beruhen auf denselben Prinzipien«, ergänzt Bonnin.

NovaColl™ ist von Natur aus biologisch abbaubar und biokompatibel, was bedeutet, dass es vom Körper besser aufgenommen wird als viele herkömmliche Kollagene. Diese Innovation ist ein gutes Beispiel dafür, wie die Twin Transformation die Schönheitsindustrie nicht nur nachhaltiger, sondern auch effizienter und ethisch vertretbarer gestalten kann. Insgesamt zeigt Cambrium, dass die Verknüpfung von Biotechnologie und künstlicher Intelligenz der Schlüssel zur Schaffung nachhaltiger Alternativen in der Schönheitsindustrie sein kann. Wie Bonnin es formuliert: »Ohne KI wäre es unmöglich, die Ziele zu erreichen, die wir uns gesetzt haben.« Auf die Frage, wie sie die Rolle von KI ganz allgemein einschätzt, antwortet sie sehr treffend: »Wie bei jedem Werkzeug müssen wir lernen, wie wir es am sinnvollsten einsetzen können. Der Einsatz von KI bei der Entwicklung neuer chemischer Stoffe hat eine positive Auswirkung auf die Umwelt und bietet gleichzeitig innovative Funktionalitäten.«

DEEP DIVE: AR ALS NACHHALTIGKEITSTREIBER IN DER BEAUTY-INDUSTRIE

Eine weitere innovative Lösung für die Beauty-Industrie, die Twin Transformation voranzutreiben, ist Augmented Reality (AR). AR ermöglicht es Verbrauchern, Produkte virtuell auszuprobieren und so Fehlkäufe und Rücksendungen zu minimieren. Durch diese Technologie, die insbesondere von Marken wie L'Oréal mit ihrer ModiFace-Plattform genutzt wird, können Kundinnen Lippenstifte, Lidschatten und andere Produkte digital auftragen und in Echtzeit sehen, wie diese an ihnen aussehen. Tatsächlich haben Studien gezeigt, dass rund 75 Prozent der Onlinewarenkörbe in der Kosmetikbranche vor dem Kauf abgebrochen werden, da Verbraucherinnen unsicher sind, ob das Produkt für sie passt. Eine Untersuchung, die über 4000 Interviews mit 13- bis 49-Jährigen in den USA, Großbritannien, Frankreich und Saudi-Arabien führte, zeigt, dass 80 Prozent der Verbraucherinnen und Verbraucher, die AR verwenden, sich sicherer bei ihren Kaufentscheidungen fühlen. In der Folge sinkt bei 66 Prozent dieser Verbraucher die Wahrscheinlichkeit, dass sie ihre Einkäufe zurücksenden. Dieser Rückgang an Retouren bedeutet eine signifikante Reduzierung von CO_2-Emissionen, die durch den Versand und die Wiederaufbereitung von Produkten entstehen.[30]

Ein weiteres Unternehmen, das virtuelle Tests von Kosmetikprodukten anbietet und dabei eine personalisierte Kundenerfahrung ermöglicht, ist PulpoAR. PulpoAR betont, dass durch den Einsatz seiner Technologie nicht nur der Abfall durch ungenutzte Produkte reduziert, sondern auch der ökologische Fußabdruck der gesamten Lieferkette minimiert wird.[31] Ein weiteres Beispiel dafür, wie AR-Technologien nicht nur die Abfallquote, sondern den CO_2-Fußabdruck der Branche erheblich senken können, ist das japanische Unternehmen KAO, das durch virtuelles Ausprobieren von Haarfarben 56 Tonnen Plastikmüll pro Jahr einsparen konnte.[32] Auch außerhalb der Schönheitsbranche wird AR erfolgreich eingesetzt, wie das Beispiel des Brillenherstellers Mister Spex zeigt.

Die Integration von AR in die Schönheitsbranche bietet zum einen Kundinnen und Kunden ein besseres Einkaufserlebnis und hat zum anderen tiefgreifende Auswirkungen auf die Umwelt. In den USA verursacht der Transport- und Logistiksektor etwa 27 Prozent der gesamten CO_2-Emissionen – ein Teil davon kann durch AR erheblich gesenkt werden.[33] Darüber hinaus ermöglichen AR-Anwendungen den Marken, in Echtzeit Feedback zu erhalten und die Produktentwicklung besser an die Bedürfnisse der Verbraucher anzupassen. Dies schafft nicht nur eine nachhaltigere Lieferkette, sondern verbessert auch die Kundenzufriedenheit und reduziert den Energieverbrauch durch effizientere Produktion und geringeren Rücktransport.

Mit einer prognostizierten jährlichen Wachstumsrate von 25,5 Prozent bis 2027 ist der Einsatz von AR in der Schönheitsindustrie eine der zentralen technologischen Innovationen, die dazu beitragen können, den ökologischen Fußabdruck der Branche zu verringern und gleichzeitig den Umsatz zu steigern.[34] Diese Kombination aus digitaler Transformation und Nachhaltigkeit bietet Kosmetikmarken die Möglichkeit, die von ihnen verursachte Umweltbelastung zu verringern und gleichzeitig ihren Kundenstamm zu erweitern. AR ist dabei nicht nur ein technologisches Werkzeug, sondern ein wesentlicher Baustein für eine nachhaltigere Zukunft der Schönheitsindustrie.

↘ LÖSUNGSWEGE UND AUSBLICK

Die Schönheitsindustrie steht vor enormen Herausforderungen in Bezug auf Umweltverschmutzung und Nachhaltigkeit, vor allem durch den massiven Verbrauch von Plastikverpackungen und Ressourcen wie Wasser und fossile Brennstoffe. Plastikabfälle und Mikroplastik aus Verpackungen sowie umweltschädliche Inhaltsstoffe wie Palmöl tragen maßgeblich zur Umweltzerstörung bei. Dazu kommen die erheblichen Belastungen der Methanemissionen durch Viehzucht für tierische Inhaltsstoffe und die CO_2-Emissionen durch Produktion, Transport und Nutzung der Produkte.

Dennoch gibt es inzwischen innovative Ansätze, um diesen Problemen entgegenzuwirken. Technologische Innovationen wie künstliche Intelligenz, Augmented Reality und Biotechnologie spielen hierbei eine Schlüsselrolle auf dem Weg zu mehr Nachhaltigkeit. Unternehmen wie Aveda setzen auf 100 Prozent recycelte Kunststoffe, biologisch abbaubare Verpackungen und Nachfüllsysteme, um den Plastikverbrauch zu reduzieren. Darüber hinaus integrieren Firmen wie Sulapac biobasierte und vollständig kompostierbare Verpackungen, die nicht nur nachhaltig sind, sondern auch funktional und ästhetisch ansprechend bleiben. AR-Lösungen verringern Fehlkäufe und

Retouren, wodurch der ökologische Fußabdruck der Branche erheblich reduziert wird. Gleichzeitig entwickelt die Biotechnologie mithilfe von KI, wie beim Einsatz von laborgeneriertem Kollagen durch Cambrium, nachhaltige, tierfreie Alternativen zu traditionellen Inhaltsstoffen und Prozessen.

Doch auf dem Weg zu einer nachhaltigeren Beauty-Industrie gibt es auch noch einige Hürden zu überwinden.

Die Produktionskosten für nachhaltige Produkte sind meist deutlich höher als die für konventionelle Produkte. Gerade für jüngere Unternehmen und Start-ups ist es entsprechend schwer, ihre Produkte zu vergleichbaren Preisen an den Markt zu bringen. Doch auch hier gibt es verschiedene Hebel, die man in Bewegung setzen kann: So könnten beispielsweise Subventionen für nachhaltige Produkte als Anreiz geschaffen werden. Ebenso könnten Start-ups in diesem Bereich durch Steueranreize oder Zuschüsse zusätzlich motiviert werden. Aber auch wir als Verbraucherinnen und Verbrauchen spielen eine wichtige Rolle. Es liegt auch an uns allen, nachhaltigere Produkte zu kaufen und unser Bewusstsein bei der Auswahl von Schönheitsprodukten zu schärfen. Zu guter Letzt könnten auch gesetzliche Regulierungen dafür sorgen, dass es verpflichtend wird, nachhaltige Produkte zu produzieren, die beispielsweise ohne den Einsatz von tierischen Inhaltsstoffen auskommen.

Eine weitere große Herausforderung liegt, wie wir im Gespräch mit Lucile Bonnin von Cambrium lernen durften, in der Schaffung entsprechender Produktionskapazitäten. Denn die Rezeptur eines neuen Produktes ist das eine, es dann aber auch in größeren Mengen herzustellen ist, das andere. Wer gibt schon einem kleinen Start-up mit wenig oder gar nicht etabliertem Markennamen und unbekanntem Produkt solche Kapazitäten? Hier könnten vor allem strategische Partnerschaften und Kooperationen mit etablierten Firmen Abhilfe schaffen. Auch entsprechende Förderprogramme könnten kleineren Unternehmen helfen, effizienter zu skalieren und ihre innovativen, nachhaltigen Produkte auf den Markt zu bringen.

Daneben stellt sicher die mangelnde Infrastruktur für Recycling und Kompostierbarkeit eine Hürde dar. Auch diesbezüglich sollten Umweltschutzgesetze ausgeweitet werden, um Unternehmen zu verpflichten, nachhaltige Verpackungslösungen anzubieten und die Infrastruktur für Recycling und Abfallmanagement zu verbessern.

Zusammengefasst zeigt sich, dass der Weg zu einer nachhaltigeren Schönheitsindustrie einerseits notwendig und andererseits durchaus realisierbar ist, obwohl natürlich überall Herausforderungen warten. Unternehmen, die auf Innovation und Kreislaufwirtschaft setzen, können die Umweltbelastung minimieren und sich gleichzeitig zukunftssicher positionieren sowie Wettbewerbsvorteile sichern. Nachhaltigkeit ist nicht nur eine Antwort auf externe Anforderungen, sondern auch eine Chance für die Branche, verantwortungsbewusst und effizient zu wachsen – die es jetzt entschlossen zu ergreifen gilt.

ANMERKUNGEN

1 Cosmoprof: *The Global Beauty Industrie: The Markets to Monitor in the Next Future*, 2024 (https://www.cosmoprof.com/en/media-room/news/the-global-beauty-industry-the-markets-to-monitor-in-the-next-future/#:~:text=The%20global%20cosmetics%20industry%20is,with%20a%209%25%20annual%20growth).

2 J. Howard: *The Ultimate List of Beauty Industry Stats. Exploding Topics*, 2024 (https://explodingtopics.com/blog/beauty-industry-stats).

3 J. Howard: *The Ultimate List*, 2024.

4 Fairglow: *Cosmetics Carbon Footprint*, 2023 (https://www.fairglow.fr/blog-detail/breaking-down-cosmetics-carbon-footprint).

5 T. Davison: The Environmental Impact of the Beauty Industry, 2024 (https://blog.cleanhub.com/beauty-industry-environmental-impact).

6 L. Gutierrez: Beauty at What Cost? The Environmental Impact of Cosmetic Ingredients and Materials. Sustainable Earth, 2023 (https://sustainable-earth.org/cosmetic-ingredients/).
7 WWF: *Das kann kein Meer mehr schlucken: Unsere Ozeane versinken im Plastikmüll*, 2024 (https://www.wwf.de/themen-projekte/plastik/plastikmuell-im-meer).
8 Greenpeace Research Laboratories: Plastik in Fisch und Meeresfrüchten, 2016 (https://www.greenpeace.de/publikationen/s01872_greenpeace_report_plastik_in_fisch_10_16.pdf).
9 T. Davison: *The Environmental Impact*, 2024.
10 Raw Beauty Lab: *Deforestation and the Beauty Industry: What Can You Do About It?*, 2021 (https://rawbeautylab.com/blogs/all/deforestation-and-the-beauty-industry-what-can-you-do-about-it).
11 Greenpeace: *Lizenz zum Töten*, o. D. (https://www.greenpeace.de/publikationen/report_lizenz_zum_toeten.pdf).
12 V. Ceroli: *Beauty Industry's Water Footprint & Sustainable Solutions*. LEBUBE (https://www.lebube.com/post/beauty-industry-water-footprint).
13 D. Koh: How the beauty industry has impacted our oceans so far. *Vogue Singapore*, 2022 (https://vogue.sg/beauty-industry-impact-our-oceans/).
14 M. M. Mekonnen, A. Y. Hoekstra: Four billion people facing severe water scarcity. *Science Advances*, 2016 (https://www.science.org/doi/10.1126/sciadv.1500323).
15 T. Davison: *The Environmental Impact*, 2024.
16 S. Radin: The Hidden Complications Of »Cruelty-Free« Beauty. *British Vogue*, 2020 (https://www.vogue.co.uk/beauty/article/cruelty-free-beauty).
17 K. Moore: New Ways The Beauty Industry Is Testing Sustainable Practices. *Forbes*, 2019 (https://www.forbes.com/sites/kaleighmoore/2019/06/11/new-ways-the-beauty-industry-is-testing--sustainable-practices/).
18 *Inside Cosmetics*: Eco-Friendly Cosmetic Packaging: Driving Innovation in 2023. 2024 (https://insidecosmeticslab.com/en/eco-friendly-cosmetic-packaging-driving-innovation-in-2023/).
19 Global Cosmetics Industry: *What Beauty Consumers Want from Sustainability: Packaging Trend Tracker*, 2024 (https://www.gcimagazine.com/packaging/sustainability/news/22883358/what-beauty-consumers-want-from-sustainability-packaging-trend-tracker).
20 R. Cullor: Beauty packaging looking to take reduce, reuse, recycle to the next level. *Cosmetic Design Europe*, 2022 (https://www.gcimagazine.com/packaging/sustainability/news/22883358/what-beauty-consumers-want-from-sustainability-packaging-trend-tracker).
21 J. Latimer: *The Beauty Industry's Biggest Climate Impacts of 2023*. Vaayu, o. D. (https://www.vaayu.tech/insights/the-beauty-industrys-biggest-climate-impacts-of-2023).
22 Aveda: *Responsible Packaging*, o. D. (https://www.aveda.co.uk/living-aveda/responsible-packaging).
23 Greyb: 3 Disruptive regenerative packaging trends in 2024, 2024 (https://www.greyb.com/blog/regenerative-packaging/).

24 S. Smith: Plastic Free July: 5 beauty brands championing sustainable packaging innovation. The Industry.Beauty, 2024 (https://theindustry.beauty/plastic-free-july-5-beauty-brands-with-innovative-packaging-solutions/).

25 S. Smith: Plastic Free July, 2024.

26 E. Rodriguez: Finnish Startup Revolutionizes Eco-Friendly Cosmetic Packaging. *Green Citizen*, 2023 (https://greencitizen.com/news/finnish-startup-revolutionizes-eco-friendly-cosmetic-packaging/).

27 G. Monbiot: Lab-grown food will soon destroy farming – and save the planet. *The Guardian*, 2020 (https://www.theguardian.com/commentisfree/2020/jan/08/lab-grown-food-destroy-farming-save-planet).

28 T. Davison: *The Environmental Impact*, 2024.

29 U. Klement: Rinderzucht: So lässt sich der Methanausstoß reduzieren. *Tagesschau* 2023 (https://www.tagesschau.de/wissen/klima/rinder-methan-100.html).

30 C. Kirkland: AR Gives Most Consumers More Confidence In Purchases, Study Finds. *MediaPost*, 2022 (https://www.mediapost.com/publications/article/374862/ar-gives-most-consumers-more-confidence-in-purchas.html).

31 Pulpoar: Beauty Tech for a Greener Future: Sustainable Beauty with AR, o. J. (https://pulpoar.com/sustainable-beauty-with-ar/).

32 R. Patten: *AR is more than skin-deep in retail beauty, unlocking engagement, innovation, and sustainability*. PA, o. D. (https://www.paconsulting.com/insights/ar-is-more-than-skin-deep-in-retail-beauty-unlocking-engagement-innovation-and-sustainability).

33 *Bloomberg News:* How augmented reality can cut down on returns. Digital Commerce 360, 2022 (https://www.digitalcommerce360.com/2022/10/31/how-augmented-reality-can-cut-down-on-returns/).

34 *Rock Paper Reality:* Augmented Reality in the Beauty & Cosmetics Industry, 2023 (https://rockpaperreality.com/insights/ar-use-cases/ar-beauty-cosmetics-industry/).

Fast Fashion

Der schnelle Trend mit langfristigen Folgen

Elisa Brandt

↘ AUSGANGSLAGE UND HERAUSFORDERUNGEN

Täglich wählen wir bewusst oder unbewusst eine Kombination von Kleidungsstücken, die uns durch den Tag begleitet – vom Officelook über das Freizeitoutfit bis hin zur schicken Abendgarderobe. Genug Auswahl im Kleiderschrank haben wir schließlich … Doch was, wenn wir einen Moment innehalten und uns fragen, worum es hier eigentlich wirklich geht? Sind Kleidungsstücke nur praktische Hilfsmittel, mit denen wir unsere Körper bedecken und die uns helfen, unsere Persönlichkeit auszudrücken? Oder sind wir mit dieser scheinbar selbstverständlichen Gewohnheit, uns täglich anzukleiden, Teil von etwas viel Größerem? Die Antwort sollte eindeutig sein.

Mit der Entwicklung der Singer-Nähmaschine im Jahr 1851[1] begann für die Menschheit eine neue Ära – die Ära der Massenproduktion von Textilien. Die simple Anpassung einer bereits existierenden Maschine öffnete die Türen für ein neues Geschäftsmodell: Fast Fashion. Insbesondere durch den Ausbau von etablierten Unternehmen wie C&A, das bereits 1841 gegründet wurde,[2] sowie die Gründung von H&M im Jahr 1947 und Zara im Jahr 1975 nahm dieser »Subsektor« richtig Fahrt auf. Heutzutage setzen Modekonzerne wie Shein, die täglich bis zu 100 000 neue Designs auf den Markt bringen,[3] ganz neue Maßstäbe, die die Schnelllebigkeit der Branche betonen. Was für Kunden eine einfache und kostengünstige Erweiterung der Garderobe bedeutet, erfordert für Unternehmen eine Verkürzung von Produktionszyklen und eine kostensparende Herstellung.[4] Doch

781 Mrd. $

beträgt der voraussichtliche Wert des Onlinehandels

diese Entwicklung bringt nicht nur eine breite Auswahl an günstiger Kleidung mit sich, sondern auch zahlreiche Problemstellen, die es in diesem Kapitel zu beleuchten gilt.

Daten belegen eindeutig: Die Modebranche wächst. Der prognostizierte Umsatz für 2024 liegt bei 1,79 Billionen US-Dollar und für das gleiche Jahr wird eine Wachstumsrate von zwei bis vier Prozent erwartet.[5, 6] Mit dem Wachstum der Modeindustrie geht das Wachstum des Onlinehandels einher. Schätzungen zufolge könnte der Onlinemodemarkt 2024 einen Wert von 781 Milliarden US-Dollar erreichen.[7] Doch schon heute spielt E-Commerce eine bedeutende Rolle. In Deutschland belief sich die Zahl der Nutzer im E-Commerce-Markt für Bekleidung 2023 auf 9,85 Millionen – Tendenz steigend.[8]

Ein genauerer Blick auf den Fast-Fashion-Sektor zeigt schnell, dass die Bekleidungsindustrie eine der umweltschädlichsten Branchen weltweit ist.[9] Im Jahr 2021 beliefen sich die globalen Treibhausgasemissionen auf 38 Milliarden Tonnen.[10] Die Modeindustrie verursachte dabei ganze zehn Prozent – mehr als die Emissionen aller internationalen Flüge und Seeschiffe zusammen.[11] Allein in der EU beliefen sich die durch die Textilproduktion entstandenen Treibhausgase im Jahr 2020 auf 121 Millionen Tonnen, was 270 Kilogramm CO_2-Emissionen pro Person (!) entspricht.[12]

Die gute Nachricht? Nachhaltigkeit gewinnt zunehmend an Bedeutung. Regierungen setzen strengere Regeln und Vorschriften durch, und auch die Gesellschaft verändert ihre Haltung. Besonders die Generation Z zeigt mit 80 Prozent die höchste Bereitschaft, für Nachhaltigkeit zu zahlen – im Vergleich zu Millennials, Generation X und Boomern.[13] Diese Generation legt mehr Wert auf nachhaltiges Konsumverhalten, weil sie sich der erheblichen Auswirkungen der Branche auf die globale Erwärmung bewusst ist.[14] Neben der intrinsischen Motivation der Kundinnen und Kunden erhöhen auch politische Vorschriften und Gesetze den Druck auf die Industrie, ihr Handeln neu auszurichten.[15] Ein Beispiel dafür ist die Forderung des Europäischen Parlaments, dass bei der Herstellung von Textilien die Menschen-, Sozial-

und Arbeitsrechte sowie der Umwelt- und Tierschutz geachtet werden müssen.[16] Darüber hinaus wird 2025 eine EU-Verordnung in Kraft treten, die Mindeststandards für das Design aller in der EU verkauften Produkte festlegt. Die »Ecodesign for Sustainable Products Regulation« setzt Anforderungen an die Haltbarkeit, Recyclingfähigkeit, Reparierbarkeit und den Einsatz gefährlicher Stoffe.[17] Dies hat zur Folge, dass Unternehmen sich anpassen müssen. Besonders in Führungsetagen rückt das Thema Nachhaltigkeit stärker in den Fokus, denn es gilt, den CO_2-Fußabdruck zu verringern, Abfall zu vermeiden und Arbeitskonditionen zu verbessern.[18]

Nach diesem kurzen Überblick über die Nachhaltigkeitsproblematik der Modebranche stellen sich einige Fragen: Reicht das, was bereits getan und beachtet wird, aus? Muss in diesem Sektor nicht noch viel mehr passieren? Was kann unternommen werden, um die Fast-Fashion-Industrie nachhaltiger zu gestalten? Eine Situation, die auf den ersten Blick eher aussichtslos erscheint, birgt bei genauerem Hinsehen tatsächlich einige interessante Möglichkeiten. Eine davon: der Einsatz innovativer Technologien wie beispielsweise künstlicher Intelligenz (KI).

Im Folgenden werden verschiedene Bereiche entlang der Wertschöpfungskette und damit zusammenhängende Beispiele vorgestellt, bei denen die Anwendung digitaler Innovationen einen bedeutenden Beitrag zur Nachhaltigkeit des Modesektors leisten kann. Treten wir ein in die Welt der Mode!

↘ EINBLICKE UND INSPIRATION

Um die Anwendungsmöglichkeiten innovativer Technologien gezielt analysieren zu können, müssen wir einen Blick auf die spezifischen Problembereiche der Industrie werfen. Wir müssen uns fragen: An welchen Stellen der Lieferkette entstehen nachhaltigkeitsbezogene Herausforderungen, die wir durch den Einsatz von Technologien adressieren können?

EXKURS

Der Experte, der dieses Kapitel mit wertvollem Wissen und Einblicken in die Modeindustrie bereichern wird, ist Michael Hofmannrichter von silana. Er erläutert mir die Vision seines Unternehmens, das ein perfektes Beispiel für das Potenzial von Twin Transformation in der Textilindustrie darstellt. Silana verfolgt das Ziel, den Nähvorgang vollständig zu automatisieren, um eine nachhaltige, schnelle, nachfragegesteuerte und kosteneffiziente Produktion zu ermöglichen.

Konkret verfolgt silana die Vision, eine Milliarde Kleidungsstücke regional zu produzieren, und zwar nicht unter prekären Arbeitsbedingungen, wie sie in Südostasien herrschen. Stattdessen soll die Produktion zurück in westliche Länder geholt werden, auch um der Überproduktion entgegenzuwirken. Um dieses Ziel zu erreichen, haben Michael und seine zwei Mitgründer einen Roboter entwickelt, der den veralteten manuellen und kostenintensiven Nähprozess vollständig automatisiert. Dieser Roboter ist in der Lage, bis zu viermal schneller als die menschliche Hand zu arbeiten sowie die Produktionskosten um bis zu 82 Prozent, die partnerbezogenen CO_2-Emissionen um bis zu 38 Prozent und die Defektquote um bis zu 90 Prozent im Vergleich zu traditionellen Produktionsmethoden zu verringern.

Dank dieser Technologie kann die Textilproduktion sogar in Hochlohnländer wie Deutschland, Österreich oder die USA verlagert werden, was eine nachfragegesteuerte Produktion zusätzlich unterstützt. Im Laufe des Kapitels greifen wir das Beispiel von silana immer wieder auf, um die Anwendungsmöglichkeiten der Digitalisierung auf dem Weg zu einer verstärkten Nachhaltigkeit besser zu verstehen.

DIE WERTSCHÖPFUNGSKETTE UND IHRE PROBLEME – MATERIALIENGEWINNUNG UND PRODUKTION

Bei einem gezielten Blick auf die Modebranche wird schnell deutlich: Die Problematik fängt bereits bei den Materialien an, die für die Produktion von Kleidungsstücken benötigt werden. Die Beschaffung der Rohstoffe ist eine vorgelagerte Aktivität in der Lieferkette und zusammen mit der Produktion für den Großteil der CO_2-Emissionen verantwortlich.[19] Auch laut Sustainable Accounting Standards Board ist »Raw Materials Sourcing« eines der relevantesten Themen der Branche.[20]

An welchen Stellen kann man hier Technologien einsetzen? Ein Beispiel ist die Entwicklung des 3D-Drucks, durch die sich ganz neue Möglichkeiten ergeben haben. Mittlerweile lassen sich mithilfe von 3D-Druckern innovative Materialien wie Biogarn und andere nachhaltigere Rohstoffe herstellen.

Ein Unternehmen, das sich auf diese Technologie spezialisiert hat, ist Youyang Song. Dieses deutsche Unternehmen, setzt sich explizit mit der Gewinnung nachhaltiger Materialien auseinander.[21] Eine andere Möglichkeit, rohstoffbezogene CO_2-Emissionen zu reduzieren, zeigt silana. Die Maschinen des Unternehmens arbeiten präziser als die menschliche Hand, sei es beim exakten Zuschneiden von Formen oder beim Nähen. Dadurch entsteht weniger Stoffabfall, und auch die Defektrate bei Produkten sinkt, die beispielsweise aufgrund fehlerhafter Nähte verworfen werden müssen. Diese präzise Arbeitsweise (zusammen mit weiteren Faktoren wie regionaler Produktion, die Überproduktion vermeidet) hat zur Folge, dass etwa 38 Prozent weniger Stoff in der Fertigung benötigt werden. Dadurch verringert sich die Menge an verwendeten Rohstoffen – und somit auch die CO_2-Emissionen bei der Rohstoffgewinnung. Ein zusätzlicher Vorteil der reduzierten Stoffmenge neben den ökologischen Einsparungen ist auch ein ökonomischer, da weniger Material eingekauft werden muss.

Sobald die Materialien in einer Produktionsstätte eingetroffen sind, geht es an die Fertigung unserer Kleidungsstücke. Sowohl in diesem als auch in dem vorangegangenen Schritt des Sourcing treten zahlreiche soziale Probleme auf.[22] Berichten zufolge werden unzählige Arbeiterinnen und Arbeiter in Kleidungsfabriken unterbezahlt und sind unsicheren Arbeitsbedingungen ausgesetzt.[23] Für ein T-Shirt beispielsweise, das später 29 Euro kostet, erhält ein Mitarbeiter in der herstellenden Fabrik lediglich 0,18 Euro, was 0,6 Prozent des Kaufpreises ausmacht.[24] Wenn das keine erschreckenden und alarmierenden Zahlen sind! Darüber hinaus zeigen Untersuchungen, dass die Fabrikarbeiter und -arbeiterinnen gefährlichen Stoffen, wie Staubpartikeln aus Rohstoffen und Chemikalien aus dem Herstellungsprozess, ausgesetzt sind, die zu Atemwegserkrankungen führen können.[25] Auch Michael betont, wie absurd die Produktionsbedingungen heutzutage sind: Ein einfaches T-Shirt wird von 15 Leuten bearbeitet, darunter auch Kinder, die stundenlang in gebückter Haltung unter sklavenähnlichen Bedingungen arbeiten und dafür nicht einmal einen existenzsichernden Lohn erhalten.

Angesichts solcher Zustände stellt sich die Frage: Welche Fortschritte kann man hier überhaupt mit Digitalisierung erzielen? Leider sind die Möglichkeiten begrenzt. Doch eine Maßnahme besteht darin, den Arbeitern besseren Schutz, mehr Klarheit über ihre Rechte und ein offenes Ohr zu bieten. In Zusammenarbeit mit einem Kollektiv von Bekleidungsmarken und der GIZ (Gesellschaft für Internationale Zusammenarbeit) hat C&A im Jahr 2021 eine Arbeitsrecht-App eingeführt, die bereits in Fabriken in Kambodscha zum Einsatz kommt.[26] Beschäftigte berichten, dass sie durch die App besser über ihre Löhne, Überstunden, entsprechende Zuschläge und allgemeine

Vertragsbedingungen informiert seien. Woran derzeit noch gearbeitet wird, ist eine Möglichkeit, anonym Beschwerden einzureichen, was dabei helfen soll, unerkannte Probleme in Fabriken aufzudecken.[27]

Über soziale Nachhaltigkeitsprobleme hinaus gibt es in der Produktion von Kleidungsstücken auch schwerwiegende ökologische Herausforderungen wie den hohen Verbrauch und die Verschmutzung von Wasser. Für die Herstellung einer einzigen Jeans – vom Baumwollfeld bis in den Kleiderschrank – werden etwa 3800 Liter Wasser benötigt.[28] Außerdem ist die Textilproduktion aufgrund des Einsatzes von Chemikalien wie Farbstoffen oder Veredelungsprodukten für etwa 20 Prozent der globalen Wasserverschmutzung verantwortlich[29] und damit massiv umweltschädlich.[30]

Silana wirkt diesem Problem entgegen. Wie bereits erläutert, tragen die Roboter des Unternehmens erheblich zur Reduktion der benötigten Rohstoffe bei, was wiederum positive Auswirkungen auf den Wasserverbrauch hat. Auch C&A zeigt, dass die Herausforderungen von produktionsbedingtem Wasserverbrauch und -verschmutzung durch den Einsatz innovativer Technologien bewältigt werden können. Das finde ich persönlich wahnsinnig interessant, denn als ich über besonders nachhaltige Modelabels nachgedacht habe, kam mir C&A ehrlich gesagt nicht als erstes in den Sinn. Doch hier lag ich falsch.

Um die Nachhaltigkeitsstrategie des Unternehmens besser verstehen zu können, müssen wir etwas weiter ausholen: Im Frühjahr 2022 eröffnete C&A seine erste Fabrik für innovative Textilien (C&A FIT) in Mönchengladbach, Deutschland. Das Ziel dieses Projekts ist es, die Industriestandards auf ein nachhaltigeres Niveau zu bringen. Die Fabrik ist stark automatisiert, digitalisiert und wird ausschließlich mit erneuerbarem Strom aus Wind- und Solaranlagen betrieben. Momentan konzentriert sich die Produktion auf Jeans – unter der Verwendung innovativer Mechanismen, die unter anderem zur Reduktion des Wasserverbrauchs und der Wasserverschmutzung beitragen. Hierzu gehört beispielsweise der Einsatz moderner Lasertechnologien, die das typische Denim-Finish ohne die Verwendung potenziell umweltschädlicher Stoffe wie Chlor, Kaliumpermanganat oder Bimssteinen erzeugen. Außerdem kann der Wasserverbrauch bei der Veredelung und Wäsche durch intelligente Hightech-Maschinen im Vergleich zu herkömmlichen Methoden um bis zu 96 Prozent reduziert und durch intelligente Rückgewinnungsverfahren etwa 50 Prozent des verbrauchten Wassers wiederverwendet werden.[31]

Das FIT zeigt nicht nur im Hinblick auf Produktionsvorgänge, sondern auch die Produktionsstätte selbst eine fortschrittliche Denkweise. Der gesamte Campus wird, wie bereits angesprochen, vollständig mit Wind- und Solarenergie betrieben. Um die Produktion noch effizienter zu gestalten und den Wasserverbrauch weiter zu senken, werden alle Fertigungsprozesse digital überwacht. Dies hilft dabei, Problemstellen zu erkennen und Chancen für Verbesserungen zu identifizieren. Zusätzlich sind die Maschinen untereinander digital vernetzt, was sowohl zur Prozessoptimierung als auch zum Energiesparen beiträgt. Zudem können die Maschinen als Teil einer cloudbasierten Infrastruktur online gewartet werden, wodurch Anreisen für Techniker vermieden werden können. Auch wenn dieser Überblick nur ein paar Beispiele umfasst, wird bereits deutlich, wie erheblich ein intelligentes Produktionsstättendesign zu nachhaltigeren Prozessen beitragen kann.

DIE WERTSCHÖPFUNGSKETTE UND IHRE PROBLEME – E-COMMERCE

Nachdem wir uns einen Eindruck von produktionstechnischen Nachhaltigkeitsthemen verschafft haben, folgt der nächste Schritt in der Lieferkette. Irgendwie müssen die Produkte schließlich in unsere Kleiderschränke gelangen, und das tun sie zunehmend durch Onlineshopping. Obwohl das Thema E-Commerce ausführlich in einem eigenen Kapitel beleuchtet wird, können wir es an dieser Stelle nicht ausklammern, weil es von so hoher Bedeutung für den Fast-Fashion-Sektor ist.

Wie bereits erwähnt, wird prognostiziert, dass der Mode-Onlinehandel immer weiterwachsen wird. Insbesondere seit der Covid-19-Pandemie bestellen

Kunden ihre Produkte vermehrt online. Genauer gesagt nutzen 43 Prozent der Verbraucherinnen, die zuvor nicht online eingekauft haben, mittlerweile Onlinekanäle. Darüber hinaus erwarten 28 Prozent der Konsumenten, dass sich ihr Kaufverhalten noch stärker auf Onlinekanäle verlagern und von physischen Geschäften wegbewegen wird.[32] Das große Problem hinter diesem Trend? Die Tansportemissionen und Verpackungsabfälle.[33] Tatsächlich verursacht der Onlinehandel 4,8-mal mehr Müll als das Einkaufen in Geschäften.[34]

Auch Michael von silana unterstreicht die Problematik des Transports. Er berichtet, dass für ein 300 Gramm schweres T-Shirt, das von China in die USA verschickt wird, zusätzlich zu den produktionsbezogenen weitere vier Kilogramm transportbezogene CO_2-Emissionen anfallen. Die Abfälle und Emissionen entstehen aber nicht nur, weil die Produkte zu den Kunden transportiert werden müssen, sondern auch, weil diese häufig denselben Weg zurück zum Fulfillment Center legen müssen. Daher müssen Lösungen gefunden werden, um den hohen Rücksendequoten bei Onlinekäufen entgegenzuwirken. Und was könnte dabei besser helfen als Digitalisierung? Seit einiger Zeit verändert die Entwicklung von Augmented Reality (AR) die Art und Weise, wie wir online einkaufen. Websites und Apps enthalten zunehmend immersive Technologien, um Kunden und Kundinnen eine detaillierte Ansicht von Produkten und teilweise sogar virtuelle Anproben von Produkten zu ermöglichen.[35]

Mister Spex hat bereits 2011 die virtuelle 3D-Brillenanprobe eingeführt. Und auch C&A ist führend in der Entwicklung ähnlicher Technologien. Das Unternehmen hat beispielsweise das »Fit Predictor«-AI-Tool im Onlineshop und in der App gelauncht, das Kunden dabei hilft, die richtige Größe zu identifizieren. Dieses Tool verbessert so einerseits das Kundenerlebnis und reduziert andererseits die Anzahl der Rücksendungen.

Auch wenn uns noch keine resultierenden Zahlen dieser Technologien vorliegen, machen die genannten Beispiele deutlich, dass Digitalisierung in diesem Bereich ein entscheidender Hebel sein kann, um den ökologischen Auswirkungen des Onlinehandels nachhaltig entgegenzuwirken oder diese zu mindern.

DIE WERTSCHÖPFUNGSKETTE UND IHRE PROBLEME – END OF LIFECYCLE

Nach dem erfolgreichen Einkauf, ob online oder offline, liegen unsere eingekauften Kleidungsstücke im Schrank und werden (hoffentlich) getragen, bis sie nicht mehr verwendbar sind. Doch was passiert, wenn sie das Ende ihrer Nutzungsdauer erreicht haben oder wir sie frühzeitig aussortieren? Was sollen wir dann damit machen? Natürlich ist Secondhandshopping beziehungsweise der Verkauf über Secondhandläden und -plattformen wie Vinted oder Vestiaire Collective ein an Popularität gewinnendes Geschäftsmodell, das zur Zirkularität der Branche beiträgt. Doch auch hier endet irgendwann der Lebenszyklus der Kleidungsstücke. Und was passiert dann? Dann haben wir es mit Abfall zu tun.

Die Fast-Fashion-Industrie ist somit für erhebliche Abfälle verantwortlich – nicht nur in der Produktion, sondern auch im Verbrauch. 87 Prozent aller Textilien landen auf Mülldeponien oder in Verbrennungsanlagen, was in Europa zu jährlichen Textilabfällen von durchschnittlich 5,5 Kilogramm pro Person führt. Rund 80 Prozent dieser Abfälle sind nicht biologisch abbaubar, was bedeutet, dass ihre vollständige Zersetzung über 200 Jahre dauern kann.[36] Die Herausforderung, Materialien wie Baumwolle in eine qualitativ brauchbare Form zu recyceln, verschärft diese Problematik zusätzlich.[37]

Es gibt jedoch einen Lichtblick: Es gibt Unternehmen, die an Technologien arbeiten, die diesen Problemen entgegenwirken können. So hat Renewcell beispielsweise die weltweit erste Faser-zu-Faser-Recyclingfabrik errichtet, die eine Recyclingtechnologie umfasst, die gebrauchte Baumwolle (aus getragenen Kleidungsstücken oder Produktionsabfällen) und andere zellulosereiche Stoffe abbaut und in einen neuen, biologisch abbaubaren Rohstoff umwandelt: CIRCULOSE®-Zellstoff. Dieser kann zur Herstellung biologisch abbaubarer Viskose- oder Lyocell-Textilfasern in Neuwarenqualität verwendet werden, mit denen wiederum neue Kleidungsstücke produziert werden können.[38] Diese Technologie trägt maßgeblich zur Reduzierung von Abfällen und zur Förderung einer stärkeren Zirkularität in der Industrie bei.

Ein weiteres Unternehmen, das einen Beitrag zur Zirkularität in der Modebranche leistet, ist das Berliner Start-up Kleiderly. Es hat eine energieeffiziente Technologie entwickelt, mit der Textilien zu einem neuen Material recycelt werden können, das erdölbasierte Kunststoffe ersetzt und zur Herstellung neuer Artikel wie beispielsweise Brillen verwendet werden kann.[39] Außerdem kann dieses Material am Ende seines Lebenszyklus erneut recycelt werden, um neuwertige Artikel damit zu produzieren.

Wir sehen also, dass es Unternehmen gibt, die bestrebt sind, den Herausforderungen unserer Zeit entgegenzutreten und eine nachhaltigere Modebranche zu fördern. Gleichzeitig zeigt das Beispiel von Renewcell, das aufgrund mangelnder Rentabilität Insolvenz anmelden musste, aber auch, wie schwierig es ist, Nachhaltigkeit bis zum Endkonsumenten zu bringen, da nachhaltige Produkte oft teurer sind, und sowohl Konsumenten als auch Marken nicht ausreichend bereit sind, für umweltfreundlichere Alternativen mehr zu bezahlen.

ZWISCHENFAZIT

Nachdem wir nun verschiedene Bereiche der Fast-Fashion-Branche entlang der Wertschöpfungskette genauer unter die Lupe genommen haben, lässt sich festhalten: Es gibt zahlreiche schwerwiegende Probleme, aber auch einige Möglichkeiten gegenzusteuern. Ob ein etabliertes Unternehmen wie C&A oder ein innovatives Start-up wie silana – jede Firma hat die Möglichkeit, einen wertvollen Beitrag zu einer nachhaltigeren Industrie zu leisten. Die Frage ist nur, wo fängt man an, und welche Hürden müssen überwunden werden?

Im nächsten Schritt möchten wir abschließend einen Blick auf die verschiedenen Wege werfen, auf denen Unternehmen Nachhaltigkeit fördern können. Wo liegt der größte Hebel? Welche Hürden bestehen für Unternehmen, die nachhaltiger agieren möchten? Worauf muss geachtet werden?

↘ LÖSUNGSWEGE UND AUSBLICK

Die zitierten Beispiele haben gezeigt, dass Unternehmen die Probleme der Nachhaltigkeit auf ganz unterschiedliche Weisen angehen können.

Im ersten Schritt kann ein Unternehmen introspektiv prüfen, welche Ressourcen bereits intern vorhanden sind. Möglicherweise lassen sich mit bestehendem Know-how Systeme entwickeln, beispielsweise eine App, ähnlich der Arbeitsrecht-App von C&A, oder ein auf der Website integriertes AR-System zur digitalen Anprobe. Solche und weitere Initiativen wie die Umwandlung von Textilabfällen in wiederverwendbare Textilfasern können natürlich auch im Rahmen von Partnerschaften realisiert werden. Darüber hinaus können Unternehmen den Fokus direkt auf ihre Produzenten legen, die die fertigen Kleidungsstücke herstellen. Wie wir von Michael und C&A gelernt haben, stellt die Anpassung der Produktionsprozesse einen der größten Hebel in der Branche dar, weil zahlreiche Nachhaltigkeitsprobleme direkt mit der Herstellung verbunden sind. Als Unternehmen, das sich auf die Belieferung von Produzenten konzentriert, zeigt silana, wie die Umgestaltung der Herstellung hin zu einer nachhaltigen On-Demand-Produktion gelingen und so Überproduktion vermeiden kann. Das Schlüsselwort hier lautet Vollautomatisierung. Das Unternehmen adressiert ein tiefgreifendes Problem der Branche – den Fachkräftemangel in der Textilproduktion, speziell in Hochlohnländern –, indem es Roboter kostengünstig die entsprechenden Aufgaben vollautomatisiert übernehmen lässt. Dadurch kann die Produktion von Textilien dennoch regional durchgeführt werden.

Warum spielt Regionalität in dieser Branche so eine große Rolle? Neben der sozialen Dimension, wie beispielsweise besseren Arbeitsbedingungen und fairer Bezahlung für die Angestellten, bietet eine regionale Produktion auch ökonomische Vorteile – Textilproduzenten, die näher am Markt sitzen, können schneller auf aktuelle Trends reagieren und somit ihre Gewinnmargen steigern. Das Beispiel von Zara verdeutlicht diesen Vorteil, wie Michael erklärt: Durch die regionalere Aufstellung in Ländern wie Portugal oder Marokko können die Produzenten von Zara schneller auf Marktveränderungen reagieren und Produkte rascher in die Shops (on- und offline) bringen. Dies führt zu einer höheren »Sell-through Rate«, also einem größeren Anteil an Produkten, die zum vollen Preis verkauft werden. Darüber hinaus bietet die Produktion näher an den Geschäftsstandorten die Chance, weniger in Massen und mehr auf tatsächliche Nachfrage herzustellen. Dies hilft nicht nur, Überproduktion und damit verbundene ökonomische Verluste zu vermeiden, sondern reduziert auch ökologische Probleme wie Abfälle und übermäßigen Ressourcenverbrauch. Die Kombination dieser Vorzüge macht die regionale Produktion zu einem Schlüsselansatz für eine nachhaltigere und profitablere Modeindustrie.

So einfach ist es dann aber doch nicht. Um all die genannten Vorteile realisieren und wirklich nachhaltiger agieren zu können, müssen Unternehmen einige Hürden überwinden.

Produktionsvorlaufzeiten spielen in der Industrie eine entscheidende Rolle, da es ohne eine regionale Aufstellung schwer ist, effizient auf Marktveränderungen zu reagieren. Hinzu kommt die unzureichende Verfügbarkeit relevanter Daten. Um präzise Prognosen erstellen zu können, brauchen Unternehmen Zugriff auf umfassende und genaue Daten. Beispielsweise das Wetter übt einen starken Einfluss auf die Nachfrage von bestimmten Produkten aus, doch der Zugriff auf die aktuellsten und möglichst akkuraten Daten ist oftmals problematisch. Um kurzfristig reagieren zu können, müssen Unternehmen daher besonders anpassungsfähig sein.

Silana garantiert diese Flexibilität durch die vielseitige Einsetzbarkeit seiner Roboter, die mit verschiedenen Stoffen und Schnitten kompatibel sind und schnell umgestellt werden können. Die Maschinen erkennen, welcher Stoff für welches Produkt benötigt wird, indem sie auf existierende Daten zurückgreifen. Durch dieses anpassungsfähige vollautomatisierte System kann effizient gearbeitet werden, auch wenn Daten erst kurzfristig bereitgestellt werden können. Außerdem fällt jegliche Handarbeit weg, was dazu beiträgt, regionale Produktion kostengünstig anbieten zu können.

Die Herausforderung besteht jedoch darin, Produzenten von der Automatisierung der Produktion zu überzeugen und gleichzeitig Marken dafür zu gewinnen, solche regional hergestellten Produkte aus Hochlohnländern zu kaufen. Um dies zu erreichen, muss Profitabilität gewährleistet werden.

Daher gestaltet sich das FIT von C&A als nicht vollkommen ideal: Obwohl die Fabrik zahlreiche ökologische und auch soziale Vorteile bietet, schneidet sie bei ökonomischen Aspekten schlechter ab – aus dem Grund, dass Handarbeit weiterhin eine zu große Rolle spielt. »Wenn du in China bleiben möchtest, [...] eine extrem komplexe Supply Chain in Kauf [nehmen willst] und dadurch immer noch Überproduktion promotest, dann werden teilautomatisierte Systeme ausreichen, aber wenn du sagst, du möchtest in Deutschland zu gleichen Preisen wie in China produzieren, dann musst du weg von der Handarbeit«, so Michael Hofmannrichter.

Und genauso gestaltet das Familienunternehmen Trigema unter der Führung von Wolfgang & Bonita Grupp seine Produktion. Als eine der wenigen vollintegrierten Manufakturen ermöglicht Trigema noch heute die Fertigung von Mode in Deutschland. Darüber hinaus investiert Trigema im Rahmen seiner Positionierung als regionaler Produzent in Vollautomatisierung und tritt als erster Kunde von silana auf, um durch vereinte Innovationskraft den Produktionsstandort in Deutschland aufrechtzuerhalten.

Denn um tatsächlich ökologisch, sozial und ökonomisch nachhaltiger zu arbeiten – also regional genauso effizient wie beispielsweise in Asien produzieren zu können –, ist Vollautomatisierung unerlässlich. Nur so können Unternehmen regionale Produktion nachhaltig gestalten und deren Vorteile vollständig ausschöpfen.

↘ FAZIT

Dieses Kapitel hat uns gezeigt, dass die Fast-Fashion-Branche in allen Nachhaltigkeitsdimensionen und Wertschöpfungsbereichen mit erheblichen Problemen konfrontiert ist. Von der Gewinnung der Rohstoffe über die Produktionsstätten und -prozesse bis hin zum Vertrieb und zur Entsorgung von Textilien – überall gibt es Herausforderungen, die es dringend zu bewältigen gilt.

Die gute Nachricht ist, dass es bereits in jeder Phase der Wertschöpfungskette vielversprechende Ansätze gibt, um diesen Problemen entgegenzuwirken. Dazu zählen zum Beispiel die Entwicklung des 3D-Drucks für die Herstellung nachhaltiger Materialien, der Einsatz innovativer Technologien zur Bekämpfung von Wasserverbrauch und -verschmutzung oder die Integration von Augmented Reality, um die Folgen zahlloser Retouren zu minimieren.

Die schlechte Nachricht ist jedoch, dass es weitaus mehr braucht als einfache Systeme und minimale Anpassungen. Es gibt immer noch viele Hürden, die überwunden werden müssen, und tiefgreifende Veränderungen, die notwendig sind, um die Branche wirklich nachhaltig zu gestalten. Der Weg zu einer umweltfreundlicheren Modeindustrie ist komplex und erfordert Handeln auf allen Ebenen.

Abschließend können wir festhalten, dass der Wandel der Fashion-Industrie hin zu mehr Nachhaltigkeit unvermeidlich und notwendig ist. Die Kombination aus dem wachsenden Bewusstsein der Gesellschaft und strengeren gesetzlichen Vorgaben führt zu einem Umdenken in der Branche. Unternehmen, die jetzt handeln, Nachhaltigkeit in ihre Strategien einbinden und innovative Systeme entwickeln, werden sowohl veränderten Anforderungen gerecht und sichern sich Wettbewerbsvorteile. Denn der nachhaltige Wandel ist nicht nur eine Reaktion auf den externen Druck der Gesellschaft und politischer Instanzen, sondern eine Chance, die Modebranche verantwortungsbewusst und in allen Dimensionen nachhaltig zu gestalten.

ANMERKUNGEN

1 Smithsonian Institution, o. D. (https://www.si.edu/object/1851-isaac-singers-sewing-machine-patent-model%3Anmah_1071133).
2 C&A Corporate: Wie alles begann, o. D. (https://www.c-and-a.com/de/de/corporate/company/ueber-ca/geschichte/ca-geschichte).
3 McKinsey & Company: What is fast fashion?, 2023 (https://www.mckinsey.com/featured-insights/mckinsey-explainers/what-is-fast-fashion).
4 McKinsey & Company: What is fast fashion?, 2023.
5 Revenue of the apparel market worldwide from 2018 to 2028, 2024 (https://www.statista.com/forecasts/821415/value-of-the-global-apparel-market).
6 A. Balchandani, E. Starzynska, D. Barrelet, G. D'Auria, F. Rölkens & I. Amed: The State of Fashion 2024: Finding pockets of growth as uncertainty reigns. McKinsey & Company, 2023 (https://www.mckinsey.com/industries/retail/our-insights/state-of-fashion).
7 Statista Market Insights: Fashion e-commerce worldwide - statistics & facts, 2024 (https://www.statista.com/topics/9288/fashion-e-commerce-worldwide/#topicOverview).
8 Statista Market Insights: Nutzeranzahl im E-Commerce-Markt für Bekleidung in Deutschland in den Jahren 2020 bis 2029, 2024 (https://de.statista.com/prognosen/488110/prognose-der-e-commerce-nutzer-bekleidung-in-deutschland).
9 P. Smith: Projected carbon dioxide equivalent emissions of the apparel industry worldwide from 2019 to 2030. Statista Market Insights, 2024 (https://www.statista.com/statistics/1305696/apparel-industry-co2e-emissions/).
10 Destatis: Treibhausgase: G20 verursachen 81 % der globalen CO_2-Emissionen, 2022 (https://www.destatis.de/DE/Themen/Laender-Regionen/Internationales/Thema/umwelt-energie/umwelt/G20_CO2.html#:~:text=Der%20weltweite%20CO2%20%2DAussto%C3%9F,waren%20die%20G20%2DStaaten%20verantwortlich.).
11 McKinsey & Company: What is fast fashion?, 2023.

12 The European Parliament: The impact of textile production and waste on the environment (infographics), 2020 (https://www.europarl.europa.eu/topics/en/article/20201208STO93327/the-impact-of-textile-production-and-waste-on-the-environment-infographics).
13 S. Kucher: The impact of sustainability in fashion: Doing good for your bottom line, 2022 (https://www.simon-kucher.com/sites/default/files/studies/Simon-Kucher-Partners--Sustainability-Study-Report-Sep-2019.pdf).
14 McKinsey & Company: What is fast fashion?, 2023.
15 A. Balchandani, E. Starzynska, D. Barrelet, G. D'Auria, F. Rölkens & I. Amed: The State of Fashion 2024: Finding pockets of growth as uncertainty reigns. McKinsey & Company, 2023.
16 The European Parliament: The impact of textile, 2020.
17 Business of Fashion: Unpacking Fashion's Future of Sustainability, 2024 (https://www.businessoffashion.com/articles/sustainability/oeko-tex-unpacks-fashion-future-of-sustainability-regulation-and-certification-of-supply-chain/).
18 McKinsey & Company: What is fast fashion?, 2023.
19 McKinsey & Company: What is fast fashion?, 2023.
20 SASB: Apparel, Accessories & Footwear, o. D. (https://sasb.ifrs.org/standards/materiality-finder/find/?industry%5B0%5D=CG-AA).
21 Youyang Song, o. D. (https://youyangsong.com/).
22 SASB: Apparel, Accessories & Footwear, o. D.
23 McKinsey & Company: What is fast fashion?, 2023.
24 Clean Clothes Campaign, o. D. (https://cleanclothes.org/poverty-wages).
25 R. K. Seidu, E. A. Ofori, B. Eghan, G. K. Fobiri, A. O. Afriyie, R. Acquaye: A systematic review of work-related health problems of factory workers in the textile and fashion industry. In: *Journal of Occupational Health*, 66(1), 2024 (uiae007, https://doi.org/10.1093/joccuh/uiae007).
26 C&A Sustainability Report 2022, o. D. (https://www.c-and-a.com/image/upload/v1695633741/corporate/pdf/reporting/sustainability/CA-Sustainability-Report-2022.pdf).
27 C&A Sustainability Report 2022, o. D.
28 *Business of Fashion*: Levi's Looks to Cut Denim's Water Impact Where It Most Counts, 2023 (https://www.businessoffashion.com/news/sustainability/levis-looks-to-cut-denims-water-impact-where-it-most-counts/).
29 The European Parliament: The impact of textile production, 2020.
30 SASB: Apparel, Accessories & Footwear, o. D.
31 C&A Corporate: FIT – Factory for Innovation in Textiles, o. D (https://www.c-and-a.com/eu/en/corporate/company/highlight-projects/fit-factory).
32 A. Granskog, L. Lee, C. Sawers & K. H. Magnus: Survey: Consumer sentiment on sustainability in fashion, 2020 (McKinsey & Company. https://www.mckinsey.com/industries/retail/our-insights/survey-consumer-sentiment-on-sustainability-in-fashion).
33 S. Kent: E-Commerce is Helping Fashion but hurting the Planet. Business of Fashion, 2020 (https://www.businessoffashion.com/articles/sustainability/e-commerce-fashion-sustainability-climate-waste-emissions/).

34 L. Tonti: »Every package carries a hidden cost«: is it better for the environment to shop online or in-store? *The Guardian*, 2024 (https://www.theguardian.com/lifeandstyle/2024/feb/27/reduce-carbon-footprint-clothes-shopping-online-or-retail).

35 B. Marr: What will Fashion Retail look like in the future? *Forbes*, 2023 (https://www.forbes.com/sites/bernardmarr/2023/07/13/what-will-fashion-retail-look-like-in-the-future/).

36 Kleiderly, o. D. (https://www.kleiderly.com/).

37 Renewcell, o. D. (https://www.renewcell.com/en/).

38 Renewcell, o. D.

39 Kleiderly, o. D.

Das Gesundheitswesen im Wandel

Nachhaltige Innovationen für eine bessere Versorgung

Carolin Kröger

↘ AUSGANGSLAGE UND HERAUSFORDERUNGEN

Wenn ich mir ein nachhaltiges und digitalisiertes Gesundheitssystem vorstelle, sehe ich Kliniken, die effizient und ressourcenschonend arbeiten, ich sehe KI-Systeme, die Diagnosen beschleunigen und den administrativen Aufwand minimieren. Ich kann die meisten Termine per Telemedizin von zu Hause wahrnehmen und so auch meine Vitalparameter per Smartwatch teilen. Nicht nur ich habe Zugang zu meinen Gesundheitsdaten, sondern auch all meine Ärztinnen und Ärzte. Ich spare mir die Fahrt mit dem Auto, muss mir bei der Arbeit nicht freinehmen und bin rechtzeitig daheim, um Zeit mit meinen Kindern zu verbringen. Gleichzeitig sehe ich die Gesundheitsdaten meines Vaters und kann ihm helfen, die Herausforderungen des Alterns zu meistern.

Die Realität sieht (noch) anders aus:

DER DEMOGRAFISCHE WANDEL – EIN IMMER STEILERER ANSTIEG

Gemeinsam mit meinem Vater altert unsere Gesellschaft. Damit benötigen immer mehr Menschen Zugang zum Gesundheitssystem. Bis 2035 wird die Zahl der Rentnerinnen und Rentner in Deutschland um vier Millionen auf 20 Millionen steigen, während die Zahl der Pflegebedürftigen auf fast sieben Millionen anwachsen wird.[1]

Gleichzeitig fehlen in Deutschland derzeit etwa 50 000 Ärztinnen,[2] und bis 2049 könnte ein Defizit von 280 000 bis 690 000 Pflegekräften[3] die Versorgungssituation weiter verschärfen. Ärzte und Pflegepersonal sind heute schon überlastet, es resultieren lange Wartezeiten und eine damit verbundene sinkende Versorgungsqualität. Wie kann eine alternde Bevölkerung versorgt werden, wenn bereits heute das medizinische Personal nicht ausreicht?

LIFESTYLE-ERKRANKUNGEN – MEHR GEPÄCK AUF DEM WEG

Hinzu kommen Lifestyle-Erkrankungen, also Krankheiten, auf welche wir selbst durch unsere Lebensweise starken Einfluss haben. Dazu gehören unter anderem Diabetes, Herz-Kreislauf-Erkrankungen, Übergewicht und Demenz. Diese Erkrankungen erfordern oft eine langfristige und häufig kostenintensive Behandlung. Auch wenn Begriffe wie »Longevity« an Hype gewinnen, ist die Prävention solcher Lifestyle-Krankheiten nach wie vor unzureichend. Das System ist darauf ausgerichtet, Symptome zu behandeln, statt Ursachen zu bekämpfen.

DER KLIMAWANDEL – UNVORHERSEHBARE WETTERBEDINGUNGEN

Neben den direkten Folgen des Klimawandels für unsere Gesundheit, etwa durch Hitzewellen und neue Infektionskrankheiten, ist der Gesundheitssektor selbst ein Klimasünder. Wäre das Gesundheitswesen ein Land, wäre es der fünftgrößte CO_2-Emittent der Welt. In Deutschland allein werden 57,5 Millionen Tonnen CO_2 jährlich ausgestoßen, das sind 5,2 Prozent[4] der nationalen Emissionen.

Es klingt fast ironisch: Ein Sektor, der für das Wohl der Menschen sorgt, trägt gleichzeitig massiv zu den Umweltproblemen bei, die wiederum die Gesundheit gefährden.

↘ EINBLICKE UND INSPIRATION

Trotz oder auch aufgrund dieser Herausforderungen gibt es innovative Ansätze, die digitale Transformation und Nachhaltigkeit im Gesundheitssektor vereinen. Solche Best-Practice-Beispiele zeigen, wie Technologie genutzt wird, um die Effizienz zu steigern, Ressourcen zu schonen und gleichzeitig die Versorgung der Patientinnen und Patienten zu verbessern. Im Folgenden stelle ich drei solcher Initiativen vor, die das Potenzial haben, den Gesundheitssektor nachhaltig zu transformieren.

VIVANTES – KI ALS ENTLASTUNG FÜR KLINIKPERSONAL UND PATIENTENVERSORGUNG

Auf dem Weg zum Gipfel begegnet mir mein erster Gesprächspartner: Dr. med. Falk Lübbe, Projektleiter im Bereich Digital Health und Innovation bei Vivantes. Er kümmert sich um klinische Innovationen mit dem Ziel, die Arbeitsbelastungen im ärztlichen und pflegerischen Bereich durch hochgradig innovative digitale Tools zu reduzieren und dadurch auch eine bessere Versorgung von Patientinnen und Patienten zu ermöglichen. »In unserer Abteilung beschäftigen wir uns unter anderem mit der Anwendung innovativer Technologie wie AI, Big Data und mit Telehealth«, so Lübbe. Er hat selbst zuvor in der Radiologie als Arzt gearbeitet und weiß, wovon er spricht: »Ich habe es aus erster Hand mitbekommen, wie belastend und frustrierend dieser Beruf sein kann. Gleichzeitig habe ich mich ein bisschen machtlos gefühlt. Jetzt arbeite ich an Leuchtturmprojekten für sieben Kliniken, für den größten kommunalen Anbieter Deutschlands. Ich habe das Gefühl, es ist sinnvoll, was ich tue.«

KI-gesteuerte Arztbriefgenerierung ermöglicht mehr Zeit am Patienten

Eine aktuell evaluierte Anwendung ist die KI-gesteuerte Erstellung von Arztbriefen. Diese Technologie nutzt Large Language Models (LLMs), um Ärztinnen die zeitaufwendige Aufgabe des Verfassens von Arztbriefen abzunehmen. »Der administrative Aufwand im medizinischen Bereich hat in den letzten Jahren stark zugenommen«, erklärt Lübbe. »Ich bin sicher, dass solch eine Lösung in den Kliniken sehr dankbar angenommen wird, weil sie den Ärzten mehr Zeit für die direkte Patientenbetreuung verschafft.« Tatsächlich zeigt sich in ersten wissenschaftlichen Evaluationen, dass diese KI-Systeme den Schreibprozess erheblich beschleunigen und die Genauigkeit der Dokumentation verbessern können.

KI-basierte Risikowarnsysteme steuern zielgerichtet begrenzte Ressourcen und verhindern Patientenleid

Ein weiteres Projekt von Vivantes betrifft KI-basierte Risikowarnsysteme, die das Klinikpersonal dabei unterstützen, begrenzte Ressourcen gezielt dort einzusetzen, wo sie am dringendsten benötigt werden. Solche Risikowarnsysteme identifizieren Patienten mit erhöhtem Risiko für schwerwiegende Erkrankungen wie Delir, Sepsis oder Nierenversagen und priorisieren deren Behandlung. »Wir sehen uns genau an, wie die Algorithmen trainiert wurden, und prüfen in eigenen Studien, ob sie den Anforderungen der klinischen Praxis gerecht werden«, erklärt Lübbe. Ein Beispiel ist die Früherkennung von Delir auf geriatrischen Stationen. In Zusammenarbeit mit Pflegekräften werden hier gezielt Tests durchgeführt, um die Wirksamkeit der KI zu validieren. Erste Ergebnisse sind vielversprechend, auch wenn noch Feinjustierungen notwendig sind.

»Der Schlüssel zum Erfolg liegt darin, die Klinikerinnen von Anfang an in die Validierung der Systeme einzubeziehen«, betont Lübbe. »Nur wenn die tatsächlichen Bedürfnisse und Herausforderungen des Klinikalltags berücksichtigt werden, können solche Technologien nachhaltig in die Versorgung integriert werden.« Diese enge Zusammenarbeit und der iterative Entwicklungsprozess haben bereits in einigen Abteilungen von Vivantes zu einer spürbaren Entlastung des Personals geführt.

Nicht nur ökologische, sondern vor allem soziale Nachhaltigkeit steht im Fokus

Neben der technologischen Innovation steht die soziale Verantwortung im Vordergrund. »Wir dürfen nicht vergessen, dass es letztlich um die Entlastung der Mitarbeiterinnen und die Verbesserung der Patientenversorgung geht«, so Lübbe. »Das ist für uns der Kern sozialer Nachhaltigkeit.« Gleichzeitig ist sich das Team im Bereich Digital Health & Innovation seiner Verantwortung bewusst: »Wir setzen KI nur dort ein, wo es sinnvoll ist und wirklich einen klinischen Mehrwert bringt.« Dieses bewusste Vorgehen unterstreicht, dass technologische Innovation im Gesundheitswesen nicht nur zu Effizienzsteigerungen, sondern auch zur besseren Versorgung und einem nachhaltigeren Einsatz von Ressourcen beitragen kann.

Neben Innovationen in Kliniken, glaubt Lübbe, dass für die Nachhaltigkeit im Gesundheitssektor insbesondere die Telemedizin in den nächsten Jahren eine entscheidende Rolle spielen wird.

DOKTOR.DE – NACHHALTIGKEIT UND ZUGÄNGLICHKEIT DANK TELEMEDIZIN

Die Einführung der Telemedizin hat das Potenzial, das Gesundheitssystem grundlegend zu transformieren und gleichzeitig nachhaltiger zu gestalten. Insbesondere in ländlichen Regionen, wo der Mangel an Ärzten und Fachpersonal besonders spürbar ist, bietet Telemedizin eine effiziente und umweltfreundliche Alternative zu langen Anfahrtswegen und überfüllten Praxen. Auf einer Berghütte mit einem wunderschönen Blick ins Tal treffe ich meine ehemalige Kollegin Dr. med. Susanne Kreimer und tauche tiefer in dieses spannende Thema ein. Susanne ist die ehemalige Geschäftsführerin von doktor.de, einer hybriden medizinischen Plattform, die sowohl telemedizinische Dienstleistungen als auch physische hausärztliche Praxen anbietet.

Susanne, welche Rolle spielt Telemedizin bei der nachhaltigen Transformation der Gesundheitsversorgung? Und wieso ist Telemedizin noch nicht viel weiter verbreitet in Deutschland?

»Telemedizin spielt eine entscheidende Rolle in der nachhaltigen Transformation der Gesundheitsversorgung. Sie reduziert den Bedarf an physischen Besuchen in Arztpraxen oder Kliniken, was zu weniger Verkehr und damit zu einer Verringerung der CO_2-Emissionen führt. Zudem wird der Ressourceneinsatz in den Praxen reduziert, etwa durch weniger Papierverbrauch oder durch die Vermeidung von Einwegmaterialien. Telemedizin ermöglicht es auch, Behandlungszeiten zu optimieren und Engpässe im Gesundheitssystem zu mindern, indem sie den Zugang zu medizinischer Beratung erleichtert. In Deutschland ist Telemedizin jedoch noch nicht so weit verbreitet, wie sie sein könnte, was hauptsächlich an regulatorischen Hürden, dem Datenschutz und der noch bestehenden Skepsis in der Bevölkerung liegt. Außerdem erfordert die vollständige Integration von Telemedizin in den Versorgungsalltag technologische Investitionen, sowohl bei den Praxen als auch bei den Patientinnen und Patienten.«

Welchen Anwendungsfall siehst du als vielversprechend an?
»Ein besonders vielversprechender Anwendungsfall ist der Einsatz von KI-gestützten Diagnosetools in der Telemedizin. KI kann beispielsweise durch das Analysieren von Bildmaterialien oder Patientenakten schneller und präziser als je zuvor helfen, Krankheiten zu erkennen und personalisierte Behandlungspläne zu entwickeln. Diese Technologie befindet sich in der Gesundheitsversorgung bereits in einem fortgeschrittenen Stadium und wird zunehmend in telemedizinischen Plattformen implementiert.«

Welche bevorstehenden Projekte begeistern dich im Rahmen der nachhaltigen digitalen Transformation am meisten?
»Ich bin besonders begeistert von Projekten, die sich auf die Entwicklung KI-gestützter Präventions- und Diagnoseplattformen konzentrieren. Diese Technologien haben das Potenzial, das Gesundheitssystem tiefgreifend zu verändern, indem sie präventive Gesundheitsmaßnahmen fördern und eine frühzeitige Diagnose ermöglichen, was langfristig Kosten senkt und das System entlastet.«

Was braucht es im Gesundheitswesen, um Digitalisierung und Nachhaltigkeit vermehrt gemeinsam zu denken?
»Es braucht vor allem einen umfassenden Wandel im Denken und in der Zusammenarbeit der verschiedenen Akteure. Es ist wichtig, dass Regierungen und Institutionen klare Anreize setzen, um nachhaltige digitale Technologien zu fördern und den rechtlichen Rahmen zu schaffen, der sowohl Innovation als auch nachhaltige Praktiken begünstigt. Die Integration von digitalen Technologien sollte nicht nur als Effizienzsteigerung, sondern auch als Mittel zur Ressourcenschonung betrachtet werden. Dafür sind auch Bildungsinitiativen notwendig, die das Bewusstsein für die Potenziale der Digitalisierung und deren Beitrag zur Nachhaltigkeit schärfen.«

Und last, but not least: Warum hast du aufgehört, als Ärztin tätig zu sein, und widmest dich nun dem Thema Digital Health?
»Ich habe als Ärztin erlebt, wie schwerfällig und ineffizient unser Gesundheitssystem in vielen Bereichen ist. Dabei habe ich erkannt, dass digitale Technologien eine immense Chance bieten, diese Probleme zu lösen und die Gesundheitsversorgung grundlegend zu verbessern. Mich begeistert der Gedanke, dass ich durch meine Arbeit im Bereich Digital Health nicht nur einzelne Patienten, sondern das gesamte System positiv beeinflussen kann. Die Möglichkeit, eine digitale Infrastruktur zu schaffen, die für Millionen von Menschen zugänglich ist und gleichzeitig einen Beitrag zur Nachhaltigkeit leistet, hat mich dazu bewogen, mich auf diesen Bereich zu fokussieren.«

TECHNIKER KRANKENKASSE – IMPULSGEBER FÜR NACHHALTIGE GESUNDHEITSVERSORGUNG

Beschwingt durch das Treffen mit Susanne mache ich mich voller Elan und Neugier auf ins nächste Wanderabenteuer. Ich möchte noch mehr über

Nachhaltigkeit und andere Akteure des Gesundheitswesens erfahren. Und so treffe ich auf Dr. Sarah Windolph-Lübben, seit 2022 Nachhaltigkeitsmanagerin bei der Techniker Krankenkasse (TK). Der Aspekt Nachhaltigkeit und Corporate Social Responsibility war für sie als Wirtschaftswissenschaftlerin das fehlende Puzzlestück: »Ich habe festgestellt, dass es möglich ist, Geld zu verdienen und Wert zu schaffen und das gleichzeitig auf eine gute Weise zu tun.«

»Gesunde Menschen gibt es nur auf einer gesunden Erde. Das heißt, wenn wir jetzt Nachhaltigkeit außer Acht lassen, dann werden wir irgendwann – und in Teilen bereits jetzt – nicht mehr gesund leben können.«

Dr. Sarah Windolph-Lübben zum Begriff der planetaren Gesundheit

Die TK hat in den letzten Jahren erhebliche Anstrengungen unternommen, Nachhaltigkeit systematisch in ihren Geschäftsbereichen zu verankern. Windolph-Lübben beschreibt den ganzheitlichen Ansatz der Krankenkasse so: »Nachhaltigkeit ist ein Querschnittsthema, das alle Bereiche betrifft, von der internen Verwaltung über die Beschaffung bis hin zur Versorgung.« Dieser umfassende Ansatz spiegelt sich in der Vielfalt der Projekte und Maßnahmen wider, die die TK in diesem Bereich vorantreibt.

Qualitätssiegel für nachhaltige Arztpraxen

Ein zentrales Projekt ist die Einführung eines Qualitätssiegels für nachhaltige Arztpraxen, für das beispielsweise Hausarztpraxen, die sich am TK-Vertrag zur Hausarztzentrierten Versorgung (HZV) beteiligen, einen kleinen finanziellen Anreiz erhalten. In Zusammenarbeit mit dem aQua-Institut hat die TK ein Programm entwickelt, das Arztpraxen unterstützt, ökologische und soziale Nachhaltigkeitsaspekte in ihren Praxisalltag zu integrieren. »Das Programm ist modular aufgebaut und umfasst Schulungen sowie konkrete Maßnahmen, die Praxen umsetzen müssen, um das Siegel zu erhalten«, erklärt Windolph-Lübben. Ziel ist es, nicht nur den CO_2-Fußabdruck der Praxen zu reduzieren, sondern auch Klimaauswirkungen in der Versorgung zu berücksichtigen sowie die Resilienz der Mitarbeiterinnen und Mitarbeiter zu stärken – ein Aspekt, der insbesondere durch die Belastungen der Coronapandemie an Bedeutung gewonnen hat.

Befähigung von Krankenhäusern

»Ein weiterer relevanter Hebel für eine nachhaltige Gesundheitsversorgung liegt in der Krankenhauslandschaft«, berichtet Windolph-Lübben. In einer Studie in Zusammenarbeit mit dem Deutschen Krankenhausinstitut (DKI) wurde der Stand der Nachhaltigkeitsbemühungen in deutschen Krankenhäusern erfasst. Die Ergebnisse zeigen, dass eher größere Krankenhäuser bereits Maßnahmen zur CO_2-Reduktion umsetzen, während kleinere Häuser oft noch mit der Komplexität des Themas kämpfen. Auf Basis dieser Erkenntnisse haben TK und DKI mit der »Impuls kompakt«-Publikationsreihe ein Know-how-Transferformat entwickelt, das Krankenhäusern den Einstieg in das Nachhaltigkeitsmanagement erleichtern soll. »Es geht darum, den Krankenhäusern praxisnahe Hilfestellungen zu geben, zum Beispiel zu umweltfreundlichen Narkosegasen oder dazu, wie sie CO_2-Bilanzen erstellen und nachhaltige Beschaffungsprozesse etablieren können«, erläutert Windolph-Lübben.

↘ LÖSUNGSWEGE UND AUSBLICK

Die Reise zu einem nachhaltigen und patientenzentrierten Gesundheitssystem gleicht einer fordernden Bergbesteigung. Der Gipfel – ein System, das effizient, umweltfreundlich und zukunftsfähig ist – scheint zum Greifen nah, doch der Weg dorthin ist steil und komplex. Ähnlich wie Bergsteiger, die ihre Ausrüstung sorgfältig auswählen und strategische Entscheidungen treffen müssen, brauchen wir auf diesem Weg gezielte Maßnahmen und die richtigen Werkzeuge. Drei zentrale Ansätze können den Aufstieg erleichtern: die Verbesserung der Effizienz durch Digitalisierung und künstliche Intelligenz (KI), die Reduzierung des ökologischen Fußabdrucks und ein optimierter Datenaustausch durch Interoperabilität.

EFFIZIENZSTEIGERUNG: DIGITALISIERUNG UND KI ALS TREIBSTOFF FÜR DEN AUFSTIEG

Eine der größten Herausforderungen im heutigen Gesundheitssystem ist die zunehmende Überlastung durch administrative Aufgaben und ineffiziente Prozesse. Hier bieten Digitalisierung und KI-gestützte Lösungen die nötige Unterstützung, um das Gesundheitssystem effizienter zu gestalten. Einige Vorreiter, wie Vivantes und doktor.de, haben gezeigt, wie der Einsatz von Technologie medizinische und administrative Prozesse erheblich entlasten kann.

Ein Beispiel für die Effizienzsteigerung durch KI sind Diagnosetools, die mithilfe großer Datenmengen Krankheiten schneller und präziser erkennen. Ärztinnen profitieren von unterstützenden Systemen, die ihnen bei der Entscheidungsfindung zur Seite stehen und ihnen Zeit für die persönliche Betreuung der Patienten verschaffen. Diese Technologien sind keine bloßen Spielereien, sondern entscheidende Elemente, um ein effizientes Gesundheitssystem zu gestalten.

GESUNDHEITS-APPS UND PERSONALISIERTE MEDIZIN

Auch aufseiten der Patientinnen kann die Digitalisierung erheblich zur Effizienzsteigerung beitragen. Gesundheits-Apps und Wearables werden in Zukunft helfen, Gesundheitsdaten eigenständig zu überwachen und diese mit Ärzten zu teilen. Die personalisierte Medizin ist noch eine Vision, und gegenwärtig sehen wir viele Hürden. Doch auch im Hinblick auf den demografischen Wandel und den Anstieg von Lifestyle-Erkrankungen, die das Gesundheitssystem immer stärker belasten, stellt dies einen wichtigen Ansatz dar.

NACHHALTIGKEIT: TELEMEDIZIN UND DIGITALISIERUNG ZUR REDUZIERUNG DES ÖKOLOGISCHEN FUSSABDRUCKS

Neben der Effizienzsteigerung spielt die Reduktion des CO_2-Fußabdrucks eine wesentliche Rolle in der Transformation des Gesundheitswesens. Krankenhäuser und Kliniken verbrauchen erhebliche Mengen an Energie, und auch der Transport von Patientinnen sowie die Herstellung medizinischer Produkte tragen maßgeblich zur Umweltbelastung bei. Ein einzelnes Krankenhausbett verbraucht pro Jahr durchschnittlich doppelt so viel Strom wie ein Privathaushalt mit drei Personen und so viel Energie wie ein 120 Quadratmeter großes Reihenhaus. Es produziert mehr Abfall als drei Personen, was den dringenden Bedarf an nachhaltigen Lösungen verdeutlicht.[5]

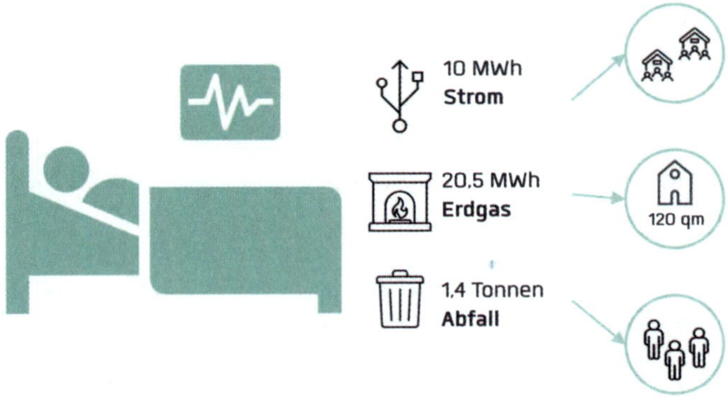

TELEMEDIZIN ALS SCHLÜSSEL ZUR EMISSIONSREDUKTION

Telemedizin bietet eine vielversprechende Lösung, um den CO_2-Fußabdruck im Gesundheitswesen zu reduzieren. Virtuelle Arztbesuche und die Fernüberwachung von Vitalwerten sparen den Patienten unnötige Anfahrtswege und reduzieren den Verkehr, was nicht nur die Emissionen senkt, sondern auch den Energieverbrauch in Kliniken und Praxen verringert.

Zusätzlich zur Telemedizin kann die Digitalisierung der Krankenhausinfrastruktur dazu beitragen, den Energieverbrauch zu senken. Der Einsatz von cloudbasierten Systemen für die Verwaltung medizinischer Daten reduziert den Bedarf an physischen Servern und Papierakten, was wiederum den Energieverbrauch und die Abfallproduktion mindert. Die Integration nachhaltiger Beschaffungsstrategien, wie sie etwa von der Techniker Krankenkasse gefördert wird, zeigt ebenfalls, dass durch gezielte Maßnahmen der ökologische Fußabdruck deutlich reduziert werden kann. Auch kleinere Veränderungen auf Mikroebene, wie die Schulung von Arztpraxen zur Energieeinsparung, tragen zu einer verbesserten Nachhaltigkeitsbilanz bei.

INTEROPERABILITÄT: OPTIMIERTER DATENAUSTAUSCH ALS BASIS FÜR EIN NACHHALTIGES GESUNDHEITSSYSTEM

Der Schlüssel zur erfolgreichen Nutzung digitaler Technologien im Gesundheitswesen liegt in der Interoperabilität – der Fähigkeit, dass verschiedene Systeme und Akteure reibungslos miteinander kommunizieren können. Die digitale Erfassung und Nutzung von Gesundheitsdaten kann nur dann ihr volles Potenzial entfalten, wenn diese Daten systemübergreifend verfügbar und zugänglich sind. Hierbei kann in Zukunft die elektronische Patientenakte (ePA) eine zentrale Rolle spielen, indem sie alle relevanten Gesundheitsinformationen einer Patientin zentral speichert und den Zugriff für alle beteiligten Ärzte ermöglicht.

GESUNDHEITSDATEN ALS GRUNDLAGE FÜR PRÄVENTION

Wie Prof. Sylvia Thun, Professorin am Berlin Institute of Health (BIH) und Expertin für Interoperabilität, betont, sind Gesundheitsdaten die Grundlage für eine zukunftsfähige und präventive Versorgung.[6] Durch die Sammlung und Analyse dieser Daten lassen sich präventive Maßnahmen ergreifen, bevor Krankheiten schwerwiegend werden. Dies verbessert nicht nur die Lebensqualität der Patienten, sondern entlastet auch das Gesundheitssystem, indem es die Belastung durch chronische und langwierige Erkrankungen reduziert. Prävention und proaktive Versorgung werden so zu integralen Bestandteilen eines nachhaltigen Systems.

VERNETZUNG VON AKTEUREN UND FÖRDERUNG VON INNOVATION

Eine verbesserte Interoperabilität ermöglicht es außerdem, alle Akteure im Gesundheitswesen – von Krankenhäusern über niedergelassene Ärztinnen bis hin zu Pflegeeinrichtungen – miteinander zu vernetzen. Dies verbessert die Qualität der Versorgung, erhöht die Effizienz und fördert gleichzeitig Innovationen im Bereich der digitalen Gesundheitslösungen. Start-ups und Technologieunternehmen profitieren von der Verfügbarkeit von Gesundheitsdaten, um neue digitale Lösungen zu entwickeln, die das System weiter voranbringen. Dies hat positive Auswirkungen nicht nur auf die Patientinnen, sondern auch auf das gesamte Gesundheitswesen.

HERAUSFORDERUNGEN AUF DEM WEG ZUM GIPFEL

Wie bei jeder anspruchsvollen Bergbesteigung gibt es auch bei der Transformation des Gesundheitssystems Hürden, die überwunden werden müssen. Die Skepsis gegenüber digitalen Gesundheitslösungen ist eine der größten Herausforderungen. Patienten und medizinisches Personal stehen Technologien wie Telemedizin und KI-basierten Diagnosen oft zögerlich gegenüber. Hier ist Aufklärungsarbeit nötig, um das Vertrauen in diese Innovationen zu stärken.

Auch der Datenschutz stellt eine wichtige Hürde dar. Der Umgang mit sensiblen Gesundheitsdaten erfordert klare rechtliche Rahmenbedingungen, um die Sicherheit dieser Daten zu gewährleisten. Ohne diese wird es schwierig, das volle Potenzial der digitalen Transformation auszuschöpfen.

Nicht zuletzt sind auch regulatorische Herausforderungen zu meistern. Viele Technologien, die für die digitale und nachhaltige Transformation nötig sind, stoßen auf rechtliche Hindernisse. Politische Initiativen und Reformen sind daher unerlässlich, um diese Hürden zu beseitigen und die nachhaltige Transformation des Gesundheitssystems voranzutreiben.

FAZIT: DER WEG ZUM GIPFEL – DIGITALISIERUNG UND NACHHALTIGKEIT ALS CHANCE FÜR DAS GESUNDHEITSSYSTEM

Die Vision eines digitalisierten und nachhaltigen Gesundheitssystems ist vergleichbar mit dem Aufstieg auf einen Berg. Der Weg ist herausfordernd, doch die Chancen, die sich durch technologische Innovationen wie künstliche Intelligenz (KI), Telemedizin und digitale Präventionsmaßnahmen bieten, sind enorm. Diese Technologien können die Effizienz des Gesundheitssystems steigern, den Ressourcenverbrauch senken und gleichzeitig die Patientenversorgung verbessern.

Wenn es uns außerdem gelingt, Menschen länger gesund zu halten, indem wir aktiv Prävention betreiben, werden wertvolle Ressourcen wie medizinisches Personal und finanzielle Mittel freigesetzt und können dort eingesetzt werden, wo sie am dringendsten benötigt werden.

Die Fallbeispiele von Vivantes, doktor.de und der Techniker Krankenkasse zeigen, dass bereits wichtige Schritte in Richtung dieses Ziels gemacht wurden. KI-gestützte Systeme entlasten Klinikpersonal, während Telemedizin den Zugang zu medizinischer Versorgung in ländlichen Gebieten erleichtert und gleichzeitig CO_2-Emissionen reduziert. Krankenkassen wie die TK setzen gezielt Anreize, um sowohl ökologische als auch soziale Nachhaltigkeitsziele zu fördern.

Mit klaren politischen Rahmenbedingungen, verstärkter Akzeptanz und der richtigen technologischen Ausrüstung kann eine nachhaltige, effiziente und zugängliche Gesundheitsversorgung erreicht werden.

ANMERKUNGEN

1 Destatis: 2035 werden in Deutschland 4 Millionen mehr ab 67-Jährige leben, 2022 (https://www.destatis.de/DE/Presse/Pressemitteilungen/2022/12/PD22_511_124.html).

2 Bundesärztekammer, 2023 (https://www.bundesaerztekammer.de/baek/ueber-uns/aerztestatistik/2023).

3 Destatis: Bis 2049 werden voraussichtlich mindestens 280 000 zusätzliche Pflegekräfte benötigt (https://www.destatis.de/DE/Presse/Pressemitteilungen/2024/01/PD24_033_23_12.html).

4 Arup & Healthcare without Harm: Global Road Map for Health Care Decarbonization, 2019 (https://www.arup.com/insights/the-global-road-map-for-health-care-decarbonization/).

5 Forum für Nachhaltigkeit im Gesundheitswesen (https://www.weactcon.de/storage/app/media/weactcon_2024/kongressberichte/3_WeACT%20Con_Workshop%205_Nachhaltigkeit.pdf) sowie Ärzteblatt (https://www.aerzteblatt.de/archiv/228241/Energiekrise-Gesundheitswesen-in-Bedraengnis) und Krankenhausstudie von BDO und Deutschem Krankenhausinstitut (DKI) (https://www.dki.de/pressemitteilung/nachhaltigkeit-in-deutschen-krankenhaeusern-es-braucht-ein-umdenken).

6 Forum für nachhaltigkeit im Gesundheitswesen (https://www.weactcon.de/storage/app/media/weactcon_2024/kongressberichte/3_weaCt%20Con_workshop%205_nachhaltigkeit.pdf)

Green Insurance

Wie Versicherungen digital und nachhaltig werden

Dr. Franziska Brühl

↘ AUSGANGSLAGE UND HERAUSFORDERUNGEN

Der Versicherungssektor in Deutschland durchläuft einen tiefgreifenden Wandel. Dieser wird durch zwei Hauptfaktoren angetrieben: Digitalisierung und Klimawandel.

Digitalisierung verändert Geschäftsprozesse und automatisiert Abläufe. Neue Wettbewerber bringen innovative Versicherungsprodukte und Services auf den Markt. Auch die Art und Weise, wie Versicherer mit ihren Kundinnen und Kunden kommunizieren, ändert sich grundlegend. Digitalisierung verbessert nicht nur Risikobewertungen und die Berechnung von Prämien, sondern schafft auch neue Geschäftsmöglichkeiten, etwa bei Cyberrisiken.

Der Klimawandel betrifft Versicherungen besonders stark, weil sie für das Absichern von Risiken und das Begrenzen von Schäden verantwortlich sind – auch für die, die durch den Klimawandel zunehmen. Versicherer decken Schäden ab, die durch Stürme, Hochwasser oder Erdrutsche entstehen. Da durch die Erderwärmung die Gefahr schwerer Naturkatastrophen steigt, wächst mit ihr auch das Risiko großer Sachschäden.[1] Digitale Transformation und Klimaschutzziele verändern also sowohl das Marktumfeld als auch die Unternehmensprozesse von Versicherungen. Gleichzeitig ermöglicht die digitale Transformation Versicherungen, dem Klimawandel aktiv entgegenzutreten, Nachhaltigkeit zu fördern und sich zugleich erfolgreich für die Zukunft aufzustellen.

Dieses Kapitel zeigt, wie Versicherungen Digitalisierung nutzen können, um aktiv für eine gute, nachhaltige Zukunft zu sorgen. Als einer der größten institutionellen Investoren und eine der umsatzstärksten Branchen in Deutschland haben Versicherungen nämlich entscheidenden Einfluss auf die Förderung von Nachhaltigkeit und Umweltschutz.[2]

Ein bisschen Hintergrundwissen zum Versicherungsmarkt: Versicherungen finanzieren Unternehmen, Immobilien, Banken und den öffentlichen Sektor durch ihre Kapitalanlagen mit einem Volumen von 1,9 Billionen Euro pro Jahr.

Mit ihren Investitionen fördern sie zudem den Ausbau von Infrastruktur und die Entwicklung neuer Technologien.[3]

Im Jahr 2022 gaben die Deutschen durchschnittlich 2647 Euro für Versicherungen aus, Tendenz steigend.[4] Das führt zu einem Gesamtumsatz von 223 Milliarden Euro, der dem Volumen aller Beiträge der Versicherten entspricht.

223 Mrd. €
Gesamtumsatz

Der Versicherungsmarkt setzt sich aus Erst- und Rückversicherungen zusammen. Erstversicherer übernehmen die Risiken von Privat- oder Geschäftskunden, Rückversicherer übernehmen wiederum einen Teil der Kosten für Versicherer, wenn ein Schaden auftritt, der die finanziellen Möglichkeiten des Versicherers übersteigt. Erstversicherer decken die folgenden Sparten ab: Schaden- und Unfallversicherungen (39 Prozent), Lebensversicherungen (16 Prozent) und Krankenversicherungen (9 Prozent). Die verbleibenden 36 Prozent der Versicherungsunternehmen setzen sich aus Rückversicherern, Pensionskassen und Sterbekassen zusammen. Viele der bekannten Versicherungsprodukte fallen in eine der oben genannten Sparten: Rentenversicherungen, Berufsunfähigkeitsversicherungen, Haftpflichtversicherungen sowie Produkte für Industriekunden, etwa Cyberversicherungen gegen Hackerangriffe. In den vergangenen 40 Jahren fand eine Marktkonzentration statt: Die Gesamtanzahl der Versicherungen in Deutschland hat sich von 809 im Jahr 1980

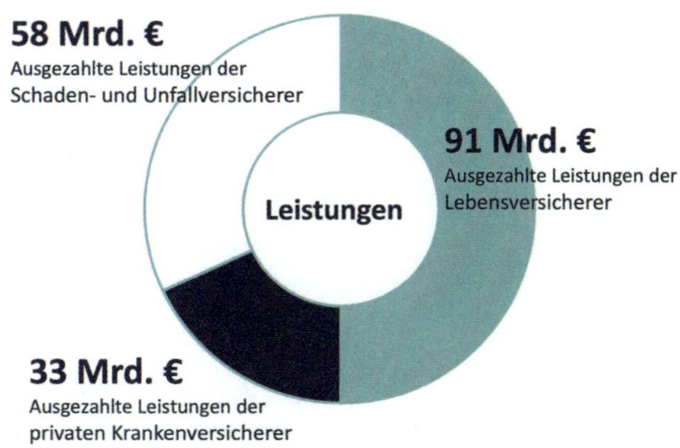

auf 506 im Jahr 2022 reduziert. Im selben Zeitraum sind Beitragszahlungen und ausgezahlte Leistungen deutlich gestiegen.[5]

Rückversicherungen sind wiederum die »Versicherung der Versicherung«. Bei der Rückversicherung überträgt der Erstversicherer einzelne Risiken oder ganze Portfolios auf den Rückversicherer. Dazu zählen vor allem Schadensersatzzahlungen nach Naturkatastrophen wie Hurrikans oder Überschwemmungen. Das weltweit größte Rückversicherungsunternehmen, gemessen am Volumen der gebuchten Bruttoprämien, ist die Munich RE.[6]

↘ EINBLICKE UND INSPIRATION

Versicherungen, egal ob Erstversicherer oder Rückversicherer, denen es gelingt, ihre Digitalstrategie mit ihrer Nachhaltigkeitsstrategie zu verbinden, werden künftig zu den erfolgreichsten Unternehmen ihrer Branche gehören.[7] Grund dafür ist, dass Digitalisierung und eine Transformation hin zu mehr Nachhaltigkeit eng miteinander verzahnt werden können und sich gegenseitig ergänzen. Durch Digitalisierung lassen sich beispielsweise Prozesse bei Erstversicherern optimieren. Neue intelligente Anwendungen ermöglichen Effizienzsteigerungen sowie das Einsparen von Ressourcen. Während Schadenfälle früher zum Beispiel noch per Brief gemeldet werden mussten, lassen sie sich heute mit digitalen Formularen standardisiert erfassen. Das spart Zeit, Arbeitskraft und Papier. Gleichzeitig bieten die digitale Erfassung und Analyse großer Datenmengen enorme Potenziale für die Förderung von Nachhaltigkeit. So nutzen vor allem Rückversicherer Big Data und KI-Modelle, um steigende Risiken aus Naturgefahren besser abzubilden und Risiken präziser zu bewerten.[8] Jedoch geht der Einsatz digitaler Technologien aufgrund eines erhöhten Energie- und Ressourcenverbrauchs auch mit negativen Umwelteffekten einher. Die IT-Branche ist vor allem mit ihren Rechenzentren, aber auch durch die Nutzung von KI-Anwendungen oder

Technologien wie Blockchain heute für vier Prozent der CO_2-Emissionen verantwortlich. Das übersteigt die Emissionen des gesamten weltweiten Flugverkehrs.[9]

Dass Digitalisierung und Nachhaltigkeit einander gegenseitig bedingen, gilt für die gesamte Versicherungsbranche. Die Rolle, die Versicherungen bei der Förderung von Nachhaltigkeit spielen, wird nicht nur durch den europäischen Grünen Deal getrieben. Der Grüne Deal ist ein politisches Programm der Europäischen Kommission, das im Jahr 2019 beschlossen wurde. Das Ziel ist, Europa bis 2050 klimaneutral zu machen – mit verschiedenen Maßnahmen und Gesetzesvorschlägen.[10] Einer der wichtigsten Punkte ist, dass der Grüne Deal das Wirtschaften in Europa verändern soll. Dabei geht es unter anderem um Nullverschmutzung, CO_2-Grenzwerte und einen CO_2-Ausgleichsmechanismus. Der Grüne Deal macht deutlich, dass jede Branche ihren Beitrag leisten muss, damit nachhaltige Transformation wirklich gelingt.

Versicherungsunternehmen sind zentrale Player, wenn es darum geht, die Wirtschaft nachhaltiger zu gestalten, wobei das Hauptproblem nicht ihre eigenen Emissionen sind. Auch Versicherungsunternehmen stoßen selbstverständlich CO_2 aus, beispielsweise durch Strom- oder Wasserverbrauch. Im Vergleich zu anderen Industrien ist dieser Ausstoß aber verschwindend gering. Das erzählt unser Experte, der als ESG-Projektleiter bei einer großen deutschen Versicherungsgesellschaft arbeitet. Er ist nicht nur Experte für Nachhaltigkeit in den Bereichen Umwelt, Soziales und Unternehmensführung. Er hat auch Ahnung von Digitalisierung und einen Prüfservice gebaut, der den Einsatz von KI-Anwendungen unterstützt und ihre Vertrauenswürdigkeit bewertet. Da er sowohl das Rück- als auch das Erstversicherungsgeschäft kennt, ist er ein idealer Gesprächspartner, wenn es um Twin Transformation im Versicherungsbereich geht.

Mit unserem Experten, der anonym bleiben möchte, haben wir darüber gesprochen, warum sich Versicherungen digitalisieren müssen und welche

Hindernisse es dabei zu überwinden gilt. Besonders spannend ist seine Sicht auf die Rolle von Versicherungen beim Thema Nachhaltigkeit und was es dazu braucht, damit die nachhaltige Transformation im Versicherungssektor gelingt.

Aber von vorn: Warum ist es so entscheidend, dass Versicherungen Digitalisierung weiter vorantreiben?

Bei den Erstversicherungen sieht unser Experte zwei zentrale Herausforderungen, die die digitale Transformation unumgänglich machen: komplexe Prozesse und der Vertrieb von Versicherungsprodukten. Seit einigen Jahren investieren Erstversicherer aufgrund von Kostendruck und veränderten Kundenerwartungen zwar stark in den Ausbau ihrer digitalen Angebote. Bei vielen Versicherungen werden Prozesse wie das Einholen einer Vollmacht oder die Kündigung eines Versicherungsvertrages aber immer noch analog durchgeführt. Darüber hinaus beinhaltet das Versicherungskerngeschäft aufwendige Vorgänge wie die Risikoprüfung beim Abschluss einer Krankenversicherung. Diese Prozesse müssen weiter verschlankt und digitalisiert werden, um effizient und kostenschonend ablaufen zu können. Auch beim Vertrieb von Versicherungsprodukten hilft Digitalisierung dabei, Kundinnen und Kunden genau das Angebot zu machen, das ihren Bedürfnissen entspricht. Dabei sind längst noch nicht alle Potenziale ausgereizt. Die rapide Weiterentwicklung großer Sprachmodelle bietet riesige Automatisierungspotenziale, zum Beispiel in Callcentern, in denen Anfragen von Versicherten durch Chatbots abgearbeitet werden können. Oft geht es dabei nämlich lediglich um Adressänderungen oder Bestätigungsschreiben über Policen. Dabei klappt die Automatisierung durch digitale und KI-gestützte Tools mittlerweile schon sehr gut.

Schwieriger wird es, wenn wir Prozessautomatisierung bei Rückversicherern betrachten. Erstversicherer haben sehr viele Kunden, diese sind einander aber sehr ähnlich. Sie versichern die gleichen Risiken und kaufen standardisierte Produkte. Das führt zu homogenen Prozessen. Rückversicherer hingegen haben viel weniger Kundinnen und versichern viel weniger Risiken. Jedes Risiko ist bei ihnen aber anders als das nächste. Ein Beispiel für die unterschiedlichen Risiken bei Rückversicherern ist die Absicherung von Naturkatastrophen – ein Kerngeschäftsfeld und Wachstumsmarkt.[11] In einem Fall versichert ein Rückversicherer Wirbelsturmschäden in den USA, im anderen Erdbebenfolgen in Japan. Beide Risiken sind Naturkatastrophen, aber sie unterscheiden sich hinsichtlich geografischer Lage, Eintrittswahrscheinlichkeit und potenzieller Schadenshöhe. Diese Heterogenität macht es für Rückversicherer komplex, standardisierte Prozesse und Vorhersagemodelle zu verwenden, da jedes Risiko individuell bewertet und abgesichert werden muss. Trotzdem steigern Digitalisierung und der Einsatz künstlicher Intelligenz auch bei Rückversicherern Effizienzen signifikant: im Underwriting zum Beispiel durch die gezielte Suche nach Informationen, das Ausspielen strukturierter Ergebnisse und die systematische Analyse des eigenen Portfolios. So lassen sich die vorhandenen Informationen ohne Aufwand und schnell durchsuchen und strukturieren.

Neben den Vorteilen für Prozesse und Vertrieb können Digitalisierung und KI auch dazu beitragen, Nachhaltigkeit zu fördern. Um zu verstehen, an welchen Stellen das besonders gut klappt, gilt es zu identifizieren, wo Versicherungen heute ressourcenverschwendend und klimaschädlich unterwegs sind. Hierfür müssen wir drei Bereiche betrachten:

1) den eigenen Geschäftsbetrieb,
2) die Zeichnung von Risiken,
3) die getätigten Investitionen.

Beginnen wir beim eigenen Geschäftsbetrieb, also mit dem CO_2-Fußabdruck, den Versicherungen mit dem hinterlassen, was sie operativ tun. Im Vergleich zu anderen Industrien wie der Stahlproduktion agieren Versicherungen dabei eher ressourcenschonend. Natürlich besitzen Versicherungen Gebäude, verbrauchen Papier, Wasser und Strom, und ihre Mitarbeiterinnen und Mitarbeiter reisen nach der Covid-19-Pandemie auch wieder mehr. Im Branchenvergleich ist die CO_2-Produktion allerdings überschaubar.[12] Einen größeren direkten Umwelteinfluss haben Versicherungen durch ihre IT-Infrastruktur. Die Versicherungsindustrie benötigt zwar derzeit nicht das Ausmaß an Datenkapazitäten, das manche amerikanische Technologiegiganten nutzen. Trotzdem ist der CO_2-Ausstoß, der durch den IT-Betrieb entsteht, relevant und nimmt weiter zu. Höhere Effizienz der IT-Systeme und -Prozesse kann also dazu beitragen, den ökologischen Fußabdruck der Branche zu reduzieren. Ein weiterer direkter Hebel zur Schonung von Ressourcen ist die Optimierung der logistischen Abläufe. Das gilt insbesondere für Erstversicherungsunternehmen, die oft über große Außendienstflotten verfügen. Die Frage, wie effizient diese Fahrzeuge eingesetzt werden – von der Routenplanung bis zur tatsächlichen Fortbewegung –, ist ein weiterer Anknüpfungspunkt, um Emissionen zu reduzieren.

Den CO_2-Ausstoß durch den eigenen Betrieb versuchen Versicherer zu reduzieren, indem sie in energieeffiziente Gebäude investieren, nachhaltigen Strom beziehen, auf den Wasserverbrauch achten und Reisen nur dann machen, wenn der »Human Touch« zwingend nötig ist. Einen größeren Einfluss als der eigene Geschäftsbetrieb auf die Transformation zu mehr Nachhaltigkeit haben laut unserem Experten die Überlegungen: Wie investieren wir unser Geld, und welche Risiken versichern wir?

Er sieht die Versicherungsbranche mit ihrer volkswirtschaftlichen Relevanz in der Pflicht, die Transformation zu mehr Nachhaltigkeit zu begleiten und aktiv voranzutreiben. Digitale Transformation bedeutet nämlich nicht nur, dass neue Technologien entstehen und eingesetzt werden, sondern auch, dass neue Risiken entstehen, die versichert werden müssen. Versicherungen spielen dabei eine entscheidende Rolle, indem sie die Risiken dieser neuen Technologien absichern und so erst ermöglichen, dass sie für Investoren attraktiv und finanzierbar werden.

Die Zeichnung von Risiken kann erheblich zum Schutz der natürlichen Wirtschafts- und Lebensgrundlagen beitragen. Viele Versicherer bemühen sich, ihre Produkte und Prozesse so anzupassen, dass diese Nachhaltigkeit fördern. Das geschieht durch einen Fokus auf die Förderung energieeffizienter Gebäude oder der Mobilitäts- und Energiewende. Der Marktanteil der Versicherer, die Risiken und Geschäftsmodelle im Sinne von mehr Nachhaltigkeit zeichnen, lag 2023 bei 74 Prozent.[13] Zugleich sind Versicherungen verpflichtet, auch traditionelle Industrien weiter zu zeichnen, die einen hohen CO_2-Fußabdruck haben und als umweltbelastend wahrgenommen werden. Unser Experte weist darauf hin, dass viele dieser Unternehmen wie zum Beispiel die großen Energiekonzerne neben ihrem klassischen Geschäftsmodell enorme Investitionen tätigen, um sich selbst zu transformieren. Viele Versicherungen nutzen ihre Underwriting-Guidelines – also das Regelwerk, das besagt, wie sie Risiken zeichnen –, um Regeln einzuführen, mit denen der Weg zur Klimaneutralität gelingen soll. Da die EU bis zum Jahr 2050 klimaneutral werden soll, werden die Transformationspläne von Unternehmen künftig ein wesentlicher Bestandteil der Risikoprüfung von Versicherungen sein.

Neben dem Zeichnen von Risiken spielen vor allem die Investitionen von Versicherungen eine erhebliche Rolle für die Förderung von Nachhaltigkeit. Mit einem jährlichen Investitionsvolumen von 300 Milliarden Euro ist die Versicherungsbranche der größte institutionelle Investor in Deutschland. Die Anlageentscheidungen von Versicherungen haben also einen erheblichen Einfluss auf unsere Erde, und viele Unternehmen haben sich dazu verpflichtet, den Anteil der nach ESG-Kriterien gemanagten Kapitalanlagen zu erhöhen. Im Jahr 2022 haben Versicherer zum Beispiel 19 Milliarden Euro in erneuerbare Energien wie Solar- oder Windenergie investiert.[14]

19 Mrd. €

Investitionen in erneuerbare Energien in 2022

Wir sehen also, dass die Versicherungsbranche durch ihre Finanzstärke ein entscheidender Akteur bei der Förderung von Nachhaltigkeit ist. Welche Rolle spielt dabei aber Digitalisierung? Was kann der Einsatz digitaler Technologien bei Versicherungen zur Förderung der nachhaltigen Transformation beitragen? Gar nicht so einfach zu beantworten, sagt unser Experte.

Ein zentrales Ziel von Versicherungen ist es, jedes Risiko, das gezeichnet wird, mit einem fairen Preis zu versehen. Dieser Preis hängt davon ab, wie wahrscheinlich der Eintritt eines Schadens ist und wie hoch dieser ausfallen könnte. Besonders die Rückversicherungsbranche hat hier die Kompetenz, komplexe Risikomodelle zu entwickeln, die solche Vorhersagen stützen. Traditionell sind Versicherungen zum Beispiel in der Lage, Sturmszenarien gut zu modellieren, indem sie auf eine Fülle historischer Daten zurückgreifen. Doch immer häufiger zeigt sich, dass das in Zeiten des Klimawandels nicht mehr ausreicht.

Kleinräumige Schäden, die etwa durch Überschwemmungen oder Hagel entstehen, sind oft schwer vorherzusagen. Ein Beispiel dafür ist die Hochwasserkatastrophe im Ahrtal, die zwar auf ein begrenztes geografisches Gebiet beschränkt war, jedoch enorme Schäden verursacht hat. Solche lokalen Ereignisse – etwa auch Hagel, der in einem Stadtteil für Verwüstungen sorgt, während im benachbarten Gebiet die Sonne vom Himmel scheint – stellen bisherige Risikomodelle vor Herausforderungen. Die Vorhersagemodelle sind hier noch ungenau, was Versicherungen vor das Problem stellt, Risiken korrekt zu bewerten und entsprechende Prämien festzulegen.

Warum lassen sich solche kleinräumigen Schäden schwer vorhersagen, während sich Winterstürme, die über große Regionen hinwegziehen, zum Beispiel gut prognostizieren lassen? Wie so oft, wenn es um Digitalisierung geht, liegt die Antwort in den Daten. Die Zugbahn großer Winterstürme ist oft klar erkennbar, da sie sich über Kontinente erstrecken und mehrere Hundert Kilometer breit sein können. Ein solcher Sturm zieht zum Beispiel vom Atlantik über Frankreich, die Beneluxstaaten, Deutschland und Österreich hinweg. Da solche großflächigen Wetterereignisse oft eine deutliche Entwicklung haben, benötigt ein Versicherer weniger Datenpunkte, um den Verlauf des Sturms vorhersagen zu können.

Anders verhält es sich bei kleinteiligen und immer häufiger auftretenden Wetterphänomenen, die auf den Klimawandel zurückzuführen sind. Beispiele dafür sind Starkregen oder Hagel. Diese Ereignisse sind nicht nur schwieriger vorherzusagen, sondern verursachen auch lokal sehr unterschiedlich starke Schäden. So kann ein Hagelsturm in einem Kilometer Umkreis Totalschäden anrichten, während in der Nachbarschaft kaum Schäden entstehen. Solche kleinteiligen Wetterereignisse treten durch die Erderwärmung und die damit verbundenen höheren Temperaturen immer häufiger auf, da warme Luft mehr Feuchtigkeit aufnehmen kann. Dies führt zu intensiveren Regenfällen und Hagelstürmen.

Die Herausforderung bei solchen Wetterereignissen besteht darin, dass sie aufgrund ihrer lokalen Begrenzung schwer zu modellieren sind. Ein genaueres Risikomanagement erfordert Modelle, die viel mehr feinere und detailliertere Daten verarbeiten. Je mehr Datenpunkte in Risikomodelle einfließen – sei es durch Sensordaten, Satellitenaufnahmen oder historische Schadensdaten –, desto präziser lassen sich auch die kleinteiligen Phänomene vorhersagen und in die Risikobewertung integrieren.

Digitale Technologien bieten vielversprechende Ansätze, um dieser Herausforderung zu begegnen. Durch den Einsatz von mehr und besseren Daten, die Integration fortschrittlicher Sensorik und die Analyse riesiger Datenmengen mithilfe von künstlicher Intelligenz können Risikomodelle deutlich präziser und granularer werden. Die Hoffnung liegt darin, dass durch Digitalisierung und neue Technologien nicht nur eine genauere Vorhersage von Schadensereignissen möglich wird, sondern auch eine bessere Anpassung an die Folgen des Klimawandels.

Ein weiteres Beispiel für die Förderung von Nachhaltigkeit durch Digitalisierung ist das Prinzip »build back better«: Nach einem Schadensfall geht es nicht nur darum, den ursprünglichen Zustand wiederherzustellen, sondern in Zukunft klimaresilienter zu bauen, um für kommende Extremwetterereignisse besser gewappnet zu sein. Hier können Versicherungen, die auf datengetriebene Risikomodelle zurückgreifen, eine zentrale Rolle einnehmen. Sie unterstützen natürlich mit finanziellen Mitteln im Schadensfall, darüber hinaus aber auch durch die Bereitstellung von Informationen und Technologien, die helfen, klimabedingte Risiken besser zu managen und künftige Schäden zu minimieren.

Insgesamt lässt sich festhalten, dass Versicherungen durch fortschrittliche Technologien einen wichtigen Beitrag zur Nachhaltigkeit leisten können, indem sie Risiken präziser bewerten und gleichzeitig Maßnahmen zur Klimaanpassung fördern. So wird nicht nur der wirtschaftliche Schaden minimiert, sondern auch die Resilienz gegenüber zukünftigen Klimaereignissen erhöht. Die effektivere Prävention von Schäden hat auch einen unmittelbaren Nutzen für Kundinnen und Kunden, da exaktere Prognosen zu einer faireren Prämienkalkulation führen. Gleichzeitig gehen genauere Modelle mit mehr Daten, aber auch mit höheren Anforderungen an Rechenleistung und damit höherem Energieverbrauch einher.

Nicht vergessen werden darf die Regulatorik, wenn wir über digitale und KI-Anwendungsfälle im Versicherungsbereich sprechen. Regulatorische Bestimmungen beeinflussen die Versicherungsbranche (nicht nur) in Deutschland stark. Versicherungsunternehmen müssen zum Beispiel strenge Vorgaben einhalten, wenn es um Finanzberichterstattung, Verbraucherschutz und Datenschutzbestimmungen geht. Darüber hinaus fördert Regulierung die Transparenz in der Branche. Versicherer müssen detaillierte Informationen über ihre finanziellen und nicht finanziellen Leistungen bereitstellen. Das betrifft insbesondere die Nachhaltigkeitsberichterstattung, die zunehmend wichtiger wird, um die Erwartungen von Investorinnen und Kunden zu erfüllen.

Die aktuelle Regulatorik im Bereich Nachhaltigkeit (ESG-Regulatorik) hat Technologieaspekte bislang kaum im Blick. Bestimmungen wie die EU-Taxonomie oder die Corporate Sustainability Reporting Directive (CSRD-Verordnung) zielen in erster Linie darauf ab, ein Rahmenwerk zu schaffen, das den Vergleich von Kennzahlen über den CO_2-Fußabdruck und andere Nachhaltigkeitsaspekte zwischen verschiedenen Unternehmen ermöglicht. Diese Regeln sind ein wichtiger Schritt, um die finanzielle Berichterstattung und die Nachhaltigkeitsberichterstattung gleichberechtigt nebeneinanderzustellen. Ziel ist, dass der nicht finanzielle Teil eines Jahresberichts den gleichen Stellenwert erhält wie der finanzielle, sodass zum Beispiel Versicherungen ihre Umwelt- und Sozialverantwortung genauso ernsthaft kommunizieren wie ihre finanzielle Performance.

Aktuell ermöglicht die Regulatorik hauptsächlich die Erfassung des Status quo in Bezug auf Nachhaltigkeit und CO_2-Emissionen. Der Aufwand, der dafür betrieben wird, übersteigt momentan noch häufig die Energie, die in die tatsächliche Transformation der Wirtschaft fließt. Viele Versicherungsunternehmen sind stark damit beschäftigt, die regulatorischen Anforderungen zu erfüllen, anstatt proaktiv neue Lösungen zu entwickeln. Schauen wir uns zum Beispiel einmal an, wie Versicherungsunternehmen vorgehen, wenn es um die Erfüllung von ESG-Vorgaben, also nachhaltiger Umwelt-, Sozial- und Führungsstandards geht. Zunächst müssen alle regulatorischen Anforderungen der Bafin oder auch ausländischer Aufsichtsbehörden erfüllt werden. Diese Anforderungen betreffen nicht nur das Reporting und die Transparenz, sondern auch die Integration von ESG-Kriterien in die gesamte Organisation und deren Entscheidungsprozesse.

Die Regulierungsbehörden möchten, dass ESG-Kriterien ein zentraler Bestandteil der Geschäftsstrategie, der Risikostrategie und der Geschäftsentscheidungen werden. Um das zu erreichen, ist es entscheidend, klare Verantwortlichkeiten für das Thema zu definieren und darüber hinaus festzulegen, wie Entscheidungen im Unternehmen getroffen werden. Außerdem müssen die erforderlichen Kennzahlen regelmäßig und transparent erfasst und berichtet werden.

Ein interessanter Aspekt für Versicherer ist, dass sie durch die Berücksichtigung von ESG-Faktoren Zugang zu zusätzlichen und wertvollen Informationen über die von ihnen gezeichneten Risiken erhalten. ESG-Daten geben nämlich Einblicke in die Nachhaltigkeitspraktiken eines Unternehmens, wie beispielsweise CO_2-Emissionen, Ressourcennutzung oder Arbeitsbedingungen. Da immer mehr Unternehmen ihre ESG-Daten veröffentlichen und es verschiedene Rating-Apps gibt, stellt sich die Frage, wie diese Daten im Underwriting genutzt werden können. Momentan gibt es zwar Ansätze von Ratingagenturen, die versuchen, solche Daten zu strukturieren, und einige Pilotprojekte wurden bereits durchgeführt, aber ein echter Durchbruch steht laut unserem Experten noch aus.

Die Herausforderung liegt darin, diese ESG-Daten so zu interpretieren, dass sie das Underwriting tatsächlich verbessern. Versicherer, die es schaffen, diese Informationen sinnvoll in ihre Prozesse einzubeziehen, könnten entweder höhere Margen erzielen oder wettbewerbsfähigere Preise anbieten.

↘ LÖSUNGSWEGE UND AUSBLICK

Wir halten fest: Das Potenzial, das in der Verbindung von Nachhaltigkeit und Technologie steckt, ist enorm. Inwiefern genau die digitale Transformation der Versicherungsbranche zu einer nachhaltigeren Welt beiträgt, ist manchmal aber nicht auf den ersten Blick erkennbar. Den größten Anwendungsfall sieht unser Experte in der Schadenprävention durch Risikomodelle, die noch granularer und dadurch präziser sind. Indem mögliche Schäden durch klimabeeinflusste Umweltkatastrophen wie Hochwasser oder Stürme besser vorhergesagt werden können, können rechtzeitig schützende Maßnahmen ergriffen werden. Risikomodelle helfen Versicherungen, die Eintrittswahrscheinlichkeit und den potenziellen Schaden solcher Ereignisse vorherzusagen. Dadurch wird es nicht nur möglich, Versicherungsprämien genauer zu kalkulieren, sondern auch Präventionsmaßnahmen gezielt zu fördern. Versicherte, die in gefährdeten Regionen leben, können beispielsweise durch präventive Maßnahmen wie den Bau hochwassersicherer Infrastrukturen oder die Umsetzung strengerer Bauvorschriften niedrigere Versicherungsprämien erhalten, was gleichzeitig eine positive Anpassung an den Klimawandel unterstützt.

Darüber hinaus ermöglichen dynamische Risikomodelle eine flexible und kontinuierliche Anpassung der Prämien an sich verändernde klimatische Bedingungen. Dies motiviert die Versicherungsnehmer, in Maßnahmen zu investieren, die sowohl den Klimarisiken entgegenwirken als auch ökonomisch vorteilhaft sind. Das können beispielsweise der Umstieg auf energieeffiziente Systeme und erneuerbare Energiequellen, Investitionen in klimasichere Bauweisen oder der Einsatz von wassersparenden Technologien sein. Präzise Risikomodelle bieten Versicherern zudem die Möglichkeit, langfristige Strategien zu entwickeln, um ihre Produkte und Rückversicherungsprogramme an die Herausforderungen des Klimawandels anzupassen. Dadurch können sie nachhaltige Investitionen und resiliente Infrastrukturen unterstützen.

Außerdem tragen sie dazu bei, dass neue Versicherungsprodukte entwickelt werden, die spezifisch auf klimabedingte Risiken zugeschnitten sind. Ein Beispiel dafür sind parametrische Versicherungen. Diese Versicherungsform reguliert Schäden auf Basis eines vordefinierten Maßstabs. Die Auszahlungssumme im Schadenfall ist unabhängig von der tatsächlichen Schadenhöhe und wird nur durch das Erreichen des definierten Schwellenwerts bestimmt. Das kann zum Beispiel eine bestimmte Windgeschwindigkeit oder Niederschlagsmenge sein. Konkrete Beispiele dafür sind Erdbebenversicherungen, die auf Basis des erreichten Werts auf der Mercalliskala der Intensität ermöglichen, dass Hauseigentümer nach einem Erdbeben schnell Geld zur Verfügung haben, um Schäden zu reparieren.[15]

Unser Fazit: Der deutsche Versicherungssektor befindet sich im Wandel. Dieser wird durch Digitalisierung und die Transformation zu mehr Nachhaltigkeit getrieben. Die digitale Transformation hilft Versicherungen nicht nur dabei, ihre eigenen Prozesse zu optimieren, sondern auch, Nachhaltigkeitsziele zu erreichen. Versicherer, die es schaffen, ihre Digitalstrategie mit ihrer Nachhaltigkeitsstrategie zu kombinieren, sind für die Zukunft gut aufgestellt. Gleichzeitig ist es nicht immer offensichtlich, wo Digitalisierung in der Versicherungsbranche die nachhaltige Transformation fördert. Während die Digitalisierung von Kernprozessen in anderen Industrien mit einer erheblichen Verringerung des CO_2-Ausstoßes einhergeht, bleibt dieses Wirkungsfeld bei den Versicherungen Nebenschauplatz. Auf den ersten Blick tragen Versicherer vor allem durch ihre Investitionsentscheidungen und das Zeichnen von Risiken zu einer nachhaltigeren Welt bei. Die Digitalisierung im eigenen Haus spielt da erst einmal eine untergeordnete Rolle. Dennoch darf man den indirekten Einfluss der Digitalisierung nicht unterschätzen. Die intelligentere Nutzung von Daten ermöglicht es Versicherungen, Risiken besser einzuschätzen und präventive Maßnahmen gezielt zu fördern, was langfristig sowohl ökonomische als auch ökologische Vorteile bringt. So entwickelt sich die Branche zunehmend zu einem Treiber für nachhaltige Innovationen und Risikominimierung. Letztlich zeigt sich, dass die Zukunftsfähigkeit der Versicherer in der erfolgreichen Verknüpfung von digitaler Transformation und nachhaltigem Wirtschaften liegt.

ANMERKUNGEN

1 Munich RE: Risiken durch Naturkatastrophen. Schäden nehmen tendenziell zu, o. D. (https://www.munichre.com/de/risiken/naturkatastrophen.html).

2 GDV: Wie die Versicherungsbranche schützt, was uns am Herzen liegt, o. D. (https://www.gdv.de/gdv/themen/transformation/facts-and-figures#nachhaltigkeit).

3 GDV: Wie die Versicherungsbranche schützt, was uns am Herzen liegt, o. D.

4 Versicherungsforen Leipzig: Der Versicherungsmarkt in Deutschland: Zahlen, Daten, Fakten, 2023 (https://www.versicherungsforen.net/strategie-innovation/der-versicherungsmarkt-deutschland).

5 GDV: Statistiken zur deutschen Versicherungswirtschaft, o. D. (https://www.gdv.de/gdv/statistik/statistiken-zur-deutschen-versicherungswirtschaft-uebersicht/branche-insgesamt/versicherungsbranche-waechst--137694).

6 Statista Research Department: Größte Rückversicherer weltweit nach gebuchten Bruttobeiträgen im Jahr 2022 (in Millionen US-Dollar), 2024. (https://de.statista.com/statistik/daten/studie/250231/umfrage/groesste-rueckversicherer-weltweit-nach-gebuchten-bruttobeitraegen/).

7 W. S. Balta, M. Chawla, J. Dencik, S. Lin: Sustainability as a transformation catalyst. IBM, 2022. (https://www.ibm.com/thought-leadership/institute-business-value/en-us/report/sustainability-transformation).

8 Munich RE 2023: Risiken durch Naturkatastrophen. Schäden nehmen tendenziell zu, o. D. (https://www.munichre.com/de/risiken/naturkatastrophen.html).

9 C. Freitag, M. Berners-Lee, K. Widdicks, B. Knowles, G. S. Blair, Ad. Friday: The real climate and transformative impact of ICT: A critique of estimates, trends, and regulations. *Patterns* 2(9), 100340, 2021. (https://www.cell.com/patterns/fulltext/S2666-3899(21)00188-4?_returnURL=https%3A%2F%2Flinkinghub.elsevier.com%2Fretrieve%2Fpii%2FS2666389921001884%3Fshowall%3Dtrue#secsectitle0190).

10 Bundesministerium für wirtschaftliche Zusammenarbeit und Entwicklung: European Green Deal, o. D. (https://www.bmz.de/de/service/lexikon/european-green-deal-118284).

11 S. Wedlich: »Der Bereich Katastrophenschäden ist ein Kerngeschäftsfeld für uns – und ein Wachstumsmarkt!«, 2024 (https://www.riffreporter.de/de/umwelt/rueckversicherung-und-immer-hoehere-klimaschaeden-durch-naturkatastrophen).

12 Destatis: CO_2-Emissionsintensität der deutschen Wirtschaft 2020 weiterhin rückläufig, 2022 (https://www.destatis.de/DE/Presse/Pressemitteilungen/2022/10/PD22_437_43.html).

13 M. Willert et al.: GDV-Nachhaltigkeitsbericht 2023: Der Beitrag der Versicherer zum Klimaschutz. (https://www.gdv.de/resource/blob/155318/bb190c8521908949826c2ce82c20cfa1/nachhaltigkeitsbericht-2023-data.pdf).

14 M. Willert et al.: GDV-Nachhaltigkeitsbericht 2023.

15 G. Biason: Parametric Solutions, 2018. (https://www.swissre.com/dam/jcr:60f4d4cf-5cae-49de-8c95-54d06b8666e8/Parametrische_Losungen_schnell_objektiv_effizient.pdf).

Mit Nachhaltigkeit begeistern

Gut fürs Medienhaus, gut für den Planeten

Dr. Holger Feist

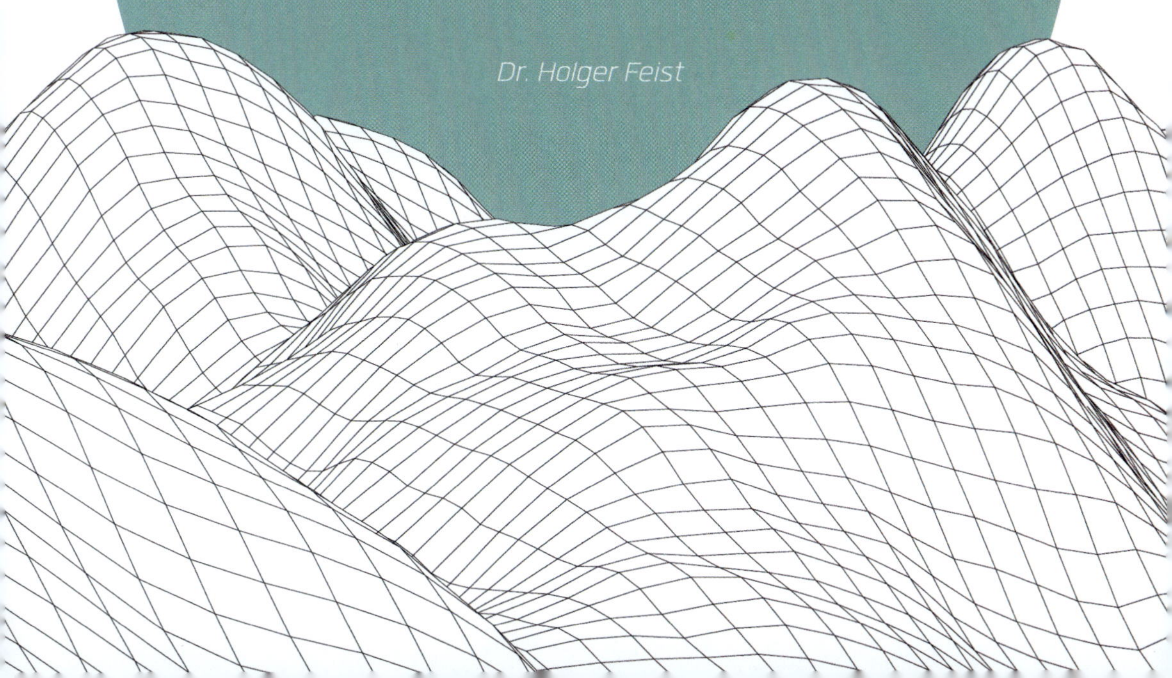

↘ AUSGANGSLAGE UND HERAUSFORDERUNGEN

Der Mediensektor nimmt im Hinblick auf die Twin Transformation eine Sonderrolle ein. Medien sind Vorreiter vieler gesellschaftlicher und technologischer Trends. Sowohl die Digitalisierung als auch die Nachhaltigkeit prägen schon lange das Denken und Handeln in der Branche. Im Vergleich etwa zum Energiesektor, zum Verkehr, der Industrie oder dem verarbeitenden Gewerbe mögen die Emissionen im Mediensektor geringer sein – damit auch mögliche Einsparungen und Beiträge zum Erreichen übergeordneter Klimaziele. Doch der Beitrag der Medien liegt eben nicht allein in der Einsparung von CO_2 oder der mustergültigen Einhaltung von ESG-Richtlinien. Sie prägen mit ihrer Berichterstattung vielmehr auch die öffentliche Meinung. Wie sie über Digitalisierung berichten, prägt den Umgang in Wirtschaft und Gesellschaft mit diesem wichtigen Zukunftsthema, schürt Zukunftsängste oder entfacht Innovationskraft. Ebenso ihr Umgang mit Nachhaltigkeit: Medien können die notwendige Aufmerksamkeit für das Thema schaffen, Fakten von Fake News trennen. Sie können Tipps und Empfehlungen dazu multiplizieren, was jede und jeder Einzelne dafür tun kann, dass wir nachhaltiger wirtschaften und so verantwortlicher mit unserem Planeten umgehen.

Wer aber diese Sonderrolle innehat – also: den Sender in der Hand –, unabhängig Botschaften platzieren, den Diskurs prägen kann, dem kommt auch eine besondere Verantwortung zu. Diese Verantwortung bedeutet konkret, bei dem voranzugehen, was man selbst für möglich oder wünschenswert erklärt. Selbst in die Tat umzusetzen, was man anderen rät oder wozu man sie vielleicht sogar auffordert. Wenn Digitalisierung und Nachhaltigkeit im Mediensektor dann wirklich Hand in Hand gehen, tun sich dabei auch noch mal ganz andere Möglichkeiten auf. Doch der Reihe nach.

DIGITALISIERUNG

Die Medienbranche war eine der ersten Branchen, die von der Digitalisierung erfasst wurden. Internet, Social Media, Mobile-Nutzung, Tablets, Streaming – Medienhäuser aller Gattungen haben eine Vielzahl von digitalen Angeboten geschaffen. Zugleich wurden traditionelle Geschäftsmodelle disrupiert, anscheinend sichere Erlösströme schmolzen dahin.

Zudem hat die Digitalisierung eine Gratiskultur für Information bei den Nutzerinnen und Nutzern etabliert, und ein Großteil der Werbeeinnahmen ist hin zu internationalen Plattformen gewandert. Unter diesen Bedingungen für eine umfassende freie, objektive und ausgewogene Berichterstattung zu sorgen ist bereits eine Herausforderung; mit journalistischen Inhalten Geld zu verdienen umso mehr. Ein Medienhaus wie Axel Springer erlöst heute mehr als 85 Prozent seiner Umsätze mit digitalen Geschäftsmodellen, darunter freilich ein florierendes Rubrikengeschäft, das kurz vor der Abspaltung steht.[1]

Die Suche nach mehr Effizienz und neuen, digitalen Geschäftsmodellen prägt also die Branche. Mehr Gemeinsamkeiten zu schaffen, ob das nun gemeinsamer Pressevertrieb oder gemeinsame Mediatheken sind, spart Kosten. Zugleich gilt es, unermüdlich neue Geschäftsmodelle zu finden, oft auch schon mit Formaten zum anderen Megatrend, der Nachhaltigkeit.

ÖKOLOGISCHE NACHHALTIGKEIT

Die Nachhaltigkeit fehlt heute in kaum einem Unternehmensleitbild mehr; Medienunternehmen setzen sich Ziele, gehen Selbstverpflichtungen ein, messen den Fortschritt und berichten ihn entlang der ESG-Kriterien in ihren Nachhaltigkeitsberichten.

Bei Buchverlagen, Zeitungen und Zeitschriften steckt ein guter Teil des Umweltaspekts der nachhaltigen Botschaft sicher im Medium selbst, dem gedruckten Papier. Zeitungen wie die *Süddeutsche Zeitung* werden seit mehr als zehn Jahren ausschließlich auf Recyclingpapier gedruckt. Auch bei Büchern und Zeitschriften kommt es auf einen hohen Recyclinganteil an. Dessen Rohstoffe müssen nicht aus weiter Ferne angeliefert werden und verbrauchen in der Produktion 70 Prozent weniger Wasser und 60 Prozent weniger Energie als aus Zellstoff hergestelltes Papier.[2] Wenn die Verwendung von Frischfaserpapier unumgänglich ist, sollte es aus Forstbetrieben mit nachhaltiger Waldbewirtschaftung nach FSC-Kriterien (Forest Stewardship Council) stammen. In der Druckerei zahlen mineralölfreie Farben, energieeffiziente Maschinen und der Einsatz von Ökostrom sowie kurze Transportwege auf die Umweltbilanz ein. Wer noch einen Schritt weiter gehen möchte, macht es wie der ganz auf Nachhaltigkeit ausgerichtete Verlag &Töchter, bei dem über Aufforstungsprojekte zehn Prozent mehr CO_2 kompensiert werden, als bei der Produktion entsteht. Den Papierverbrauch reduzieren, die Abfallmengen reduzieren, Emissionen der eigenen Geschäftstätigkeit reduzieren: Daran arbeitet der Studie »Verlagstrends 2023« des Medienverbands der freien Presse (MVFP) zufolge die Mehrheit der Verlage, in dieser Umweltdimension sehen allerdings auch 45 Prozent der befragten Medienunternehmen noch großen Handlungsbedarf.[3]

Ähnlich sieht es im Film, TV und Streaming aus, wo sich im Jahr 2022 mehrere Unternehmen unter dem Motto »Green Motion« nachhaltig ausgerichteten Produktionen verschrieben haben. Mit dabei sind auf Produzentenseite etwa Bavaria Film, Constantin, Studio Hamburg sowie die UFA. Neben öffentlich-rechtlichen Sendern aus ARD und ZDF sind auch die privaten Medienkonzerne ProSiebenSat.1, Sky, RTL und Netflix Deutschland dabei. Alle haben eine Selbstverpflichtungserklärung unterzeichnet und Mindeststandards eingeführt, um den CO_2-Ausstoß der Branche deutlich zu reduzieren. Insgesamt gibt es 21 Muss-Vorgaben aus einem Katalog, der von einem Veggie Day pro Woche über CO_2-Bilanzierung und -Berichterstattung bis hin zum Verzicht auf Dieselgeneratoren reicht. 18 dieser Vorgaben müssen erfüllt werden, damit sich eine Produktion »grün« nennen darf. Dann kann sie im Abspann das eigens entwickelte Label »Green Motion« einblen-

Beitrag. Die Inklusion und die Möglichkeiten zur Partizipation eines und einer jeden Einzelnen ist ein zusätzliches Element sozialer Nachhaltigkeit. Daher ist es gerade in den Medien wichtig, Nachhaltigkeit ganzheitlich zu betrachten.

Zudem kann auch die Möglichkeit aus dem Auftrag oder Unternehmenszweck genutzt werden, um über Nachhaltigkeit als Themenfeld zu berichten. Ein Element der Nachhaltigkeitsstrategie der BBC ist etwa »People Positive«: Menschen bei dem Thema mitzunehmen, über Natur und Klima zu informieren, zu bilden und zu inspirieren. Dazu hatte die BBC bereits im November 2019 bei COP26 die »Climate Content Pledge« unterzeichnet, in der sie sich zusammen mit zwölf anderen führenden britischen Medienunternehmen zu mehr und besserer Berichterstattung zu Klimathemen über alle Genres hinweg verpflichtet hat.

Schließlich ist auch die eigene Nachhaltigkeitskommunikation von Medienunternehmen einen Blick wert. Über seine Aktivitäten im Bereich Corporate Social Responsibility (CSR), also gesellschaftlicher Unternehmensverantwortung, angemessen zu informieren, ohne dabei in eine Greenwashing-Falle zu treten, ist eine Herausforderung. In das Ranking der Unternehmen mit den besten digitalen CSR-Aktivitäten in Deutschland hat es zuletzt ProSiebenSat.1 als einziges Medienunternehmen geschafft. Die Gruppe will bis 2030 ihre betrieblichen CO_2-Emissionen auf null stellen, hat sich dem UN Global Compact verschrieben und unternehmensintern ein Sustainability Committee für die Weiterentwicklung seiner Nachhaltigkeitsstrategie geschaffen.

Tun Medienunternehmen damit insgesamt genug für die nachhaltige Transformation? Könnten sie mehr tun? Kann die Digitalisierung dabei helfen? Darum geht es im nächsten Abschnitt.

↘ EINBLICKE UND INSPIRATION

Wie gelingt es den Medien, durch den Einsatz digitaler Mittel noch nachhaltiger zu werden? Auf ganz unterschiedlichen, manchmal auch überraschenden Wegen! Denn die Medienbranche ist vielfältig. Verlagshäuser arbeiten anders als Radio- und Fernsehsender, Film- und TV- Produzenten unterscheiden sich vom Veranstaltungsgeschäft. Digitale Lösungen setzen zudem auf digitaler Infrastruktur auf, die bereitgestellt werden muss. Daher werden die Chancen der Twin Transformation im Folgenden auch in dieser Differenzierung beleuchtet.

DIGITALE TECHNOLOGIE UND NACHHALTIGKEIT IM VERLAG

Gundula Ullah ist Head of Sustainability bei der FUNKE Mediengruppe. Sie hat mit ihrem Team das ganze Programm mit Energie und Freude durchgezogen: eine Nachhaltigkeitsstrategie entwickelt. Mit dem Green Circle ein internes Nachhaltigkeitsgremium auf Bereichsleiterebene aufgesetzt. Den ersten Corporate Carbon Footprint ermittelt. Maßnahmen abgeleitet. 2023 dann den ersten Nachhaltigkeitsbericht nach GRI (Global Reporting Initiative) für das Medienhaus veröffentlicht und 2024 einen Bericht in Anlehnung an die CSRD (Corporate Sustainability Reporting Directive) erstellt.

Der Clou: Gundula Ullah leitet auch den Einkauf von FUNKE. Rechtzeitig zum Inkrafttreten des Lieferkettensorgfaltspflichtengesetzes hatte sie daher eine digitale Lösung im Einkauf implementiert, sodass sie die Top-400-Lieferanten in Echtzeit in Bezug auf Compliance beobachten kann. Möglich macht das die Nutzung einer Lösung von Integrity Next, die das Risikomanagement in der Lieferkette abbildet, sowie die Plattform Cozero, die einen digitalen Zwilling der gesamten Mediengruppe im Hinblick auf den Beitrag zur Erreichung von Emissionszielen darstellt. Mit Cozero können sämtliche Klimadaten an einem Ort erfasst und die jeweiligen Maßnahmen und Beiträge differenziert betrachtet werden. Damit konnte auch der »WAZ Klimapilot«

umgesetzt werden – die erste klimaoptimierte Produktion und Zustellung der größten FUNKE-Tageszeitung im Zustellgebiet Essen-Kettwig. Die daraus abgeleiteten Maßnahmen zur kontinuierlichen Emissionsreduktion, wie zum Beispiel die Papierallokation nach Klimadaten, wirken bis heute. Gemeinsam mit den Top-45-Lieferanten arbeitet Ullah in einem jährlichen Lieferantendialog – einer Netzwerkveranstaltung rund um das Thema Nachhaltigkeit in der Lieferkette in der Essener Firmenzentrale – daran, in den Bereichen Papier, Produktion und Druck, aber auch für die digitalen Lösungen des Medienhauses Nachhaltigkeitsziele zu erreichen. Die Datenqualität ist dabei der Schlüssel zum Erfolg, so Ullah: »Ohne eine digitale Lösung wäre das alles gar nicht zu schaffen. Schon gar nicht bei der Regulatorik, mit der wir umzugehen haben.« Allerdings hinterfragt sie, ob es im Digitalen nicht auch klarere Standards bräuchte: »Wie messen wir dort die Nachhaltigkeit? Wie wird mit Daten umgegangen? Braucht es nicht auch dort einen ›Code of Conduct‹ zur Sicherung der Qualität und Transparenz rund um das Business der dortigen Agenturen?«

Im Medienverband der Freien Presse (MVFP), dem Branchenverband der Zeitschriftenverlage, leitet Ullah die Arbeitsgruppe Nachhaltigkeit gemeinsam mit Anne Karoline Frizen – die wiederum bei Hubert Burda Media als Head of Corporate Development für das unternehmensweite Nachhaltigkeitsprogramm »getting better« verantwortlich ist. »Wir sind dabei ganz strategisch vorgegangen«, so Frizen. »Wir arbeiten im Dreiklang: Wir bilanzieren, wir reduzieren, wir kompensieren. Das heißt, wir haben als Allererstes eine eigene Bilanz unserer Emissionen erstellt, um zu verstehen, wie und wo wir die Emissionen verursachen.« Die Bilanz wurde komplett selbst im eigenen Excel-Modell erstellt und später in SAP überführt; mit über 200 Personen wurde alleine im ersten Jahr dazu gesprochen. »Dann haben wir geschaut, was die größten Hebel sind, um unsere Emissionen zu senken«, sagt Anne Karoline Frizen. Zu den ersten Maßnahmen zählte die Umstellung auf Ökostrom 2019 in den Bürogebäuden. Beispielsweise hat Burda beim

Papier festgestellt, dass das bezogene Papier sogar nachhaltiger als Recyclingpapier ist. Aber auch die Summe kleinerer Maßnahmen für die tägliche Arbeit macht einen Unterschied: Vom To-go-Becher an der BurdaBar über nachhaltige Büromaterialien im Office Supply Shop, Mietmodelle für Mobilfunkgeräte bis hin zu »BurdaBikes« oder Elektroautos als Firmenwagen. »Und als Letztes kompensieren wir. Das ist nicht die reine Kompensation im klassischen Sinne. Wir unterstützen das Thema regenerative Landwirtschaft – um den Humus im Boden wieder aufzubauen und so mehr CO_2 zu binden. Und das Ganze begleiten wir dann auch medial«, erklärt Anne Karoline Frizen.

»Grundsätzlich gilt: Einfach anfangen! Bei Nachhaltigkeit geht es nicht darum, wer der Schnellste oder die Beste ist, sondern dass wir alle etwas dazu beitragen, damit wir nachhaltiger werden.«

Anne Karoline Frizen

Um Mitarbeitende besser einzubeziehen, wurde eine Abfallsortieranalyse durchgeführt und dabei festgestellt, dass Müll nur schlecht getrennt wurde. Also hat Burda ein neues Abfall- und Recyclingsystem eingeführt, um dies zu verbessern. Überhaupt: »Wichtig ist uns, authentisch zu sein«, betont Frizen. »Wenn mal etwas nicht so funktioniert, wie wir uns das vorstellen, dann gehen wir offen damit um. Kraft-Wärme-Kopplung mit Biogas hat bei uns zum Beispiel nicht funktioniert. Okay – dann versuchen wir eben etwas anderes!« Und auch hier: »Die Digitalisierung erleichtert vieles, besonders das Maßnahmentracking und die Berichte. Mit der Digitalisierung kommen aber auch ganz neue Themen auf, die früher keine Rolle gespielt haben.«

BEDEUTET DIGITALER AUTOMATISCH AUCH NACHHALTIGER?

»Wir stellen um auf Digital, das ist auch viel nachhaltiger.« Das ist ein viel gehörter Satz in Unternehmen verschiedenster Branchen. Tatsächlich sind etwa Printmedien in der Herstellung von Papier energieintensiv, verbrauchen Papier und Druckfarbe, und der Transport der Druckerzeugnisse verursacht Emissionen. Es erscheint daher zunächst einleuchtend, dass die eine Nachricht, das eine Bild, die eine Werbebotschaft unter Nutzung eines digitalen Mediums viel klimafreundlicher aus einem Winkel der Welt in viele andere gebracht wird. Aber stimmt das auch?

Die Antwort ist wie so oft: Es kommt darauf an. Die Branche arbeitet seit Jahren an der Umstellung auf erneuerbare Energien und der Optimierung von Produktions- und Zustellprozessen, nutzt Recycling- oder zertifiziertes Papier. Auch digitale Medien erfordern demgegenüber Energie für die Produktion der Geräte (wie Computer, Tablets und Smartphones), für deren Betrieb und am Ende des Lebenszyklus für das Recycling und die Wiederaufbereitung seltener Erden. Der Betrieb der Netzinfrastruktur, ob altes Kupfer oder energieeffizientere Glasfaser, verbraucht ebenso Energie wie die Speicherung von Daten in Rechenzentren. Auch im Digitalen ist der CO_2-Abdruck also beachtlich.

Welches Medium letztendlich das nachhaltigere ist, hängt also von einer Menge einzelner Faktoren über den gesamten Lebenszykus ab. Dabei ist auch das persönliche Nutzungsverhalten auschlaggebend. Printmedien werden in der Regel von mehreren Lesern genutzt, digitale Medien erreichen einzelne Nutzerinnen mit unterschiedlicher Nutzungsdauer regelmäßig auf verschiedenen Geräten. Auch auf deren Recycling kommt es an, ebenso darauf, ob Rechenzentren mit Strom aus erneuerbaren Energien betrieben werden oder nicht. Damit eine Digitalisierungsstrategie also für sich genommen langfristig CO_2 einspart, muss sich die Wertschöpfungskette digitaler Produkte schneller und besser entwickeln als die von Printprodukten.[4]

WIE WERBUNG UMWELTFREUNDLICHER WIRD

Auch digitale Werbung ist bei genauerem Hinsehen weniger nachhaltig, als man zunächst denken mag. Vier Prozent der globalen CO_2-Emissionen erzeugt die digitale Werbeindustrie[5] – doppelt so viel wie etwa die Luftfahrtindustrie. Kein Wunder, dass die Werbebranche die Nachhaltigkeit neben dem Ende des Cookies als eine der zentralen Herausforderungen ansieht. Denn die Onlinewerbung auf den digitalen Medienangeboten fallen unter Scope-3-Emissionen innerhalb der Wertschöpfungskette von Werbekunden. Diese fordern Transparenz und effiziente sowie nachhaltige Werbeangebote, um ihre Klimaziele zu erreichen.

Wie gelingt es also, dass der Fußabdruck der Werbung schmaler wird? Zum einen sicher wieder dadurch, dass Agenturen selbst klimaneutral arbeiten, was sich viele auf die Fahnen geschrieben haben. Auf dem Weg zur ökologischen Nachhaltigkeit hilft aber auch, den Umweltbeitrag von Werbung überhaupt einmal messbar zu machen. Das Berechnungsmodell »Green GRP« etwa ist so eine Methode: Denn wenn klar ist, wie hoch die durch eine Kampagne entstandenen CO_2-Emissionen sind, können diese zumindest ausgeglichen werden. Für die Werbekundin kann das ganz einfach gehen, wenn die individuellen Emissionen einer Kampagne bereits in der Planung berechnet und dann durch zertifizierte Klimaschutzprojekte ausgeglichen werden. Laut Mediaplus halten sich die Zusatzkosten dafür in Grenzen, liegen zwischen 0,5 und 1 Prozent der Kampagnenkosten. Der Kunde kann mit dem unabhängigen Zertifikat dafür, bei »Green GRP« etwa von ClimatePartner ausgestellt, das Label »Klimaneutrale Werbekampagne« nutzen, das in relevanten Zielgruppen auffällt und die Kaufbereitschaft für seine Produkte erhöht. Berechnungsmodelle wie diese wären wiederum ohne digitale Hilfsmittel kaum denkbar.

Einen Schritt weiter gedacht, kann das in einer zunehmend nachhaltigen Welt auch zur Grundvoraussetzung dafür werden, dass überhaupt Werbung gebucht wird: Ist der Haken bei Programmatic einmal entsprechend gesetzt, würde dann eben nur noch zertifiziert bilanziell CO_2-neutrale Werbung gebucht. In jedem Fall aber erhält man als Medium ein besseres Rating in der Supply Path Optimization (SPO) der Werbetreibenden.

BEWEGTBILD: BESSER NACH PENZING ALS NACH AUSTRALIEN

Weniger Abfall, weniger Reisen, weniger Zeitaufwand – all das bedeutet nennenswerte CO_2-Einsparungen in der Bewegtbildproduktion, insbesondere wenn der Strom von erneuerbaren Energien bezogen wird. Digitale Studios ermöglichen es, immer den passenden Hintergrund einzuspielen und so das weiterzuentwickeln, was früher einmal der Green Screen war. Jede Fernsehzuschauerin kennt das aus der Nachrichtensendung ihrer Wahl, wenn der Sprecher vor der Videowall steht.

Auf ein ganz neues Niveau bringt dieses Prinzip der Hyperbowl. In diesem Riesenstudio steht ein 500 Quadratmeter großer LED-Bildschirm mit mehr als 70 Millionen Pixeln, der einen Raum zu 270 Grad umspannt. Als es 2020 auf dem Gelände der Messe München installiert wurde, war es das erste dieser Art in Europa. Die Technologie kam auch in der Disney-Produktion *The Mandalorian* zum Einsatz und ermöglicht eine völlig neue Art des Filmens. Drehorte können originalgetreu und unverfälscht projiziert werden. Die virtuelle Welt erscheint durch den Einsatz von KI-Technologie als natürliche Realität auf der Leinwand. Pixel, Verzerrungen oder Unschärfen sind auch bei Einsatz hochauflösender Kameras nicht mehr zu erkennen. Die Schauspielerinnen und Schauspieler können sich in den virtuellen, jedoch völlig real wirkenden Umgebungen dann bewegen, ohne das Studio verlassen zu müssen.

Die Vorteile liegen auf der Hand: Was früher eine Außenproduktion war, wird unabhängig von Wetter und Tages- oder Nachtzeit. Der ganze Produktionstross an Mitwirkenden spart sich weite Anreisen an ferne Orte. Sonnenuntergänge in Australien, unzugängliche Berggipfel, Opernhäuser: Zehn Computer berechnen im Serverraum des Hyperbowl die virtuellen Umgebungen in Echtzeit. Und klar, der Stromverbrauch durch Rechnerleistung und LEDs ist beträchtlich, wird aber komplett durch Ökostrom abgedeckt.

Heute steht der Hyperbowl in den »Penzing Studios«, einem früheren Luftwaffenstützpunkt. Aus Hangars, in denen zuletzt Transportflugzeuge standen, wurden Filmstudios – auch eine Art der Transformation. Kunden sind die Werbewirtschaft, gerade aus dem Automobilbereich, aber auch Hollywood: Das Remake von *The Crow* und die Fortsetzung von *Silent Hill* wurden hier gedreht, ebenso die deutsche Produktion *Chantal im Märchenland*.

AUDIO: STATT UKW LIEBER DAB+

Auch im Hörfunk hilft die Digitalisierung, CO_2-Emissionen zu reduzieren. Der Studie »Green Radio« der Bayerischen Landeszentrale für neue Medien (BLM) und des Bayerischen Rundfunks (BR) zufolge birgt sie dabei sogar großes Potenzial.[6] Ein Beispiel ist der neue Standard der digitalen Verbreitung, DAB+ (Digital Audio Broadcasting). Er bietet eine höhere Klangqualität und eine bessere Empfangsqualität bei niedrigeren Kosten für die einzelnen Sender und ermöglicht eine größere Programmvielfalt. Doch auch der Energieverbrauch bei der Ausstrahlung eines Programms ist deutlich geringer als über die klassischen UKW-Frequenzen. Grund dafür ist, dass über eine einzelne Frequenz nicht nur ein Radioprogramm ausgestrahlt werden kann, sondern bis zu 16. Ein Sender wie der BR würde bei einer ausschließlichen Ausstrahlung seiner Programme über DAB+ rund 75 Prozent an Energie einsparen, bei anderen Sendern in Deutschland wären es sogar 85 Prozent. Zusätzlich sind auf der Empfangsseite Energieeinsparungen möglich. Denn der Stromverbrauch moderner Radiogeräte hat sich in den letzten Jahren um rund 40 Prozent verringert – obwohl die meisten Radiogeräte mit Zusatzfunktionen wie Displays oder WLAN ausgestattet sind.

Trotz dieser Vorteile gibt es in Deutschland kein offizielles Abschaltdatum für UKW-Sender. Die Umrüstung einzelner Sender hat längst begonnen; bei einigen Sendern (etwa Hohenpeißenberg) wird das Signal bereits ausschließlich in DAB+ ausgestrahlt. Die vollständige Abschaltung überlässt die Medienpolitik aber dem Markt. Aktuelle Lizenzen für UKW-Radio-Frequenzen laufen bis in die 2030er-Jahre, ab dann dürften die Ausstrahlungen von UKW-Radio stark abnehmen. Ein Beispiel ist Schleswig-Holstein, das sich als erstes Bundesland vom analogen terrestrischen Radioempfang verabschiedet. Der letzte dort verbleibende UKW-Nutzer wäre 2031 der Privatsender R.SH, dessen Lizenz zur Frequenznutzung dann endet.

In der Schweiz ist das bereits früher so weit: Schon im Jahr 2014 haben sich die Schweizer Radios darauf verständigt, die UKW-Verbreitung ihrer Programme) nach Ende 2024 abzuschalten, was im Service Public ab 31. Dezember 2024 konsequent umgesetzt wird. Seit 2020 besteht für die Branche keine Verpflichtung mehr, Radio über diese Technologie zu verbreiten.

DIE PUBLIZISTISCHE VERANTWORTUNG DER MEDIEN

Der Auftrag und das Geschäftsmodell von Medien, unabhängigen Journalismus zu betreiben, verschaffen ihnen, wie eingangs angerissen, eine Sonderrolle im Hinblick auf die Nachhaltigkeit. Es geht nicht nur darum, selbst und in den Lieferketten nachhaltiger zu werden: Der Journalismus ist vielmehr Grundvoraussetzung für eine informierte Gesellschaft, für unsere Demokratie selbst. Meinungs- und Pressefreiheit sind nicht von ungefähr fest im Grundgesetz verankert. Die soziale und gesellschaftliche Funktion der Nachhaltigkeit spielt im Mediensektor daher eine besondere Rolle. Im Digitalen bedeutet dies, niemanden auszuschließen, die Barrieren für die digitale Mediennutzung gering zu halten. Digitale Medien geben auch weit mehr individuelle Partizipationsmöglichkeiten als allein der Leserbrief oder die Sammlung von O-Tönen in der Fußgängerzone für TV oder Radio.

Doch auch Aufklärung, eine Berichterstattung über Themen der Nachhaltigkeit, ist eine Möglichkeit, wie digitale Medien helfen können, Nachhaltigkeitsziele zu erreichen. Das kann innerhalb bestehender Formate ressortübergreifend geschehen, aber auch durch die Schaffung ganz neuer Kanäle,

Formate und Plattformen. Dazu im Folgenden einige Beispiele als Schlaglichter für ganz unterschiedliche Richtungen.

Das *Time Magazine* etwa hat seine Nachhaltigkeitsinhalte signifikant ausgebaut, auch digital. 25 Prozent der Redakteure arbeiten (mindestens teilweise) an dem Thema. Werbekundinnen zeigen hohes Interesse an den Umfeldern: Für Time ist es der Haupttreiber hinter dem Gesamtwerbewachstum der letzten Jahre. Zu den Inhalten zählt auch die Liste der weltweit nachhaltigsten Unternehmen[7], die 2024 von Schneider Electric angeführt wird.

Die BBC-Produktion *Planet Earth* fängt nicht nur erstaunliche Perspektiven auf natürliche Landschaften und die Tierwelt ein, sondern steht auch beispielhaft für den Einsatz nachhaltiger Produktionsmethoden. Neben energieeffizienter Filmtechnik wird auch der Fußabdruck der Crew auf ein Minimum beschränkt. In *Planet Earth III* geht die BBC einen Schritt weiter und lässt die Geschichte von Schulkindern aus dem ganzen Land erzählen, trägt das Thema damit in den Unterricht. Die Website »Our Planet Now« ist zu einem umfassenden Informations- und Partizipations-Hub zu ökologischer Nachhaltigkeit ausgebaut worden, und natürlich darf auch ein »Planet Earth«-Podcast mit der unvergleichlichen Stimme von Sir Richard Attenborough dabei nicht fehlen.

Auch in Deutschland gibt es eine Vielzahl journalistischer Angebote zur Nachhaltigkeit mit unterschiedlichen Ansätzen für unterschiedliche Zielgruppen. Der Bayerische Rundfunk schuf 2021 mit »PlanetB« ein YouTube-Format über Klimawandel und Nachhaltigkeit. Wissenschaftsjournalistin Ilka Knigge beantwortet dort für ein junges Publikum Fragen nach Ursachen und Lösungen. Die FUNKE Mediengruppe hat gemeinsam mit dem Helmholtz-Zentrum Hereon den Podcast »Klima, Mensch, Wandel« initiiert, in dem wechselnde Wissenschaftlerinnen aus der Helmholtz-Forschung mit den beiden Podcast-Hosts Jan Scharpenberg und Christoph Wöhrle sprechen.

Ob es das Angebot »natur.de« der Konradin Mediengruppe ist, die »ZEIT für Klima«-Community oder »Focus Online Earth«, das sich als fester Teil der Website mit der Frage beschäftigt, wie die Lebensgrundlagen der Erde für nachfolgende Generationen erhalten werden können: Medienhäuser nehmen ihre publizistische Verantwortung ernst, am besten mit passendem Geschäftsmodell. Newsletter mit Nachrichten, Lesestücken und praktischen Tipps zur Nachhaltigkeit kann man von der Medienmarke seines Vertrauens ohnehin zumeist beziehen, sehr hintergründig etwa auch beim *Tagesspiegel* oder bei Table Media.

Die Nachhaltigkeitsinformation ist gerade auch im Bereich der Fachinformationen ein Beispiel dafür, wie wirtschaftliche und Nachhaltigkeitsinteressen Hand in Hand gehen können. Sei es der »Haufe Sustainability Manager« oder das neue Digitalmedium »GREEN.WORKS« des Deutschen Fachverlags (dfv): Unternehmen einen One-Stop-Shop für die Information und Weiterbildung ihrer Mitarbeitenden rund um die grüne Transformation zu bieten ist natürlich ebenfalls ein Geschäftsmodell.

Die globale Lernplattform »Khan Academy« sieht ihren Auftrag demgegenüber darin, weltweit allen den Zugang zu einer kostenlosen, hervorragenden Bildung anzubieten. Darin sind auch Kurse zu Umweltschutz und Nachhaltigkeit enthalten, sodass weltweit qualitativ hochwertige Inhalte für alle Personen mit Internetzugang verfügbar werden. So werden Ausbildung, aber auch das Wissen um kritische Themen demokratisiert und die einzelnen Menschen in die Lage versetzt, informierte Entscheidungen zu treffen und danach zu handeln.

Dann bleibt noch die Frage, womit wir alle nach Neuem im Netz suchen. Die Suchmaschine Ecosia etwa nutzt 100 Prozent ihrer Gewinne für Klima- und Umweltschutz, vor allem für Baumpflanzprojekte auf der ganzen Welt. Sie macht dabei monatlich transparent, wie viel Einnahmen erzielt werden und wie viel davon für neue Bäume und Klimaschutzmaßnahmen eingesetzt werden. Schließlich erzeugen die Ecosia-Solarpanels doppelt so viel Energie, wie die Suchanfragen verbrauchen.

Abschließend sei noch einmal daran erinnert, dass Nachhaltigkeit eben mehr ist als »E« (Environmental), sondern dass es auch noch ein »S« (Social) und ein »G« (Governance) gibt. Die gemeinnützige Organisation yes-wecan!cer etwa, lange von FUNKE als Partner unterstützt und 2023 übernommen, ermöglicht als größte digitale Selbsthilfegruppe den Austausch von Krebspatienten untereinander und mit Expertinnen aus Medizin und Forschung. »Equal Voice«, eine Initiative von Ringier aus der Schweiz, adressiert eine andere soziale Herausforderung: Nach dem Media Monitoring Project 2020 handeln Medienberichte weltweit zu 75 Prozent von Männern. »Equal Voice« will Frauen in den Medien sichtbarer machen, mehr weibliche Vorbilder schaffen und Frauen und Männern die gleiche Stimme geben. Ein eigens entwickelter semantischer Algorithmus misst dazu die Sichtbarkeit von Frauen in Medien- und Kommunikationsinhalten in Text und Bild. Unternehmen werden so unterstützt, Gendergerechtigkeit Realität werden zu lassen. Denn es ist für junge Frauen viel leichter, etwas zu werden, was sie auch vorgelebt lesen, hören und sehen.

↘ LÖSUNGSWEGE UND AUSBLICK

Die Beispiele haben gezeigt, wie vielschichtig die Twin Transformation in den Medien ist. Die digitale Transformation allein bedeutet eine immense Umwälzung der Geschäftsmodelle und der Organisationen, häufig unter dem Vorzeichen von rückläufigem Wachstum und realem Kostendruck. Bei der nachhaltigen Transformation kommt es mehr noch als in anderen Branchen auf deren Glaubwürdigkeit an. Denn bei wachsender Vielfalt der digitalen Angebote und damit einem immer umworbeneren Zeitbudget der Nutzerinnen und Nutzer gilt: Vertrauen ist die Voraussetzung, um Aufmerksamkeit geschenkt zu bekommen. Ohne Vertrauen keine Existenzgrundlage.

Die Twin Transformation beginnt in den Medien wie in jeder anderen Branche: Nachhaltigkeit und Digitalisierung in die Unternehmensstrategie integrieren. Den eigenen Footprint kennen, Nachhaltigkeitsziele setzen, Maßnahmen definieren – gerne auch durch digitale Tools unterstützt – und den Fortschritt messen. Die meisten großen Medienunternehmen sind längst an diesem Punkt. Mehr als in anderen Industrien kommt es aber in den Medien darauf an, das ganze Unternehmen in allen Bereichen mitzunehmen.

Oft hilft ein ganz einfaches Rezept dabei: mehr miteinander reden! Denn allzu häufig werden Digital- und Nachhaltigkeitsmanager in getrennte Silos gesetzt, verfolgen dort ihre jeweiligen Ziele, tauschen sich in ihren eigenen Zirkeln aus. Dabei könnten sie so sehr vom wechselseitigen Austausch profitieren. Eine integrierte Herangehensweise mit bewusst geschaffenen Dialogformaten und konkreten gemeinsamen Projekten ist essenziell für das Gelingen der doppelten Transformation. Dann wird es auch leichter, digitale Werkzeuge intelligent einzusetzen, um die Welt ein Stück nachhaltiger und lebenswerter zu machen.

Um diesen Austausch und den zielgerichteten Fortschritt zu initiieren und aufrechtzuerhalten, ist entscheidend, ihn richtig aufzusetzen. Die Twin Transformation muss zunächst gesamtunternehmerisch verstanden werden: Gesellschafterinnen, Kunden, Lieferantinnen und Mitarbeiter müssen miteinbezogen werden. Die Verantwortung für die Twin Transformation muss in der Unternehmensspitze direkt bei der CEO oder einem Vorstandsmitglied verankert werden. Ein Transformation Board kann dann die entsprechenden Leitplanken setzen, Impulse geben und dafür sorgen, dass Nachhaltigkeitsaspekte in strategische Entscheidungen einfließen und digitale Tools zur Nutzung bereitstehen. Wichtig für die detailliertere Konzeption und Umsetzung sind dezentrale, interdisziplinäre Teams, die Nachhaltigkeit als Herzensthema begreifen und sie entschlossen und unter Einsatz digitaler Technologien vorantreiben möchten – in jedem Fachbereich, in jeder Redaktion, in jedem Tochterunternehmen. Ein »Sustainathon« etwa ist eine

Innovationsmethodik, mit der unternehmensweit schnell Nachhaltigkeitsansätze identifiziert, validiert und im Unternehmen zur Wirkung gebracht werden können.

Zusammenfassend kommt es für Medienunternehmen also nicht allein darauf an, intern an den einzelnen Stellschrauben ökologischer Nachhaltigkeit zu drehen – an den vielen kleinen und den typischen großen wie Energie und Mobilität. Das ist ein wichtiger Faktor, auch um glaubwürdiger Absender nachhaltiger Botschaften zu sein. Digitale Technologien können hier einen relevanten Beitrag leisten. Die besondere Rolle der Medien ist es aber, dass sie über alle ihre Kanäle informieren, inspirieren, einordnen und damit gesellschaftliche Haltungen prägen können. Auch auf dem Feld der Nachhaltigkeit macht sie das zu einem wichtigen Multiplikator. Digitale Medien können durch einzigartiges Storytelling, spezifische Kanäle, Formate und Produkte sowie das Erreichen aller Zielgruppen enorm beitragen. Bei allen Herausforderungen, die sie gewiss auch für alle bereithält: Alles zusammengenommen bringt die fortschreitende Digitalisierung der Medien die ökologische, soziale und gesellschaftliche Dimension der Nachhaltigkeit weiter voran. Auch wenn ihr eigener Fußabdruck relativ schmal ist, sind die Medien damit ein wichtiger Faktor für das Gelingen der Twin Transformation.

ANMERKUNGEN

1 Axel Springer: Axel Springer wächst im ersten Halbjahr trotz schwierigen Marktumfelds. Pressemitteilung vom 18.07.2023 (https://www.axelspringer.com/de/ax-press-release/axel-springer-waechst-im-ersten-halbjahr-trotz-schwierigen-marktumfelds#:~:text=Der%20Anteil%20der%20digitalen%20Gesch%C3%A4ftsmodelle,%C3%BCber%20dem%20Vorjahr%20gelegen%20hatte).

2 XPLR: Media Report: So kann die Medienbranche nachhaltiger werden. Medien.Bayern GmbH, 2022, S. 23. Der Report bietet eine Vielzahl weiterer Beispiele für Nachhaltigkeit in den Medien.

3 KPMG und Medienverband der freien Presse (MVFP): Verlagstrends 2023, 2023, S. 9.

4 O.A.: Megatrend Nachhaltigkeit. Aus der Praxis für die Praxis. MVFP Impuls 1, 2024, S. 68.

5 C. Zimmer: Die Verantwortung der Digitalwerbung: Ein Blick auf Nachhaltigkeit und CO_2-Emissionen. *Adzine*, 05.06.2024 (https://www.adzine.de/2024/06/die-verantwortung-der-digitalwerbung-ein-blick-auf-nachhaltigkeit-und-co2-emissionen/).

6 Bayerischer Rundfunk (BR), Bayerische Landeszentrale für neue Medien (BLM): green radio. Ein Vergleich zum Energieverbrauch bei UKW und DAB+, 2021 (https://www.blm.de/files/pdf2/green-radio-studie_digital.pdf).

7 *Time*, Statista: World's Most Sustainable Companies of 2024, 2024 (https://time.com/collection/worlds-most-sustainable-companies-2024/).

Danksagung

Die Twin Transformation ist kein Sprint, sondern – um in unserem Bild der doppelgipfligen Bergwelt zu bleiben – eine längere Wanderung mit zahlreichen Hüttenaufenthalten. Bei Nunatak begleiten wir branchenübergreifend ganz unterschiedliche Organisationen bei allen Themen rund um die Digitalisierung und setzen uns dabei für einen nachhaltigen Wandel ein. Unsere Klientinnen reichen vom Start-up über den Mittelstand bis hin zu Großkonzernen, Vereinen und öffentlichen Einrichtungen. Unsere Erkenntnisse zu unseren Leidenschaftsthemen in vielen Branchen festzuhalten und nun zu teilen hat uns große Freude bereitet. Zugleich ist ein Buch immer das Zusammenwirken vieler Beteiligter, denen wir dafür herzlich danken möchten.

An erster Stelle danken wir den zahlreichen Expertinnen und Experten, die aus erster Hand Einblicke in die digitalen Nachhaltigkeitsthemen ihrer Branche gegeben haben: Ihr habt nicht nur unsere Leser, ihr habt auch das Autorenteam mit euren oft überraschenden, immer originellen und tiefen Einblicken inspiriert. Vielen Dank dafür an Lucile Bonin (Cambrium), Josef Bühler (BayWa), Sabine Busse (Hager Group), Florian Fehr (NEEW Ventures), Anne Karolin Fritzen (Hubert Burda Media), Nino Handler (uRyde), Michael Hofmannrichter (silana), Dr. Henry Keppler (ecoplanet), Dr. med. Susanne Kreimer (ex-doktor.de), Carsten Lützenkirchen (DHL), Dr. med. Falk Lübbe (Vivantes), Eduard Müller (catchfree), Dr. Stephan Rüschen (DHBW Heilbronn), Bastian Ruther (Limatica), Dr. Verena Svensson (Stadtwerke Düsseldorf), Gundula Ullah (FUNKE Mediengruppe) und Dr. Sarah Windolph-Lübben (TK). Danke auch an unsere Klienten in den verschiedensten Digitalisierungs- und Nachhaltigkeitsprojekten: Man lernt immer gemeinsam und voneinander auf dieser Reise. Euer Vertrauen in unsere erfolgreiche Zusammenarbeit ist enorm wertvoll.

Unser Dank gilt auch den Urhebern vieler Veröffentlichungen zum Thema der Twin Transformation, die wir gerne genutzt und auf deren Wissen wir gerne aufgebaut haben. Wir haben diese Quellen zum Beleg von Zitaten und zur weiteren Inspiration jeweils unter den einzelnen Kapiteln genannt. Ebenso wertvoll waren zahllose Gespräche mit und Tipps von weiteren Expertinnen und Experten aus unserem Netzwerk, etwa Dr. med. Maya Fehling, Prof. Dr. Thomas Hess, Prof. Dr. Johann Kranz, Matthias Schultze oder Birgit Soellner. Darüber hinaus haben wir die künstliche Intelligenz sehr selbstverständlich in den kreativen Prozess miteinbezogen, ohne dass dies die Verantwortung der jeweiligen Autorinnen und Autoren für die Korrektheit der Ergebnisse und Texte in irgendeiner Weise schmälern würde. Die KI ist als Werkzeug nicht mehr wegzudenken, die Verantwortung für ihren Einsatz trägt aber der Mensch, der sie nutzt.

Wir danken dem Verleger Sven Murmann sowie Lukas Schmitt vom Murmann Verlag für die stete, konstruktive Begleitung von der Buchidee bis zum gedruckten Band. Alexander Richard und Verena Epp haben ausgiebig Fakten geprüft und ihre Recherchen beigesteuert. Julia Gilcher hat das Lektorat übernommen und mit ihrem scharfen Blick, ihrer sorgfältigen und aufmerksamen Arbeit und ihren wertvollen Anmerkungen nicht nur die Worte verfeinert, sondern auch geholfen, den Kern der Gedanken klarer zum Ausdruck zu bringen.

Danke schließlich allen unseren Kolleginnen und Kollegen bei Nunatak, die den Enthusiasmus für das Buch mitgetragen haben, sowie unseren Partnern und Familien, die manche späte Nacht und manches Wochenende eigene Bedürfnisse zurückgestellt haben, um uns unsere Passion zu ermöglichen: von den Abenteuern der Twin Transformation zu erzählen, dieser Reise durch die doppelgipflige Bergwelt der Digitalisierung und Nachhaltigkeit.

Über die Autoren

ELISA BRANDT

Insbesondere seit ihrem Studium begeistert sich Elisa für Innovationen im Bereich Nachhaltigkeit. Doch auch schon davor setzte sie sich privat intensiv mit nachhaltigen Ansätzen in der Modeindustrie auseinander. Ihr besonderes Interesse gilt der Verbindung von Technologie und Nachhaltigkeit, um Geschäftsmodelle und Branchen zukunftsfähiger und nachhaltiger zu gestalten – nicht nur im Sinne des Umweltschutzes, sondern auch aller Stakeholder.

DR. FRANZISKA BRÜHL

Franziska hat in ihrer beruflichen Laufbahn viel gesehen: vom Corporate bis zum Start-up, von Wissenschaft bis Industrie. Das Thema, das sie schon lange begleitet und immer begeistert hat, ist die digitale Transformation. Für sie liegt die Faszination darin, wie Technologie Unternehmen neu gestaltet und zugleich nachhaltige Lösungen schafft. Mit der Überzeugung, dass Innovation und Nachhaltigkeit untrennbar verbunden sind, engagiert sie sich dafür, Organisationen nicht nur effizienter, sondern auch verantwortungsvoller zu machen. Sie will Veränderungen gestalten, die langfristig sowohl für Menschen als auch für den Planeten eine positive Wirkung entfalten.

JOHANNES EISENMENGER

Johannes begeistert sich für den Dreiklang aus Technologie, Wirtschaft und Mensch – stets mit dem Fokus auf Nachhaltigkeit. Diese Faszination begleitete ihn durch seine akademischen und beruflichen Stationen und fand unter anderem Ausdruck in seinen Abschlussarbeiten, von denen eine prämiert wurde. Besonders heute, angesichts des rasanten Fortschritts und der globalen Dynamiken, ist es ihm wichtig, technologische Lösungen zu nutzen, um eine menschenzentrierte nachhaltige Zukunft zu gestalten.

DR. HOLGER FEIST

Holger fasziniert an der digitalen Welt bis heute der stete Strom neuer Möglichkeiten, das Leben der Menschen positiv zu gestalten: Tech for Good. Als Managing Partner und Nunatak-Geschäftsführer unterstützt er Organisationen bei ihrer Strategie, ihrem Wachstum und ihrer Transformation. Dabei bringt er langjährige Managementerfahrung bei der Messe München, Hubert Burda Media und McKinsey & Company ein. Nach seiner Promotion in VWL unterrichtete er in Princeton.

DR. BARBARA HEIGL

Barbara entdeckte ihre Leidenschaft für das Thema, »Digitale Nachhaltigkeit« bereits während ihrer Promotion an der Universität St. Gallen. Sie wollte besser verstehen, wie digitale Technologien in Bereichen wie Mobilität, Energie und Abfallwirtschaft dazu beitragen können, Städte nachhaltiger zu gestalten. Glücklicherweise konnte sie ihr Herzensthema auch bei Nunatak weiterverfolgen – insbesondere im Rahmen dieses Buches. Ihre Verbundenheit zur Umwelt entstand schon in ihrer Jugend, als sie als Pfadfinderin die Natur schätzen und lieben lernte.

SVENJA HILPERT

Als Kommunikations- und Transformationsexpertin inspiriert Svenja dazu, nachhaltige Veränderungen aktiv voranzutreiben. Bereits seit dem Studium berät sie Unternehmen rund um den Dreiklang von Organisationsentwicklung, datengetriebenem Marketing und Sustainability. Ihre Mission: Menschen inspirieren, mit Spaß an der Sache einen positiven Wandel gemeinsam gestalten.

ROBERT JACOBI

Robert hat Nunatak vor 13 Jahren gegründet. Sein Motto: Lebe lieber ungewöhnlich. Statt zum *Spiegel* ging der frühere Journalist und Harvard-Absolvent zurück an die Uni, statt zu McKinsey zu einem Mittelständler, statt der ganz schnellen Karriere durchquerte er mit dem Rucksack Kontinente. Unterwegs bestieg er Vulkane und Eisriesen, darunter auch mehrere Nunataks. Er hat fünf Unternehmen selbst ins Leben gerufen und in mehr als doppelt so viele Start-ups investiert. Seine Mission: zu gesellschaftlichem Fortschritt beizutragen und dafür Technologie produktiv einzusetzen. Im Mittelpunkt stehen für ihn dabei der Mensch und die Natur – nicht die Maschine.

CAROLIN KRÖGER

Carolin erlebte die Herausforderungen der Digitalisierung bereits früh in ihrer Karriere, als diese die etablierte Musikindustrie Anfang der 2000er als eine der ersten Branchen trafen. Fasziniert von den Chancen und der Dynamik, nutzt sie seither begeistert digitale Geschäftsmodelle, Nutzerzentrierung sowie andere Innovationsmethoden, um Unternehmen dabei zu unterstützen, Veränderungen aktiv mitzugestalten. Hinzu kommt seit ein paar Jahren Carolins Leidenschaft für Frauengesundheit und Longevity, für die sie sich nicht nur privat interessiert, sondern auch ein FemTech-Start-up als Herzensprojekt mitgegründet hat.

DOMINIK LOPPNOW

Dominik begeistert sich für die transformative Kraft von Technologie und Innovation. Seine Leidenschaft liegt darin, digitale Geschäftsmodelle nutzerzentriert und eng am Kerngeschäft der Unternehmen zu entwickeln, damit sie einen strategischen Mehrwert bringen. In der Industrie hat er bereits agile Ansätze genutzt, um digitale Produkte gemeinsam mit Kunden in einem Co-Creation-Prozess zu testen, zu optimieren und erfolgreich zu skalieren. Sein besonderes Anliegen ist es, durch innovative digitale Lösungen nachhaltigen Wandel zu fördern. Seine Mission: Technologie gezielt nutzen, um den Wandel voranzutreiben und Menschen zu motivieren, diesen aktiv mitzugestalten.

CARLOTA MARTINEZ-AVIAL

Carlota entdeckte schon während ihres Studiums ihre Begeisterung für Nachhaltigkeit und die Möglichkeiten, die digitale Technologien bieten, um positive Veränderungen voranzutreiben. Ihre praktischen Erfahrungen zeigten ihr dann, wie stark die Verknüpfung beider Bereiche sein kann, um nachhaltige, zukunftsfähige Lösungen zu schaffen. Heute liegt ihr Schwerpunkt als Consultant bei Nunatak auf der Schnittstelle von Digitalisierung und Nachhaltigkeit.

NIKO MOSCHIDIS

Niko ist fasziniert von den weitreichenden Möglichkeiten der Digitalisierung, die weit über bloße Effizienzsteigerungen hinausgehen. Sie eröffnet völlig neue Ansätze, etwa im Handel, der dadurch revolutioniert wurde. Schon während seines Studiums sammelte Niko wertvolle praktische Erfahrungen im E-Commerce und widmete sich intensiv der Frage, welche digitalen Innovationen konkret zur Nachhaltigkeit beitragen können, und identifizierte zentrale Archetypen. Als Unternehmensberater hatte er die Gelegenheit, im E-Commerce Erfahrungen zu sammeln und auch in diesem Buch darüber zu schreiben.

DENNY MÜNCHOW

Denny begeistert sich für die transformative Kraft von Innovationen und Technologien. Er beschäftigt sich seit vielen Jahren mit der Entwicklung neuer Produkte und Services und dahinterliegenden Geschäftsmodellen. Seit einiger Zeit hat sich sein Engagement auf die Frage fokussiert, wie sich Innovation und Nachhaltigkeit noch sinnvoller miteinander verbinden lassen. Privat setzt er sich dabei aktiv für das Thema Kreislaufwirtschaft ein. Ebenso hat er ein Start-up gegründet, das Mode mit Artenschutz kombiniert – ein Herzensprojekt, das zeigt, wie sich Kreativität und Verantwortung innovativ vereinen lassen.

ANNA LENA SPERFELD

Als Projektmanagerin treibt Anna Lena transformative Projekte in den Bereichen Organisationsentwicklung, digitaler Technologieeinsatz und Organizational Change aktiv voran. Mit ihrer langjährigen Beratungserfahrung und ihrem besonderen Fokus auf die Umsetzbarkeit von Strategien unterstützt sie Unternehmen dabei, nachhaltige Veränderungen erfolgreich in die Tat umzusetzen. Ihre Mission: Mit innovativen Technologien und klaren Strukturen Menschen und Organisationen inspirieren, um gemeinsam einen positiven, langfristigen Wandel zu gestalten.

DARJA WILD

Darja engagierte sich bereits in der Schulzeit im »Green Team« mit einem Videoblog über nachhaltige Mode und schrieb an der ESCP für die »Global Environmental Agency« Artikel zu Themen wie Emissionshandel und nachhaltigem Tourismus. Im Sommer 2024 war sie Praktikantin bei Nunatak, wo sie Projekte in den Bereichen Strategie, Digitalisierung und Kommunikation begleitete.

Druckprodukt mit finanziellem
Klimabeitrag
ClimatePartner.com/12752-1803-1001

Zum Ausgleich für die entstandene CO_2-Emission bei der Produktion dieses Buches unterstützen wir die Bereitstellung von effizienten Kochöfen in Sambia. Die verbesserten Kochöfen verbrauchen zwei Drittel weniger Brennmaterial und verringern so nicht nur den CO_2-Ausstoß, sondern auch die Rodung der lokalen Wälder. Durch die bessere Luftqualität in den Räumen werden Atemwegserkrankungen verringert, und Familien können Zeit und Geld sparen, da weniger Brennmaterial benötigt wird.

Bibliografische Information der Deutschen Nationalbibliothek
Die Deutsche Nationalbibliothek verzeichnet diese Publikation in der Deutschen Nationalbibliografie; detaillierte bibliografische Daten sind im Internet über http://dnb.de abrufbar.

Covergestaltung: Annalena Weber – Buchdesign, Hamburg
Druck: DZS Grafik, Ljubljana

ISBN 978-3-86774-808-7

Besuchen Sie uns im Internet: www.murmann-publishers.de
Ihre Meinung zu diesem Buch interessiert uns!
Zuschriften bitte an info@murmann-publishers.de
Den Newsletter des Murmann Verlages können Sie anfordern unter newsletter@murmann-publishers.de